字说易经

顾作义　张中之　著

SPM 南方出版传媒　广东人民出版社
·广州·

图书在版编目（CIP）数据

字说易经 / 顾作义，张中之著. — 广州：广东人民出版社，2020.10（2023.7重印）

ISBN 978-7-218-14025-4

Ⅰ. ①字… Ⅱ. ①顾… ②张… Ⅲ. ①《周易》—研究 Ⅳ. ①B221.5

中国版本图书馆CIP数据核字（2019）第271428号

ZISHUO YIJING

字说易经

顾作义 张中之 著

出 版 人：肖风华

责任编辑：王 鹏
特邀编辑：许 颖 沈海龙
责任技编：周星奎
书籍设计：赵焜森 张雪烽

出版发行：广东人民出版社
地 址：广州市越秀区大沙头四马路10号（邮政编码：510199）
电 话：（020）85716809（总编室）
传 真：（020）83289585
网 址：http://www.gdpph.com
印 刷：三河市华东印刷有限公司
开 本：787mm × 1092mm 1/16
印 张：28.5 字 数：370千
版 次：2020年10月第1版
印 次：2023年7月第2次印刷
定 价：98.00元

如发现印装质量问题影响阅读，请与出版社（020-85716849）联系调换。
售书热线：（020）85716833

序

从“易”字说起

《易经》是中国有名的一部思想经典，是中华文化的总源头，被称之为“群经之首”，是儒、道、墨、法、兵等诸子百家思想的重要来源，是中华民族的精神瑰宝。

《易经》的思想内涵丰富，可谓博大精深，历代的政治家、军事家、艺术家、商家都把它作为必修的教科书。它可以让我们从中认识到中华民族自强不息、厚德载物、居安思危、革故鼎新的民族精神，认识到通权达变、顺应时势、中庸适度的处世哲学，认识教育之道、用兵之道、革新之道等。对当今社会的各类群体来说，他们可以从《易经》中汲取思想营养，净化自己的心灵，提升自己的智慧，升华自己的境界。正如孔子所说的“加我数年，五十以学《易》，可以无大过矣”，只要我们用《易经》指导生活实践，就能趋吉避凶，趋利避害。

由于《易经》距离我们年代久远，且文字晦涩，一向被视为神秘学问。学习《易经》常常使许多人望而生畏。但大凡每部中华经典，都是人类智慧的结晶，汇集了中华传统文化的精华，值得认真、深入地阅读。读懂《易经》，首先要弄清楚什么是“易”。

对于“易”的含义，古往今来，众说纷纭。郑玄《易赞》及《易论》说：“易一名而含三义。易简，一也；变易，二也；不易，三也。”东汉魏伯阳《周易参同契》：“日月为易，刚柔相推。”东汉许慎《说文解字》：“易，蜥易，蝘蜓，守宫也。”认为易字来源于蜥蜴，即日为头，勿为足之形。又因蜥蜴皮肤之色善变，故易又引申为变易。以上之说，均有一定的道理。《系辞传》说：“知周乎万物，而道济天下，故不过。”这是说通晓万物的发展规律，就能用这些道理去治理天下，不会发生失误。

从文字学的角度看，我认为“易”有如下的含义：易者，赐予人们吉祥之道。其实“易”的本字是“赐”。赐的甲骨文为，是把容器里的酒水倒进另一个容器的样子，会给予之意；金文为，省去了一个容器；篆书写作，指赏赐、给予。赏赐，大多是给予金银财宝，因此，加了一个“贝”字。易与赐是有渊源的，“易”就是给予。那么，《易经》给予人们什么呢？《系辞传》说：“圣人设卦观象，系辞焉而明吉凶，刚柔相推而生变化。是故吉凶者，失得之象也；悔吝者，忧虞之象也；变化者，进退之象也；刚柔者，昼夜之象也；六爻之动，三极之道也。”《管子·山权》：“易者，所以守成败吉凶者也。”《系辞传》说：“与天地相似，故不违；知周乎万物，而道济天下，故不过；旁行而不流，乐天知命，故不忧；安土敦乎仁，故能爱。”《易经》要我们乐于接受上天赋予的个性和天赋，乐天知命，可以做到不违、不过、不忧。《易经》这部经典，给我们提供了许多宝贵的精神财富，如自强不息的进取精神，厚德载物的包容胸怀，刚健不倚、中正不偏的中庸之道，保民无疆的君子风范，乐天知命的豪迈情怀，“穷则变、变则通、通则久”的创新意识等。所有的这些都是教导我们要趋吉避凶。《易经》中的卦辞，大多用吉凶作标志，其实是要我们遵循事物的发展规律，效法天道，不违天逆常，顺时适变，这样就能逢凶化吉，始终走在吉祥的大道上。

易者，日月运行规律和人道准则。易的小篆从日、从月，日为太阳，月为月亮。日月运行，按照既定的轨道运行，太阳起于东隅而西落桑榆，月亮朔日亏而望日盈，日升月落，昼夜交替，阴阳相推，有序运行，亘古不变。和大自然一样，任何事物都经历了生发、强壮和衰落的过程，人也如此。易者，告诉我们这就是规律，是不以人的意志为转移的规律，顺者则昌，逆者则亡。易，阐述了天道规律、地道法则，从而推演出人道准则。

易者，是辩证之道。许慎认为“易”的古文像一只蜥蜴有一定的道理。蜥蜴有一类叫变色龙，身体的颜色能够随周围环境的变化而改变，具有适应环境和顺应自然规律的能力。“易”的甲骨文为，表示手持器皿兑酒水，借以说明人与万物都有新陈代谢。唯有变才不变，唯有朽才不朽。易表示交换、交易，阴阳寒暑、春夏秋冬，循环往来。说明宇宙大化之流的运动变化规律：天地万物虚盈转化，足数则生，增数则长，减数则衰，数尽则亡。《系辞》指出：“生生之谓‘易’。”生生，指阴阳相互转化。生生不息，天地造化就是自然界的本性。生生不息的发展创造叫做“易”。“易”实际上就是改变、生成和不断地创造。所谓“适者生存”，就是懂得改变自己适应客观环境的变化。在《易经》里，时、位、势、度都是重要的概念，审时度势，顺应时势都是智者的选择。在《易经》里充满辩证的思维和改变的思想，身处逆境时，要知道“否极泰来”：前无去路，往往会“剥极而复”；遇到灾祸时，要明白“有损有益”“祸福相依”。

易者，化繁为简之道。易，指容易，如“行法令，明白易知”，“夫功者，难成而易败”。“易”虽然包罗万象，纷繁复杂，但都有一个最简化的方式，万变不离其宗。易，是化难为易、化繁为简。《易经》以“一阴一阳”构建起整个的理论体系，许多表面看是很复杂的，其实是很简单的。这就是只要抓住事物的本质，抓住主要矛盾，抓住关键环节，一切问题都能迎刃而解。

《易经》是一部教人立身处世的经典。《易经》教导人们根据自身的条件，扮演恰当的角色，走人间最顺畅的道路，完成君子的伟大事业，走向成功，塑造完美的人生。

对《易经》的解读，形成了各种流派，有象数派、义理派。有从人文、哲学的角度，有从自然科学的角度，有从占卜学、预测学的角度，各取所需，各成一理。但从文字学的角度解读较为少见。《字说易经》，从文字学的角度就六十四卦的卦名给予解读，无疑是我们打开《易经》这座宝库的一把钥匙。其实，每一卦的卦名高度地概括了每卦的内涵，懂得每一卦的卦名的内涵，也大致明白其意思。本书以六十四卦为纲，对每一卦的卦名，结合卦辞、卦画、象辞加以解读，把卦名相关汉字的起源、演变、义理与哲理结合在一起，把古代的道理与当今的生活结合起来，进行创造性的转化和创新性的发展，寻找读懂、运用《易经》之路径，是为一种尝试。

由于《易经》中的象辞内涵丰富，言辞优美，故做了文白对照和解读，以期加深理解。

是为序。

作者于广州

2020年8月5日

目录

上经

下经

上经

乾

纯阳刚健，万物资始

刘邦年轻是游手好闲之徒，后来担任沛县泗水亭的亭长。有一次，他带一批民夫到骊山给秦始皇筑皇陵，途经芒砀山时，人已经跑了大半。晚上，他喝得酩酊大醉，依旧在山泽之间赶路，突然有人禀报说："前有大蛇挡道，请回！"刘邦大喝一声："男子汉大丈夫怕它作甚！"于是他拔出七尺宝剑，上前把大蛇斩为两段。这时，有一位老妪啼哭说："我儿是白帝之子，化为蛇挡道被赤帝之子杀死。"说完，人突然不见。随后斩蛇处就生出一片红草来。刘邦有点后怕，思忖着自己到了骊山定被判处死刑，于是，就在芒砀山隐藏起来。他觉得前途茫然——是奋战逐鹿群雄，还是遣散民夫回家种田？他的妻子吕雉（即后来的吕后）来看他，他起了一卦，所得之卦为乾卦。

"乾为天"，这一卦预示刘邦终有一天会"飞龙在天"，完成霸业。于是，刘邦返回沛县，攻占县衙扯旗造反，最后终于成为汉朝的开国君主。如今，芒砀山处有刘邦斩蛇碑，刘邦藏身的山谷为藏金谷，成为旅游胜地。

卦名乾，形声字，从乙，倝声。

乾，金文为，小篆为，表示草木在太阳的照射下，从土中生长冒出。《说文·乙部》：“乾，上出也。从乙。乙，物之达也。倝声。”“倝”为日出时光芒四射的样子。“乾”象征天、太阳、帝王、领袖、主帅，表示日出霞光灿烂，万物进达。《后汉书·郭太传》：“吾夜观乾象，昼察人事。”乾与坤经常连用，在六十四卦中乾、坤作为第一、第二卦，说明乾、坤是核心之卦、基础之卦。由于乾坤指天地，故“乾坤”常代指天下、江山社稷。如《敦煌曲子词·浣溪沙》：“竭节尽忠扶社稷，指山为誓保乾坤。”古人还用“乾”指方位和时间，乾位指西北方，乾时则指早上的八点到十点。由于“乾”字是上出，和下注的“湿”相对，故“乾”有干燥的意思。有“乾”字的成语很多，“乾坤再造”指再造天地，重建江山之意；“朝乾夕惕”形容从早到晚勤奋谨慎，兢兢业业，不敢懈怠。

“乾”为六十四卦的第一卦，由六个阳爻组成。

卦画为䷀，上卦下卦均为阳卦，三爻皆阳象征天上、地下、人间至阳、至健、至刚。创造伟大万物的天，亨通顺利成长，祥和有益前进，贞正坚固。“健”为乾卦的卦德。《说卦》：“乾为天，为圜，为君，为父，为玉，为金，为寒，为冰……”乾像天，因为古人认为天圆地方；乾像君，像父，是以乾的地位尊贵而言的；乾像金、像玉，是以乾的质地坚硬而言的；乾为寒、为冰，是以乾的地理位置在西北方而言的。

卦辞：“乾。元、亨、利、贞。”“元”是初始、初生之意，也有天生之意。故“元”指一开始就有善良的秉性，奋发的性格。“亨”是通达。“利”是和字，有利、顺利。“贞”是指正固。因此，“元、亨、利、贞”指一年四季的变化，“元”为春生，“亨”为夏长，“利”为秋收，“贞”则是冬藏，乾的核心思想是指主宰地球上所有生命的太阳，给人们带来光明、温暖和能量。

“元、亨、利、贞”意为创始、通达、合宜、正固。

《象》曰：“天行健，君子以自强不息。”象辞指出，天体的运行刚健不已，君子必须效仿天上运行的太阳，永不停歇，执着地追求、进取和奋斗。只有主动发挥人性的潜能，才能成就完美的人格。

乾卦的核心精神自强不息、刚强勇毅，体现了中华民族义无反顾、勇往直前、不折不挠的精神和勤劳勇敢的品质，充满乐观向上的心志和奋发有为的信心。因此，这一卦讲的是帝王、领袖、君子所必须具备的精神品质。

乾，像太阳那样刚健有为。乾，从日，日指太阳，太阳在天空中运行畅通无阻，无论是风雨雷霆，千变万化，它都东出西落，沿着不偏不倚的轨道运行。“乾”字倝声，日始出金光灿灿，象征着朝阳朝气蓬勃，奋发有为。《周易集解》：“言天之体以健为用，运行不息，应化无穷，故圣人则之。欲使人法天之用，不法天之体，故名‘乾’，不名天也。”“乾”的特质首先表现为一种刚毅、执着、坚韧不拔的精神。这种精神是中华民族精神的核心之一，是一种积极进取的人生态度。

乾，体现的是一种不屈不挠的精神和毅力，一种有所作为的人生态度。一种向上向前的正能量。在人生的道路上，总是有坎坷、波折，不可能一帆风顺，但不管遇到什么困难和挫折，只要心中有朝阳，就不会悲观、消沉，就一定能够挺过去，就能勇往直前，克服种种困难。

西晋时期，司马家族的统治极其腐败，致使国力衰弱。北方匈奴乘机入侵，打败了晋军主力，攻陷了晋都长安，俘虏了晋愍帝。匈奴对晋愍帝百般羞辱，最后杀了他。在匈奴的统治下，百姓的生活处在水深火热之中。

这时，一位名叫祖逖的爱国志士，发誓要收复失地，拯救苦难百姓。他与好友刘琨住在一起，每日凌晨鸡鸣之时，两人

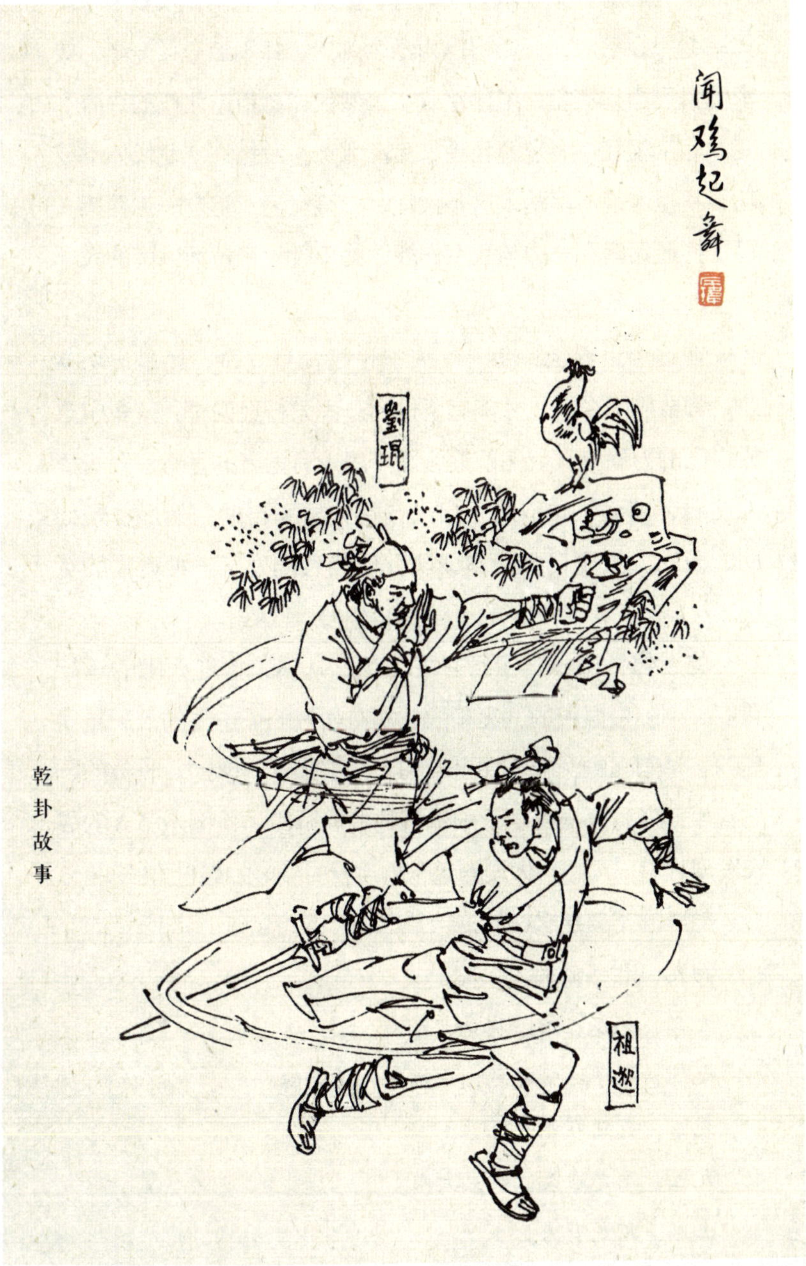
闻鸡起舞
劉琨
祖逖

就起床练剑，无论酷暑严冬、刮风下雨，从不间断，终于练就了高强的武艺，磨砺了刚强的意志。这就是“闻鸡起舞”的故事。

公元317年，司马睿在建康建立了东晋政权，史称晋元帝。东晋朝廷苟安于江南一隅，并没有收复失地的意图。祖逖为此十分焦虑，专程求见司马睿，要求领兵北伐，收复中原。司马睿只好答应，任命祖逖为豫州刺史，却不给一兵一卒，要求他自己招兵买马，组建军队。虽然这样，祖逖北伐的决心不变。他带领几百名志愿壮士，渡江北上，发誓：“北伐如不成功，我祖逖绝不再踏入这条大江。”渡江后，祖逖一边召集人马，打造兵器，一边与敌军作战，终于收复了黄河以南的大部分土地。

在这个世界上，每一个人无论是安身立命，还是建功立业，都要刚强奋斗，才能有所作为。雨果曾经说过：“我宁愿靠自己的力量打开我的前途，而不愿求有力者的垂青。”一个人活着，前途主要取决于自己，首先要靠自助，然后才是他助、天助。只要自强必然成功，依赖只能处于一种寄生的状况。

乾，像太阳一样运行有度。乾，从日，象征太阳的运行有度。朝阳是温和的，柔和的，富有朝气的。正午的太阳是猛烈的，是刚强的，就是如日中天。夕阳则是温馨的，收敛的。乾，生动形象地描绘了太阳运行的发展阶段，也揭示了人的成长发展之道。“乾”体现的是一种注重时、度的处世方式。

乾卦的爻辞是这样的：

初九，潜龙勿用。

九二，见龙在田，利见大人。

九三，君子终日乾乾，夕惕若，厉无咎。

九四，或跃在渊，无咎。

九五，飞龙在天，利见大人。

上九，亢龙有悔。

用九，见群龙无首，吉。

在爻辞里，乾，用“龙”作为意象。“龙”是九五之尊，“龙”的本性是不张扬，不为世俗所左右而改变志向。龙要成长为“飞龙”，既要有坚定的意志，也要刚柔相济。这里，描述了君子成长过程的六个阶段。一是“潜”，潜龙的品性是能大能小，能屈能伸，能隐能显。年轻的时候精力充沛，充满阳刚之气，但要潜心学习，广施德泽，积蓄力量，审时度势，等候时机的到来。“潜龙勿用”是因为时机不成熟。诸葛亮在没有遇到刘备之前，潜心在草堂读书、思考，等待着时机的到来，正如小树苗未长大，不能成为栋梁一样。这个时候潜心等待和学习，这是成长的最好办法。在这个阶段切忌拔苗助长，切忌“捧杀”，切忌给予光环和荣耀。一切要顺应人的天性和成长的规律。二是“现”，“见龙在田”，是说看见“龙”在其工作岗位上辛勤耕耘。这个时候，时机到来了，要一展身手，实现自己的抱负。清初皇太极之肱股重臣范文程，是北宋名臣范仲淹之后，早年为大明官员，努尔哈赤南下，范文程沦身为奴。皇太极登基后，范文程悟易人主，一鸣惊人。上疏言天下，定计取中原，免田赋，收民心。一生历经清朝四世而佐其三主，立下不世之功，这就是“见龙在田，利见大人”。三是“惕”，这是说当事业顺利发展之时，仍要常怀戒慎警醒之心，直至黄昏也要慎审自己的言行得失，这样，即使遇到麻烦，也能逢凶化吉。人当事业顺利发展之时，容易忘乎所以，沾沾自喜，踌躇满志，这是要防止的，应该“终日乾乾，夕惕若”，小心谨慎，不要锋芒毕露，兢兢业业循正道去奋斗。四是“跃”，这是向上跳跃而不是飞腾，若能得到君子的赏识重用，则尽心相报，若不为所用，则退而蓄养才德。这样，才不会有过错。这是能上能下的功名观，面对能“上跃”却“仍在渊”的处境时，要保持平常心态。五是“飞”，这是君子大显身手的时机已经成熟，是“龙”最佳的位置和时机，此时要展现自己的才华，干一番大事业。六是“亢”，“亢”是极度、过甚。刚进有才之士，要谨防功高盖主、权势过大而引来灾祸。老子说“功成身退”，在现实中，功成身不退的大有人在。有些人自以为是，骄傲自满，骄奢淫逸，结果必然走向衰落。有些人因贪恋官位、名位而不懂进退之道，最后，下场都很惨。一个人已经达到人生事业的最顶峰，高处不胜寒，应该往下走了，考虑身退了，切莫贪恋权势、享乐和私利，赖在高位昏庸处事，随时都会从高处摔下来。

乾卦告诉我们，刚强、执着、奋斗必须以实力来支撑，没有实力而争强好胜，必然碰到头破血流；刚强有为也要把握时机，机遇垂青于有准备的人，机遇来时要奋勇一搏；刚强有为要懂得进退之道，功成身退才是保全之道。

乾，像太阳那样充满正能量。乾，从日，象征着太阳给万物带来温暖驱散了寒冷，给万物带来阳光驱走了黑暗。太阳为人类、大地、万物带来了阳光，对人来说，这是一种正能量，是一种阳光心态，是一种乐观向上的心境。正是这种心态使人有了战胜困难的力量，获得快乐的生活。“乾”，体现的是一种阳光心态。

一位知名学者是单身汉的时候，和几个朋友住在一间只有七八平方米的小屋里。但是，他一天到晚总是乐呵呵的。有人问他：“那么多人挤在一起，连转身都困难，有什么可乐的？”学者说：“朋友们住在一起，随时都可以交换思想，交流感情，难道不是很值得高兴的事吗？”

后来，朋友们一个个成家了，先后搬走了，只剩下他一个人，但他仍然活得很快活。有人说他：“你一个人孤孤单单的，有什么好高兴的？”他说：“我有很多书啊！一本书就是一个老师，随时有老师可请教，怎么不令人高兴呢？”

几年后，这位学者也成家了，可是住的是一楼，潮湿、不安静、不安全。但他仍然是一副喜气洋洋的样子。有人不理解，他说：“住一楼好啊，进门就是家，不用爬楼梯，搬东西方便，朋友来访方便，特别是楼前的空地可以种花、种菜，这些乐趣数不尽啊！”

过了一年，学者把一楼让给一位家有偏瘫老人的朋友住，自己搬到了七楼，可他仍然是快乐的。他认为“住得高，爬楼梯是很好的锻炼机会，光线好，看书写文章不伤眼睛”。

俗话说：我们不能改变环境，但可以改变心境。任何事物都有两面性，祸福总是相倚的，得失可以相互转化。凡事用积极、阳光的心态去看问题、处理问题，就不会总是抱怨、担忧，就会让生活充满乐趣，这就是“乾”字告诉我们的道理。

彖辞解读

《彖》曰：大哉乾元，万物资始，乃统天。云行雨施，品物流形。大明终始，六位时成。时乘六龙以御天。乾道变化，各正性命，保合太和，乃“利贞”。首出庶物，万国咸宁。

译文 《彖传》说：伟大啊，来源于《乾》的阳刚之气！万物因它而生，乃至主导了天体的运行。它使天空布云施雨，万物开始了生长，在大地上显露出本来的形象。太阳终而复始地运行，使六个时辰处于美好的白天。乾卦的六爻，控制着天体的寒来暑往。天体的运行规律，让万物各自安顿本性与命运。万物保存聚合并处于和谐状态，才是有利于坚守的正道。阳气不但创生出万物，而且使天下都获得了安宁。

解读 这是一首“乾阳”的赞美诗篇。阳气是如此之伟大，它给万物带来了阳光雨露，使生命得以萌生；它给大地带来了能量，使宇宙得以运行；它给人类带来了光明，使社会保全安宁。阳气是如此伟大，刚健不息，寒来暑往，生生不息，赋予万物不同的性质和寿命。阳气是如此之伟大，阴阳平衡，万物聚合，和谐共存，使天下获得了安宁。孔子认为“保合太和”是自然界最高，最美好的境界；而“万国咸宁”则是社会最和谐的景象。

坤

地以承天，负载万物

汉高祖刘邦早期与项羽争夺天下，多方面的实力都不如项羽，应如何采取应对之道呢？刘邦占了一卦为“坤”。

“坤”象征厚德载物，用深厚的德泽育人，采取柔顺之道，积蓄力量，以柔克刚。为此，刘邦广纳人才，增强实力，当羽毛丰满之时，再与项羽争锋。终于，建立了汉朝，一统天下。

卦名坤，会意字。小篆为坤。异体字为“堃”，从土，从申。“土”为土地；“申”通“伸”，指舒展、伸展，能上能下，自由伸缩。“申”是“田”字上下出头，意为大地包容万物、滋养万物、哺育万物，万物都在辽阔的土地上自由生长、伸展、成熟。《说文·土部》：“坤，地也，《易》之卦也。”“坤”的本义：八卦之一，象征为地。如坤元，指大地滋生万物之德；坤珍，象征大地的福瑞；坤轴，指想象中的地轴；坤维，指大地的四方；坤仪，指大地。坤也用为女性或女方的代称，如坤表指女表，坤鞋指女鞋，坤旦指旦角，坤宅指连襟中的女方家宅。古人以八卦定位，西南方为坤。“乾坤”两字往往连在一起，指天地，如成语“乾坤一掷”“扭转乾坤”“乾坤再造”等。

坤卦为六十四卦的第二卦，卦画由六个阴爻组成，卦画为䷁，六爻纯阴，代表天上、地上、人间、至柔、至顺。象征地，地载万物，也可以使万物归隐，所以，坤有归藏的意义。万物、君子当师法地道，厚德载物，顺从守正。《易·说卦》：“坤，顺也。”“坤为地，为母，为布，为釜，为吝啬，为均，为子母牛。”

坤卦的卦象象征大地，象征母性，所以自然、温顺、阴柔、顺从也便是坤卦的卦德了。

坤卦的卦辞：“坤。元，亨，利牝马之贞。君子有攸往，先迷，后得主，利。西南得朋，东北丧朋。安贞，吉。”意思是，坤卦，初始亨通，有利于像母马那样保持温顺的德行。君子有所行动，开始迷茫，而后找到了主人，吉利。到西南方向可以得到朋友，在东北方向则丧失朋友。安于正道则会吉祥。

《象》曰：“地势坤，君子以厚德载物。”意思是像大地滋养万物一样，用宽厚的德行去承载众人。坤卦寓意：君子当厚德载物，宽容博大，顺从守正。

坤卦象征着大地，象征着臣子，象征着配角、副手，象征着母性。一个优秀称职的臣子、副手必须像大地一样，主动承接太阳发出来的阳光，具有厚实、宽广的胸怀，具有忠贞、顺从、任劳任怨的品质，雷厉风行、埋头苦干、不事张扬的作风。所以，这一卦讲的为臣之道，配角之道，讲的是作为主帅的副手应当具有的道德品质和基本的素质。

坤，像大地那样具有包容万物的胸怀。坤，从土，土就是土地、大地。由于土载万物，也可以使万物归隐，所以，坤卦有归与藏的意思。由于母亲是慈祥和温柔的，母牛是温顺而任劳任怨的，布是柔软的，大众的本性是顺从，坤卦也象征母亲、母牛、布、众人等。自然、温顺、阴柔、顺从是坤卦的特质。因此，作为配角要具有宽厚的胸怀，不斤斤计较，甘当孺子牛。

宋代哲学家胡安国说“察天行以自强，察地势以厚德”，以自强立身，以厚德处世，是君子的人格体现。中国的传统文化一直以宽厚为美德，《左传》说：“君子有容人之量，小人存嫉妒之心。”明代的薛瑄说：“唯宽可以容人，唯厚可以载物。”人假如能效法大地，培养宽厚的品德，不但能利己，最后还能利人。

象辞则强调大地是情势顺下，为此君子要厚植自己的道德来承载众人。

春秋战国时代，秦穆公外出王宫，不慎丢失了骏马。他亲自出去找，看见有一群人已经把自己的马杀了，还正在一起吃马的肉。秦穆公对他们说：“这是我的马呀。”这些人都惊恐地站起来。秦穆公说：“我听说吃骏马的肉但不喝酒的人会死的。”于是赐给他们酒喝，杀马的人都惭愧地走了。过了三年，晋国攻打秦穆公，把秦穆公围困住了。以前那些杀马吃肉的人互相说：“我们可以以死报答穆公给我们吃马肉喝好酒的恩德了。”于是食马者连同秦军击溃了包围秦穆公的军队，穆公终于摆脱了困境，并打败了晋国，俘虏了晋惠公，这就是给人恩惠而得到福佑的回报啊！

坤，像大地那样具有忠诚顺应的品格。《易·说卦》：“坤，顺也。”《易·坤·文言》：“坤，地道也，妻道也，臣道也。”坤，延伸到政坛是为臣之道，延伸到家庭是为妻之道。这个道是柔和顺从，是当好配角，做好参谋。道家主张要柔顺而不强求，提醒我们“用动则浊，用静则清”，只要把浮动的心平静下来，就能认清方向，先迷后得、先难后易、先苦后甜，获得好的结果。

坤卦的爻辞是这样的：

初六，履霜，坚冰至。

六二，直方大，不习无不利。

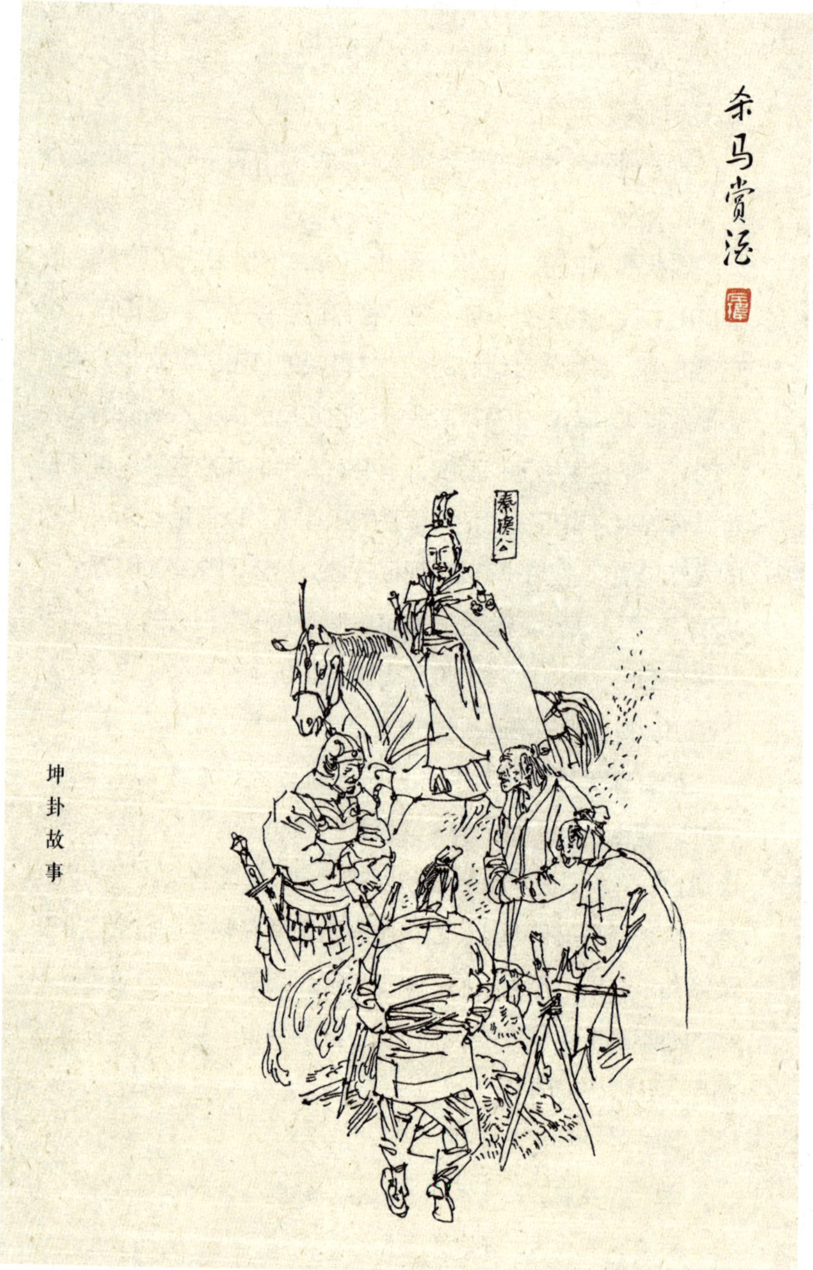

坤卦故事

六三，含章可贞。或从王事，无成有终。

六四，括囊，无咎无誉。

六五，黄裳，元吉。

上六，龙战于野，其血玄黄。

用六，利永贞。

爻辞形象地描绘了当秋天来到，霜霭初降，草枯花黄的收获季节，人们秋郊牧马的景象，以赞美大地载负万物的博大。其实也概括了作为一个配角、副手应当具有的品格和素养。

第一，必须富有远见。“初六。履霜，坚冰至。”这是说，当脚踩到霜的时候，就应当知道结冰的日子快到了。任何事物都是循序渐进的，正所谓一叶知秋，为臣者必须有敏感的心，仔细地感知事物的发展变化，仔细体会主帅的意图；做到未雨绸缪，做好各种准备，为主帅出谋划策，又为主帅分忧解惑。就像诸葛亮那样，未出山，已定三分天下之策，为刘备规划好未来的发展方向，是一个合格的“军师”和助手。

第二，必须正直、方正、大度。“六二。直方大，不习无不利。”直、方、大概括了大地的特性，平坦又方正，广阔又博大。为人也应向大地学习，做到直、方、大。“直”就是忠诚、正直、专一。作为臣子，首要的是忠诚、忠贞，让君王信得过、放心，其次是能力，然后是勤勉的作风。“方”就是讲原则，守规矩，内方外圆，既不折不扣地按主帅的意图办事，又能灵活巧妙地协调多方。“大”就是要有大胸怀、有大度、有大量。此外，做事不反复无常。《文言传》：“直其正也，方其义也。君子敬以直内，义以方外，敬义立而德不孤。”这就是说内心纯正又正直，外在方正、大度，对待主帅有恭谨诚挚的态度，就能成为一个称职的配角了。三国时的关羽虽然有万夫不当之勇，但其武功是不及吕布的，但由于他具备了“直、方、大”的素质，他的赤胆忠心一直为后人所称颂，并作为忠义的象征。这是他具备了“坤”的禀赋，当好了配角。

第三，必须尽职守本分。“六三。含章可贞。或从王事，无成有终。”“章”指文采，“可贞”就是坚守正道，守住你的本分，扮演好配角。一个称职的部属，就是提建议却不随意拍板，工作做出成绩却不与主帅争功，补位不越位，多干活不出名，埋头苦干，低调内敛，不事事张扬。

第四，必须谨言慎行。“六四，括囊，无咎无誉。”“括囊”就是收紧你的口袋。《象》曰：“‘括囊无咎’，慎不害也。”意思是说闭上你的嘴巴，谨言慎行没有过错，这样才没有灾祸。作为副手，往往做出一点成绩来，会沾沾自喜，或口无遮拦，或口出狂言，贪功诿过。一个人假如功高盖主，其祸不远。抓紧口袋，就是不要炫耀、不要吹嘘，要低调、内敛。

第五，必须温文尔雅。“六五。黄裳，元吉。”《象》曰：“‘黄裳元吉’，文在中也。”意思是说黄裳之所以大吉，是因为有温文之德并且守于中道。做一个最佳的助手，言行举止温文尔雅，不喧宾夺主，不飞扬跋扈，自然也就“元吉”。

第六，必须不争、安分。“上六。龙战于野，其血玄黄。”玄黄，天地的颜色，玄为天色，黄为地色，这里指血色相杂。意思是说，牧野一战，血流飘杵。《象》曰：“‘龙战于野’，其道穷也。”其道穷也，指无路可走。假如有了野心，不甘于当配角，想当君王，必然产生争斗，必将流血并身亡于虚幻的帝王梦中。这样，就走上了穷途末路了。东汉时，吕布本是一介武夫，骁勇过人，但他只是一个当配角的料，无德无才。他不甘心当配角，杀了义父董卓，但他当了主帅以后，每当有重大决策需要他“拍板”时，却不知所措，屡屡失误，最终为曹操所杀。作为配角，不能有野心，不要争功，不要争利，不要争位，否则，下场可悲。

坤，要像大地那样具有方正得体的处世方式。坤，异体字为埅，即方方正正的大地。古人认为天圆地方，《文言传》曰：“直其正也，方其义也。君子敬以直内，义以方外，敬义立，而德不孤。”《文言传》又曰：“坤至柔而动也刚，至静而德方。后得主而有常，含万物而化光。坤道其顺乎！承天而时行。”这段话的意思是说，“坤”是最为柔顺的，然而它却可以变得极其刚健；坤是安静的，但它的品德却是方正不邪。它是顺着乾阳运行的，但却有着自己的一定之规。它包容万物，化生的功能广大无边。坤道便是顺应之道吧！它顺应天道的四季运行。在这里，指出了作为臣子、副手所应具有的“德方”。一是刚柔相济，虽然是柔顺的，但并不是依附，对君王不是唯唯诺诺，曲意逢迎，不是吹牛拍马；当君王有不正确的作为时，要巧妙地提出来，防止其造成危害。同时，处世应当是果断的，有超强的执行力和雷厉风行的作风，按照君王的意图、主张办成实事、好事。二是方正守规，这就是坚持原则性，按规矩办事。用今天的话来说是遵守法律和纪律，不徇私情，不盲目地执行违背事实的指令。三是极静的心态，处事不惊，心藏计谋，正直高尚。为臣之道既要保持安静、顺从，又要心存正直，心藏机谋，辅助明君，为社稷做出贡献。在这方面，北宋的吕端可以说是一个典范。毛泽东主席曾经用联语“吕端大事不糊涂”，以表扬叶剑英元帅的正直和机智。

吕端与寇准同朝为官，最初的职位在寇准之上。可是宋太宗选择宰相时，吕端却推荐寇准，表现了吕端谦逊的态度和作为臣子以大局为重的大度胸怀。但吕端不是任何事情都避让。当时，朝廷将领李继迁叛逃西陲，宋太宗大怒，立即下令将李继迁的母亲抓起来杀掉。面对皇帝的圣旨，没有大臣敢表示反对，纷纷称赞宋太宗的决策英明。而吕端却冒着生命危险挺身而出，反对皇帝的决定。后来，宋太宗权衡利弊之后，终于同意吕端的意见。叛将李继迁去世后，他的儿子感谢宋太宗的宽容，便带头归顺了宋朝。正是吕端的决策，使边疆获得了安宁。

其实，柔顺也包含着刚强，柔顺也不能违背正直的内心，顺从也应当遵循原则，假如无原则的顺从和迁就，其结果既损害了君主，也损害了国家。

坤，要像大地那样具有能屈能伸的气度。坤，从“申”，申

的甲骨文为𢆉，金文为𢆉，皆像闪电光耀曲折之形。小篆为申，由“臼”“|”组成，“臼”的字形像人的两手相对，有所作为，“申”为双手拉伸、伸展物体，使之笔直如“|”。一个心怀大志的人，始终关注着远大的目标，从不计较一时的得失，有时是由于自己处于羽毛未丰、实力不足的情况，选择隐忍；有时是客观条件未成熟，只好选择等待，这是由时、势、位所决定的。所以，有坤德之人，在人为刀俎、我为鱼肉的情势下，往往要冷静和理智，不要意气用事、硬打硬拼，而应能屈能伸，以时间换空间，以隐忍积蓄实力，以机智战胜对手。越王勾践卧薪尝胆、韩信忍受胯下之辱都是成功的例子，充分体现了以柔胜刚的道理。

彖辞解读

《彖》曰：至哉坤元！万物资生，乃顺承天。坤厚载物，德合无疆。含弘光大，品物咸亨。牝马地类，行地无疆，柔顺利贞。君子攸行，先迷失道，后顺得常。西南得朋，乃与类行。东北丧朋，乃终有庆。安贞之吉，应地无疆。

译文 《彖传》说：至大无际啊，坤元的始生！万物都借助你得以生成，你顺应着秉承着天道。大地深厚负载万物，品德博大没有边际。包容无限而广大，各类事物都因你而亨通。牝马属于大地的生物，驰骋四野没有疆界。阴柔温顺又守持正固。君子行动的开始会迷失方向，随后便会步入恒常法则。西南得朋，是与志同道合者一同前往；在东北方丧失朋友，但最终仍有喜庆。安于正道的吉祥，是与无边无际的地道相应合。

解读 这是一首“大地”的赞美诗。大地有宽厚博大的胸怀，它为万物提供了养分而默默无言，为人类贡献了资源而不求回报；大地有柔和顺应的风度，遵循本心，顺应自然。健顺有度，进退适时。大地有成人达人的美德，成就他人，也成就自然。自强不息是自立之道，厚德载物是立人之道，既成就他人，也成就自己。坤卦向处于从属地位的人，宣扬了顺从、内敛、内秀、谨慎、谦逊的品格，颂扬了博大、宽厚的胸怀，揭示了当好一个配角必须具有的品德。

屯

草木初生，强根固本

楚汉之争之后，刘邦赢得了天下。项羽在乌江自刎后，楚军大将季布成了刘邦的重点追捕对象。季布在逃亡过程中卜了一卦，得“水雷屯”卦。

后来，季布改头换面，到了鲁地一个姓朱的大户人家为奴。朱老爷子通过明察暗访，很快就发现这个所谓的家奴竟是朝廷重金追捕的季布将军。朱老爷子并没有直接把季布交给朝廷，而是找到了老相识夏侯婴将军，看能不能通融一下。他刚一提到季布，夏侯婴就说他也很敬佩季布，他愿意亲自去面见刘邦，请求赦免季布的死罪。最终，季布不仅得到了刘邦的赦免，还获得了一个新职位——郎中。

卦名屯，会意字。“屯”字的字形，是一个“屮”字，表示草木等植物；上面有一横画，象征着地面。“屯”字的字形描绘的是草木从地上刚刚发芽，破土而出的状态。《说文·中部》：“屯，难也。象草木之初生。屯然而难。”初生嫩芽往往要突破土地、石块的阻碍，奋力生长，才能够破土而出，这是非常艰难的。所以，“屯”的本意即困难、艰难。王筠的《说文释例》中说：“凡草木之生，其根必直下；若根先曲，则生意不遂。唯真芽有所碍，始有曲耳。而屯字曲其尾者，字本取难意。”《说文解字》也引用了《易经》的说法：“屯，刚柔始交而难生。”“屯”卦表明幼苗正处于初生状态，因此有艰难的意思。

屯卦的卦画为䷂，上卦为坎，下卦为震，坎为水，震为雷，代表新生。为水雷卦。“屯”象征初生，像种子萌芽，破土而出，萌生、破土多有艰难。初生之物应当强根固本，不可轻动。但也是王者建功立业的时候，应坚定信念，积极进取，不可碌碌无为。

卦辞曰：“屯。元亨，利贞。勿用有攸往。利建侯。”意为屯卦开始通达、适宜、正固。不要好高骛远，不轻举妄动，坚守阵地，有利于在自己的地盘上建功立业。一个国家、一个集团、一个人，当处于艰难之时，应当着眼放在打牢根基上，正如有自己的根据地一样，可进可退。

《象》曰：“云雷，屯。君子以经纶。”《象》辞说，上卦坎为云雨，下卦震为雷，两者合成就是屯卦。君子由此领悟，要努力谋划，好好经营发展自己的事业。乌云密布、雷鸣轰动、处处险象环生，这是《屯》之象，君子观之思天下一切维艰，从而当经纶天下，寻求可持续发展的道路。在重重险象中求变化发展，发展中虽然艰险，但这是通往亨通的正道。

“屯”卦讲的是成长之道。“屯”卦下震上坎，坎为雨，喻险。雷雨交加，险象丛生，环境恶劣。而正是在这样起始维艰的环境，更见出生命的顽强与坚韧。从另一个角度看，“屯”卦的上卦是坎卦，是水，是生命之源；下卦是震卦，是雷，代表新生。春雷阵阵，带来春天的气息，雨水滋润，养育了新的生命，大地上的草木正是在这个气候下开始萌生。万物始生，充满艰难险阻，然而顺时应运，必能欣欣向荣。“屯”卦是继乾、坤之后的一卦。《序卦传》说：“有天地然后万物生焉。盈天地之间者唯万物，故受之以屯。屯者，盈也；屯者，物之始生也。” 屯是乾、坤两卦始交而产生的第一卦，正像万物始生，充塞于天地之间，阻塞郁结，未有亨通，这种状态就是屯。屯表示在成长的过程中，虽然有阻力、困难，“凡事开头难”，但它是事业的开始，幼苗终将破土而出，成长为参天大树。“屯”卦形象地描述了人成长的过程。

屯，是成长的起点。“屯”是草木之初生，象征着困难重重。这个时期是人生萌芽时期，不但生命很脆弱，而且是一个人成长的关键时期。俗语说“三岁看大”，必须扣好人生的第一颗扣子，培养良好的品行。卦辞说：“磐桓，利居贞，利建侯。”意谓磐石桓表，意志坚定。这是要扎根土壤，稳固根基。继而“屯如，邅如”，意谓有时驻守，有时不进。这是土壤中的生命克服阻力、努力萌发的状态，就好像“乘马班如”，乘马徘徊不前、盘桓不进。《象》曰：“虽磐桓，志行正也。以贵下贱，大得民也。”意思是说，虽然徘徊不前，但前进的心愿符合正道。以高尚的地位平易近人地接近低贱的人，会得到民众的拥护。

1920年的一天，年仅9岁的里根和小朋友在院子里踢足球，不小心将邻居家的玻璃打碎了。邻居很生气，非要他赔偿12.5美元。在当时的美国，12.5美元是笔不小的数目，里根吓得赶紧回家，恳求父亲帮帮他。父亲却说：“我不会替你还钱的！你现在首先要做的就是先到邻居家赔礼道歉，而后自己还钱。”

里根一脸的不解：“我赔？我哪有那么多钱啊？”

父亲说：“你必须对自己的过失负责！我可以借钱给你！但一年后你必须还给我。”

按照父亲的要求，里根到邻居家还了钱，而后便开始了艰苦的打工生活。虽说他才9岁，父亲却对他充满了希望，相信他一定能成功！

半年后，里根终于挣够12.5美元。对一个9岁的男孩儿来说，这是一个“天文数字”，但里根却靠自己的双手，弥补了自己的过错。

后来，里根成了美国的总统。可只要里根回忆起此事，他就会说：“通过自己的劳动来承担过失，使我懂得了什么叫责任。”

幼儿教育是个人的成长起点，人生的起跑线非常重要，特别是小时候养成的品性会影响一辈子。苏霍姆林斯基说：“责任心是一种习惯性行为，也是一种很重要的素质，是做一个优秀的人所必需的。”里根能成为美国的总统，因素很多，其中一个重要原因，应该是他的责任感。而他的责任感的养成，有赖于他的父亲的理智引导。对里根砸破玻璃这件事，里根的父亲既没有暴打孩子，也没有直接为孩子解决问题，而是让孩子自己想办法解决。孩子想出办法后，解决问题遇到困难时父亲给予了帮助，先借给孩子钱，然后孩子打工再还。但这一借一还，不但使孩子对错误的认识更加刻骨铭心，更重要的是使孩子明白做错了事情自己要付出代价的。

屯，是经历磨砺的成长状态。草木初生要突破泥土、石头等的覆盖，正如人的成长过程，要突破客观和自我的限制。《易经》在文辞描写了人成长过程中的种种困扰，如困惑和徘徊。如“六二”所说的“屯如邅如，乘马班如”，意为艰难难于行进，骑在马上盘旋，难以前进。一个人的学业、事业往往都会碰到瓶颈，难以有突破；又如迷失目标，不懂舍弃。“六三，即鹿无虞，惟入于林中；君子几，不如舍，往吝。”意思是说，追逐野鹿却没有猎官做向导，只会迷入山林之中。君子胸怀机智，不如舍弃，再往前走就会有困难。人往往会跟着欲望走，结果会迷失了自我，这就要有所取舍。由此可见，人必须有人生的导师。又如艰难困苦。“上六：乘马班如，泣血涟如。”意为骑在马上艰难行走，流血涟涟，泪如雨下。“屯”非常形象地指出了成长必须付出汗水、泪水，是一个艰难的过程。

幼苗的成长，既取决于自身的素质，又受到土壤、气候等因素的影响，其成长是艰难的。人生也是如此。只有历经风雨才能磨炼意志，苦难也是人生的一笔财富。“艰难困苦，玉汝于成”，大凡杰出人物，大都经历苦难的磨炼。

法国伟大的批判现实主义作家巴尔扎克，著作等身，曾经被马克思、恩格斯称赞为“现实主义大师”。但他在成名之前，也曾吃了很多苦头，受到各种折磨。

巴尔扎克的父亲一心希望儿子成为一名律师，但巴尔扎克偏偏想当作家。父亲一怒之下，断绝了他的经济来源。那时，巴尔扎克给报刊投稿，屡投屡退，生活困顿，负债累累。有时，他只能用一杯白开水和一点面包度过一天。为了对抗饥饿，每天用餐时，就在盘子上写着“香肠”“火腿”等字，在想象中寻找快乐。巴尔扎克没有向现实屈服，而是把苦难作为对自己意志的磨炼，经过不懈地努力，终于取得了成功。

西汉史学家司马迁命运多舛，因得罪皇帝而遭受宫刑，吃尽苦头，但是他发愤创作，最终完成了《史记》的编撰，在历史上留下了浓墨重彩的一笔。他在《报任安书》中说：“文王拘而演《周易》；仲尼厄而作《春秋》；屈原放逐，乃赋《离骚》；左丘失明，厥有《国语》；孙子膑脚，《兵法》修列；不韦迁蜀，世传《吕览》；韩非囚秦，《说难》《孤愤》。《诗》三百篇，大抵圣贤发愤之所为作也。”

这段话可谓是他内心的写照。“苦”是一种磨难，而“甘”则是人生品格的锤炼、境界的升华。司马迁个体之苦厄、磨难，最终升华为历史、时代的认可，真是“苦尽甘来”一词的绝佳注脚。

人在一生的历程中，要遭受生老、病死、情感等方方面面的痛苦。苦难有两面性，从一方面看，它是一种不幸，但从另一方面看，它又是一种磨炼。如果没有苦难，人性中最好的部分便会酣睡不醒。梁启超说：“患难困苦，是磨炼人格之最高学校。”

屯，是积蓄力量，厚积薄发的历程。“屯”是初生之状，应当强根固本，潜心积蓄，待时而动。屯，有囤积之义。行军打仗要粮草先行。《象》曰：“云雷，屯。君子以经纶。”君子只有“满腹经纶”，才能有所建树。屯在人生初始阶段，主要是积蓄力量，在积蓄力量还不足之时，就要从小事做起，不可好高骛远。

元末明初，家住浙江黄岩的陶宗仪，进士落榜后，回乡边耕田边教书。《明史》记载，他教学之暇耕耘农田，小憩的时候，常坐在田埂边上看书。看一阵书，他放下书本，捧着早已备好的笔砚，走到不远处的一棵大树下，信手扯下数片树叶，在上面尽情地写着。原来他就地取材，以树叶当纸，记下治学心得、诗作和耳闻目睹的重要事情。待到片片树叶上写满了字的时候，他把它们小心翼翼放在大树下晾着。收工时，陶宗仪把带字的树叶带回家，将它们存贮在瓦罐中。贮满了，就把瓦罐埋在屋后的大树根下。

就这样，陶宗仪日复一日，年复一年，不断写书，不断积累。十几年间，竟然积满了数十瓦罐。一天，他让学生们挖出那些瓦罐，指导他们把树叶记载的资料，分门别类，抄录整理，编写成了一部长达30卷的《辍耕录》，名动一时。

《辍耕录》又名《南村辍耕录》，是一部史学笔记，该书为后人研究元朝的政治、经济、文化、科技、风俗等各个方面都提供了不少可贵资料。清乾隆年间的《四库全书总目提要》对该书的评述说：“于有元一代法令制度，及至正末东南兵乱之事纪录颇详。所考订书画文艺，亦多足备参证。”

人的成长，是在不断地积蓄力量、能量，沉稳才能走得远。陶宗仪如此成就，正是来源于他平时的积累，靠的是他的毅力和刻苦。成语 “积叶成书”的出典，就是来自这位文学家、史学家。它的意思是知识来自平时的积累，而这种积累，依靠的是人的意志与毅力。

彖辞解读

《彖》曰：屯，刚柔始交而难生。动乎险中，大亨贞。雷雨之动满盈，天造草昧。宜建侯而不宁。

译文 《彖传》说："屯"卦，表示刚、柔二气开始相交，困难也由此而生。事物在危险的境地中运动，这是非常光明正大的。雷声隐隐，春雨阵阵，充盈在天地之间，大自然的生命由此而开始萌生。这一卦，适宜封侯建国，但也不容易，必须勤奋努力不休。

解读 "屯"卦用诗一般的语言为我们展示了人世间生存的艰难情景，描述了有始、有中、有终不断奋斗的历程。"雷雨之动满盈"，是促使我们应时而动，努力向上；而我们的成长过程，也必定少不了困难艰险。古代圣贤不甘于向困难和命运低头的勇气，正是一种"大亨贞"的境界。"屯"要有向上的力量，突破各种阻力；"屯"要有沉稳的脚步，一步一个脚印向前迈；"屯"要有百折不挠的精神，经历磨难而初心不改，走向辉煌的顶峰！

蒙

启蒙发智，纯正无邪

我国古代历来关心儿童的启蒙教育。早在殷周时期，就已经为贵族子弟设立了小学。春秋战国时期，随着私学的产生，民间也开始出现了对儿童进行启蒙教育的机构。汉代时，这种机构已渐趋成熟，称作“书馆”，教师称“书师”，规模也较大。

宋元时期是我国古代蒙学发展的一个重要阶段，不仅在数量上得到了进一步的发展，而且在教育内容、方法以及教材等方面，都形成了自己的特点，对后来明清时期的蒙学教育产生了重要影响。宋代的统治者重视蒙学教育，在中央和地方设立许多小学，既有民间办的私学，也有政府办的官学。

古代的蒙学课堂到底是怎么样的呢？宋代的《京兆府小学规》说：“教授每日讲说经书三两纸，授诸生所诵经书文句、音义，题所学字样，出所课诗赋题目，撰所对属诗句，择所记故事。”蒙学课堂学些什么呢？宋代的朱熹说：“人生八岁，则自王公以下，至于庶人之子弟，皆入小学，而教之以洒扫、应对、进退之节，礼乐、射御、书数之文；及其十有五年皆入大学，而教之以穷理、正心、修己、治人之道。”中国古代蒙学教育，对中国教育史产生了非常深刻的影响。

蒙，形声字，在古代是指一种草名。《说文·艸部》：“蒙，王女也。从‘艸’、冡声。”本义为王女，即菟丝。由于“蒙”从“冡”取得声义，故又借以表示覆盖。

蒙字有阴平声、阳平声、上声等多个读音。蒙读作méng，引申出昏迷，失去知觉的之意。如称蒙昧幼稚的儿童为“蒙幼”，旧时对儿童进行启蒙教育的地方称为“蒙馆”，儿童启蒙之学称为“蒙学”。

蒙卦的卦画为䷃，蒙卦上卦为“艮”，为山，下卦为“坎”，为泉。山水蒙卦，就像山下出泉的意象。泉水始流出山，则必将渐汇成江河，正如蒙稚渐启，又山下有险，因为有险停止不前，所以蒙昧不明。事物发展的初始阶段，必然蒙昧。如今我们常常用“启蒙”一词，表示对少年儿童最初阶段的德智教育。所以，教育的当务之急，是培养学生纯正无邪的品质。

蒙卦卦辞曰：“蒙。亨。匪我求童蒙，童蒙求我。初筮告，再三渎，渎则不告。利贞。”意思是说，蒙卦，亨通。不是我去求蒙昧的儿童，而是蒙童来求我。初次占筮就告诉他结果。两次三次占筮就亵渎了神灵，亵渎神灵的就不能告诉他，适宜固守正道。

《象》曰：“山下出泉，蒙。君子以果行育德。”意思是：山下流出清泉，这是蒙卦的意象。君子效法此卦以果敢的行为培养品德。启蒙教育就是培养孩童纯正无邪的品质，是造就圣人的成功之路。故教育是改变人的命运的神圣功德。要使教化流行，君子要以言必行、行必果的嘉行，立德树人，培养受蒙者返璞归真、天真纯朴的良好品德。

“濛”“朦”“懞”等字的本字，都是“蒙”。这三个字，可以让我们更加深刻地理解“蒙”字的内涵。“濛”字着重表达一种弥漫细雨、雾气朦胧的自然状态和气候特征；“朦”字侧重于表达视觉之朦胧，眼睛被遮蔽看不见；“懞”字则多用于表示心智不清，心灵未得到启蒙，蒙昧无知。由此可见，“蒙”字往往与不清晰、不明确、不明朗的状态联系在一起，它期待一种“拨云见日”之美。

为什么屯卦之后是蒙卦？《序卦传》说：“屯者物之始生也。物生必蒙，故受之以蒙。蒙者蒙也，物之稚也。”蒙，就是不明，不是物的本体不明，而是由于物受到掩蔽所导致，就像镜子之蒙垢，眼睛之蒙翳。人，稚小蒙昧，去向未定，就是蒙昧的状态。蒙卦讲的是启蒙之道，也是教育之道。这一卦阐述了教育的本质，教育的途径和方法，特别是儿童教育，给我们以深刻的启示。

蒙昧表现为心灵长满了杂草。“蒙”字上部的草字头，具有草木荒芜的意象，寓意人的内心迷茫、无知，如同杂草丛生，有待整理。“蒙”卦六四爻曰：“困蒙，吝。”意谓陷于蒙昧无知的人，深深被愚昧所困扰，远离了接受教育的条件，故处境艰难。比如说，保守、退却、不想冒险、不想探索或开辟新的发展领域、只求保持现状等，这样消极被动的状态，是非常不利的，所以说“吝”。

人类的蒙昧首先表现为对自然规律的无知，这种无知今天表现为“科盲”。在现代科学技术高速发展的今天，我们自然有许多未知的领域，如深地、太空、深海等。我们只有不断地学习、探索，才能认识、把握和运用。除此之外，更多的蒙昧表现为品德的“不开化”，心灵蒙上了一层灰尘，如自私、阴险、奸诈、欺骗、嫉妒等，学界把这些称之为低“德商”。启蒙教育重在纯正人们的心灵，培养优良的品格。所以，弘忍的徒弟神秀说：“身是菩提树，心如明镜台，时时勤拂拭，莫使惹尘埃。”启蒙教育首先在于健全人格的教育，然后就是培养人们科学的思维方式，既学会逻辑思维，又学会系统思维、逆向思维、辩证思维，不但有知识，而且有智慧。

启蒙要从家庭开始。“蒙”卦的六五爻中说：“童蒙，吉。”孩童正处于人生的初期阶段，其身心发展又如一张白纸，有待开发。孩童阶段是教育的当务之急，培养儿童纯正无邪的品质，是非常重要的启蒙起点。启蒙教育，首先应是家庭、家长的责任，应该从家长做起。家长是孩子的第一位老师。有什么样的家长，就有什么样的孩子。

孟子是战国时期伟大的思想家、教育家，儒家学派的代表人物。“断机教子”，讲的是孟母鼓励孟子读书不要半途而废的故事。孟子年少读书时，开始也很不用功。有一次，孟子放学回家，孟母正坐在机前织布，她问儿子：“课堂所教的诗篇会背了吗？”孟子回答：“会背诵了。”孟母高兴地说：“你背给我听听。”可是孟子总是翻来覆去地背诵这么一两句诗。孟母听了又生气又伤心，举起一把刀，“嘶”的一声，一下就把刚刚织好的布割断了，麻线纷纷落在地上。孟子看到母亲把辛辛苦苦才织好的布割断了，心里既害怕又惊讶，忙问母亲出了什么事。

孟母教训儿子说：“学习就像织布一样，你不专心读书，就像断了的麻布，布断了再也接不起来了。学习如果不时时努力，常常温故而知新，就永远也学不到本领。”孟子很受触动，从此以后，他牢牢地记住母亲的话，起早贪黑，刻苦读书。

孟母的教育，对于孟子的成长及其思想的发展影响极大。营造良好环境使孟子很早就受到礼仪风习的熏陶，并养成了诚实不欺的品德和坚韧刻苦的求学精神，为他以后致力于儒家思想的研究和发展打下了坚实的基础。

启蒙必须遵循正确的教育之道。《易经》的蒙卦可以说是中国较早的教育思想，回答了教育的目的、任务、内容和方法。首先，蒙卦指出了教育的根本任务是立德树人，培养堂堂

蒙卦故事

正正的人。《彖辞》说："蒙以养正，圣功也。"意思是说，启蒙之道，就是正心，培养端正的品行，养浩然之正气，这是一件非常伟大的功德事业。《象》曰："君子以果行育德。"立志成为君子的人，年轻时就应"果行育德"，因此启蒙的核心是去除人们心灵上的"杂草"。那么，这"杂草"又该如何去除呢？

我们知道，在富有养分的土地上，杂草总是最难去除的，即使将它们连根拔除，甚至以火焚烧，也会"春风吹又生"。去除杂草最好的办法，便是在土地上种庄稼，通过植物生态链条的竞争机制，遏制杂草的生存。当庄稼成熟时，更能有所收获，达到一举两得的目的！启蒙之道，也是这个道理——去除人们心灵"杂草"最好的途径，便是在人的心田种下优良的"种子"，让它萌发出德智之美，生长知识与智慧。

陶侃是东晋名将，曾任八州都督，征西大将军，封长沙郡公。陶侃少年时丧父，家境清贫，与母亲湛氏相依为命。湛氏是一位非常贤惠又深明大义的女性。她立志要使儿子出人头地，非常注重对他端正人格的培养。

陶侃年轻时当过浔阳县的小吏，专门监管鱼坝。有一次，他利用职务之便，弄到一坛腌好的咸鱼，让人捎给了母亲。没料到陶母见后，立即封好了咸鱼，令差役将原物送回，并写了一封信责备陶侃说："你作为一个官吏，却拿公家的东西给我，不仅不能给我带来好处，反而增加了我的忧虑啊！"陶侃读完母亲来信，愧悔交加，无地自容。自此以后，严母训导铭刻在心。其后为官四十年，清廉正直，忠于职守，始终如一。后官至征西大将军、荆江二州刺史、都督八州诸军事等职，成为东晋初期的名臣。

教育的目标是"养正"，去除心灵上的"杂草"，培养心性和智慧。陶母退鱼，足以说明其深明大义。人之初，性本善，性相近，习相远。陶侃的母亲深知，要让孩子养成良好的行为习惯和道德品质，必须对他严加管教，让他懂得去除贪念，洁身自好。她同时严格要求自己，以身作则，用实际行动告诫儿子如何做人，如何做官，如何做一个有道德、有能力的济世人才。

其次，蒙卦指出了教育的基本原则，是以学生为本，激发学生的求知兴趣和求知欲望。蒙卦的卦辞说：“‘匪我求童蒙，童蒙求我’，志应也。”教育不是逼迫蒙昧无知的儿童来学习，而是让儿童主动接受教育。教育者和被教育者应心灵想通。应该遵循快乐学习的原则，不要让学生把学习当做负担、负累、苦役。现在，我们的许多家长，“望子成龙，望女成凤”，逼迫童蒙学习这学习那，童蒙不堪重负。这完全不符合孩子的天性，要让童蒙在兴趣中学，主动接受教育。

再次，蒙卦指出了教育的基本方法是立规矩。“初六，发蒙，利用刑人，用说桎梏。以往吝。”《象》曰：“利用刑人，以正法也。”意有启发童蒙，适宜用刑罚来规范人们，借此让他们摆脱桎梏。“桎梏”既有真正犯法受刑的处境，也有人受本能欲望的控制。由于童蒙心智发育不健全，首先必须规范其言谈举止、衣食住行，逐步养成习惯，习惯便成为自然，成为常态。但是，仅有“法”的约束还是不够的。“以往吝”，这是说只知借助刑罚，长此以往，会陷入困境。对童蒙的教育，既要端正法纪，也要配合德的教育，做到德法并重，内修与外约的结合，这才是正确的教育办法。

彖辞解读

《彖》曰：蒙，山下有险，险而止，蒙。“蒙，亨”，以亨行时中也。“匪我求童蒙，童蒙求我”，志应也。“初筮告”，以刚中也。“再三渎，渎则不告”，渎蒙也。蒙以养正，圣功也。

译文 《彖传》说：“蒙”卦的卦象，好比身处山顶望山下，见到山峭陡壁，处处充满着险难，这时就停下来，这是蒙昧的状况。“蒙”卦通达，因为它顺应正直之气、遵循中正之时。“匪我求童蒙，童蒙求我”，意谓不是我让童蒙来求学，而是童蒙之人有不懂之处，来求学于我。这是心意相互呼应。“初筮告”，意谓他初次来问，我就告诉他，这是正直无私之举。“再三渎，渎则不告”，意谓他再三来问，这就不恭敬了，不恭敬则不告诉他了。因为他没有恭敬之心。启蒙教育，是为了培养正道，这是造就圣人的伟大的功德事业。

解读 “蒙以养正”是中国传统文化中非常重要的教育理念，它体现了中国传统文化的传承之道。我们要用实际行动和已有知识去开导童蒙，更应注重对孩子道德品质的培养。教育，是一个教学相长的过程，教育者需要有正确的教育理念和教育方法，求学者要有积极向学、追求进步的主观能动性，才能成就远大志向。教育者应培养孩童的学习兴趣，激发儿童强烈的求知欲望，遵循学生心智成长的规律，因材施教，才能达到“蒙以养正”的目的。

需

耐心等待，顺理待时

东汉时期的蔡顺是一个非常孝顺的人。蔡顺少年丧父，所以一直非常孝顺地侍奉母亲。当时正值王莽之乱，赤眉军起义，又遇饥荒，蔡顺一家只得拾桑葚充饥。他为此卜了一卦，为“水地需”卦，便知道自己一定能躲过这场大难。

有一天，蔡顺遇到了赤眉军，赤眉军中的士兵厉声问道：“为什么把红色的桑葚和黑色的桑葚分开装在两个篓子里？”蔡顺回答说：“黑色甜桑葚供老母食用，红色酸桑葚留给自己吃。” 赤眉军听了很感动，怜悯他的孝心，便送给他三斗白米，一头牛，让他去供奉母亲，以示敬意。

蔡顺拾葚异器的故事最早记载在《东观汉记》，还被收入“二十四孝”之中，广为流传。

卦名“需”，会意字。从雨，而声。而，是胡须，代表老者，意为老者祈雨。古文字把“而”写作“天”。“需”字的字形，就像天上有雨。遇到下雨天，行路人只好停下来避雨了。《说文·雨部》："需，颏也。遇雨不进，止颏也。"意思是说："需，等待。遇着雨，不前进，停在那里等待。"《易传》说："需，待也。"意为待时而进。后来，"需"引申出需要、需求之义。

需卦的卦画为䷄，上卦是坎卦，表示水；下卦是乾卦，表示天。物初蒙稚，得养而成，"需"象征着等待。以云雨积于天，等待下降，润泽万物成长，象征人的养育成长需要营养，需要等待时机。君子当效法天道，择善而居，养精蓄锐，等待时机。

卦辞曰："需。有孚，光亨，贞吉，利涉大川。"意为需卦是君子有诚实、讲信用，故光明而亨通，贞正而吉祥，有利于成就大业。卦辞强调人的生存与发展需要养成刚健、中正、勇敢、诚信的品格，才能排除险阻，建功立业。

《象》曰："云上于天，需；君子以饮食宴乐。"意为云气上升到天空，这就是需卦的意象。君子由此领悟，要饮食与宴乐。云在天上，尚未凝聚成雨，这个时候要耐心等待，就

蔡顺拾椹供母

是积蓄自己的实力。等待的时候做什么呢？饮食宴乐。程颐说："饮食以养其气体，宴乐以和其心志，所谓居易以俟命也。" 处于平常日子，准备接受天命。《象》讲"君子以饮食宴乐"，同时，又说"酒食贞吉"，以中正也。过度的酒食之乐会走向堕落和腐败。为此，酒食之乐必须建立在中正的基础上，适量、适度、适时，防止奢侈和浪费。

上卦蒙卦讲的是教，需卦讲的是养。养不是一蹴而就的，需要一个过程。《序卦传》说："物稚不可不养也，故受之以需。需者，饮食之道也。"有就需要，也是有所等待。故需卦讲的是等待之道。下卦的乾卦，积极主动，实力非常强大，而上卦的坎卦则显得被动、困难。但是流水之德，在于"上善若水""盈科而进"，它具有随和谦逊的品性，也具有一往无前的潜力。流水只需等待时机，让涓涓流水变成磅礴江河，顺应地形地貌流淌，必能成就一番壮观的景象。

生命的价值必须不懈地向上追求。更高的层次"需"从"须"，有必须、必要之寓意，它表示人的一种需求、一种追求。需卦的爻辞中有"需于郊""需于沙""需于泥""需于血""需于酒食"等描述，"需"即等待，意谓在郊野、在沙滩上、在泥沼中等待，在流血的情况下等待，在喝酒吃饭时等待，这些情况与坎险有远有近，应采取慎重的态度。

正因为人类对于生存、安全、成就等有一种追求，去追求的过程中险阻重重，故而有所等待，待机而动，不盲目冒进，又不错失良机。

人有生存、安全、成就等的需求。马斯洛需求层次理论是行为科学的理论之一，由美国心理学家亚伯拉罕·马斯洛1943年在《人类激励理论》论文中所提出，从低到高分为五种，分别是：生理需求、安全需求、社交需求、尊重需求和自我实现需求。

需求层次理论有两个基本出发点：一是人人都有需要，某层需要获得满足后，另一层需要才出现；二是在多种需要未获满足前，首先满足迫切需要，该需要满足后，后面的需要才显示出其激励作用。

五种需求可以分为两级，其中生理上的需求、安全上的需求和感情上的需求都属于低一级的需求，这些需求通过外部条件就可以满足；而尊重的需求和自我实现的需求是高级需求，他们是通过内部因素才能满足的，而且一个人对尊重和自我实现的需求是无止境的。同一时期，一个人可能有几种需求，但每一时期总有一种需求占支配地位，对行为起决定作用。任何一种需求都不会因为更高层次需求的发展而消失。各层次的需求相互依赖和重叠，高层次的需求发展后，低层次的需求仍然存在，只是对行为影响的程度大大减小。

马斯洛和其他的行为心理学家都认为，一个国家多数人的需求层次结构，是同这个国家的经济发展水平、科技发展水平、文化和人民受教育的程度直接相关的。在发展中国家，生理需求和安全需求占主导的人数比例较大，而高级需求占主导的人数比例较小；在发达国家，则刚好相反。

一个人生命要有价值，生活要有意义，就不能只停留在生物意义的层次上，必须追求精神的充实和自我价值的实现。在基本需要满足以后，不断地提高精神、文化、灵性的满足，必须有理想有追求，不断地提高需求层次。每一个层次的提升，都必须经历一个积蓄、等待、实现的过程。

实现需求必须耐心等待。需卦初九爻：“需于郊，利用恒，无咎。”这是自己尚未接触所追求的理想时的等待，它需要更大的恒心。而耐心的等待，必然是指向一种“无咎”之境。需卦的几条爻辞，就像一首完整的散文诗，围绕这“需”（等待）的主题，回环反复地唱响着。一方面是等待自身条件的成熟，如让自己瘦弱的身体变强壮，让自己从一知半解变为学识渊博。一句话让自己的心智成熟，堪担重任。这个时期，等待是“十年磨一剑”，是“不鸣则已，一鸣惊人”。另一方面，等待是等待客观环境的成熟，如生命中贵人的出现，日子雨过天晴等。

俗话说：“心急吃不了热豆腐。”历史上许多有成就的伟大人物，往往都经历过耐心的等待，不断地积蓄力量，寻找机会，最终一展身手。如姜子牙，32岁上山求学，下山时已经72岁，但他一直没有丧失志向。直到80岁那年，他才得到重用，辅助周武王灭商，名垂千古。

由此可见，“需”之等待，并非无作为的、消极的观望，不是自怨自艾，而是一种主动积极的心理状态，蓄势待发，养精蓄锐，寻找机遇，也是自我修养与修复。

公元前496年，吴王阖闾派兵攻打越国，但被越国击败，阖闾也伤重身亡。两年后阖闾的儿子夫差率兵击败越国，越王勾践被押送到吴国做奴隶。勾践忍辱负重伺候吴王三年后，夫差才对他消除戒心并把他送回越国。

勾践回国后，立志发愤图强，准备复仇。他表面上对吴王服从，但暗中训练精兵，强政励治并等待时机反击吴国。他怕自己贪图舒适的生活，消磨了报仇的志气，晚上就枕着兵器，睡在稻草堆上。他还在房子里挂上一只苦胆，每天早上起来后就尝尝苦胆。他派文种管理国家政事，范蠡管理军事，他亲自到田里与农夫一起干活，妻子也纺线织布。勾践的这些举动感动了越国上下官民，大家都愿意与他同甘共苦，等待复国的时机。

经历十年的等待，十年的忍辱负重，十年的艰苦奋斗，在越人的同心协力之下，越国终于兵精粮足，转弱为强。时机成熟之时，一举攻下吴国，一雪当年之耻。

翻开中国历史的长卷，成功者大都经历过熬煎人心的漫长等待。直钩如线，垂钓渭水，姜太公等待的是明君；高卧隆中，静观天下，诸葛亮等待的是贤主。

俗话说，厚积薄发，只有长时间的积淀，才能产生“爆发力”。人必须耐心等待，机遇总是垂青于有准备的人，等待“雨”过天晴之后再出发，等待时机的到来而大展宏图。

等待虽然遭遇了风雨，但终归会雨过天晴。需卦讲述了一个漫长的等待过程。例如，九二爻：“需于沙，小有言，终吉。”这是自己与所追求的对象小有接触时的状态。九三爻：“需于泥，致寇至。” 这是在无法摆脱纠缠的泥沼中等待，是追求理想过程中陷入的困难之境。六四爻：“需于血，出自穴。”这是为了追求理想做出了流血的牺牲，并最终脱离困境。至于上六爻：“敬之终吉。”意谓尊敬他们，终会吉利。这一卦是在告诉我们，任何事情终究不会穷途末路，我们能够等待，也能够用诚信、正义、光明的力量去做事，使其变得亨通、吉祥，如此就能“山重水复疑无路，柳暗花明又一村”。

霍金从小拥有对自然科学的强烈兴趣，在大学时代，他就意识到，肯定会有一套能够解释宇宙万物的理论，并陶醉于对它的思索之中，还把它当做了自己的信仰，具有极强的使命感。

在21岁得知自己患上了不治之症后，霍金也消沉过一段时间。后来，为了家庭，为了自己的理想，他果断地“站了起来”，继续自己的研究。他并不认为疾病对他有多大影响，每天都陶醉在自己的世界之中，努力不去思考自己的疾病；同时，在生活中，只要能做到的事情绝不麻烦别人。他说：“一个人身体残疾了，绝不能让精神也残疾。”他对生活永远充满了乐观和幽默的态度。患病后，他曾有6次非常近距离的和死神交手，但都顽强地活了下来。

一次霍金演讲结束后，一位女记者冲到演讲台前问道：“病魔已将您永远固定在轮椅上，你不认为命运让你失去太多了吗？”大师的脸上充满了笑意，用他还能活动的3根手指，艰难地叩击键盘后，显示屏上出现了四段文字：“我的手指还能活动；我的大脑还能思维；我有终生追求的理想；我有爱我和我爱的亲人和朋友…… ”在回答完那个记者的提问后，他又艰难地打出了第五句话：“对了，我还有一颗感恩的心！”现场顿时爆发出了雷鸣般的掌声……

人要有乐观的精神面貌。虽然遭遇了挫折，但是不会感到穷途末路。正如霍金所说，活着就有希望，人永远不能绝望。即使病魔把霍金关在“果壳”中，他也是无限空间之王。

彖辞解读

《彖》曰：需，须也。险在前也，刚健而不陷，其义不困穷矣。“需，有孚，光亨，贞吉”，位乎天位，以正中也。“利涉大川”，往有功也。

译文 《彖传》说：“需”，就是“须”。危险苦难之境在前，须凭一身刚健之气，使自己不陷入其中。它表示不困穷之义。“需，有孚，光亨，贞吉”，意谓君子有诚信，故光明而亨通，贞正而吉祥。它占据了天地的正义之位，所以显得刚正中直。“利涉大川”，意谓一往无前，有所成就，建功立业。

解读 人类社会在不断地发展进步着，总是在追求更加优越的物质生活条件和更加先进的精神文明世界。中国人自古以来便追求一种中正而吉祥的境界。我们不但追求吃饱穿暖，而且需要有强大的精神支柱和价值信仰。“需”这一卦讲的是等待之道，也是进取之道。在等待的过程中，要韬光养晦，把握时机，更重要的是要勤学苦练，打牢基础。即使在等待的过程中，碰到各种磨难，也不要灰心丧气，而是要刚健奋斗。用一种光明正大的追求行动，使我们的漫长等待更有价值。

讼

持中不偏，心正止讼

争讼之事，古已有之。广为人知的，是清代“六尺巷”的故事。

康熙年间，名臣张英世代居住在桐城，他的府第与吴宅为邻。有一年，吴家建房子时占据张家的空地，张家不服，双方发生了纠纷，互不相让，于是告到了县衙。因为张吴两家都是显贵望族，县官左右为难，迟迟不能判决。

张英家人见有理难争，就写信向张英告知此事，想让他给家中撑腰。张英看完家书后，并不赞成家人为争夺地界而惊动官府的行为，于是便提笔在家书上批诗四句：“一纸家书只为墙，让他三尺又何妨，长城万里今犹在，不见当年秦始皇”。寥寥数语，寓意深长。

张英家人接到书信后，深感愧疚，便毫不迟疑地让出了三尺地基。吴家见状，觉得张家有权有势，却不仗势欺人，也效仿张家向后退让了三尺地基，便形成一条六尺宽的巷道，被乡里人称之为“六尺巷”。

卦名“讼”，形声字。“讼”字从“言”，为言语、言论，“公”为“公开”“公正”，“讼”是在公开场合进行公开言语争得公平、公正的评判和对待。它的本义是指争论、诉讼。《说文·言部》中说：“讼，争也。”《六书故》中说：“争曲直于官有司也。”讼，就是告状，用法律断是非，用现在的话说就是打官司。例如申辩是非曲直称为“讼直”，争论是非曲直称为“讼曲”。“聚讼纷纭”意谓许多人在一起对某一问题议论纷纷，不能决定哪种意见是正确的。

“讼”的卦画为䷅，卦象为天水讼，上卦为“乾”，下卦为“坎”，天西转与水东流背向而行。乾为刚健，坎为险陷。刚与险，健与陷，彼此反对，定生争讼。当不能和解时，应当找有大德大才的人进行决断，如任其发展，则必争必斗，那就是凶象了。

讼卦的卦辞：“讼。有孚窒惕，中吉，终凶。利见大人，不利涉大川。”

意指讼卦，有凭证可信，窒塞而须警惕，中间吉祥，最后有凶祸。适宜见到大人，不适宜渡过大河。诉讼不是好的，如不能适可而止，最终的结局是凶祸。许多人打官司，最终的结局往往是两败俱伤。最好的办法是找到清正廉明的大人给予调停，不适宜逞强冒险。

讼卦讲的是诉讼之道。前面的需卦讲人处于生长时期，需要饮食营养，都想得到更多的资源，于是，便产生了争夺，诚信的原则受到了损害。怎样解决这个问题呢？只有进行诉讼了。卦名“讼”，充分体现了卦画、卦象和卦辞的内容，揭示了“讼”的根源和息“讼”的途径。讼卦可能是中国最早的司法思想，为我们提供了解决人与人之间纠纷的办法。

争讼往往源于人的险恶用心和刚强逞能。讼卦是下坎上乾，天水相违，背运而驰，无法沟通，必然生讼。争讼之事的

讼卦故事

发生，往往源自人与人之间各怀私心，诚信被窒息，就像卦象中的上天下水，互相排斥，故而会因为争夺各种利益而发生争执，最终只能诉诸“讼”。讼卦初六爻中说：“不永所事，小有言，冬吉。”意谓只要人们不为所争讼的事情纠缠不休，沉默不言，就终归吉善。由此可见，人与人之间，应以退让为美，退让就可以平息争讼，退让就会给对方留下一条宽广的路。息事宁人，善莫大焉。

战国时期，有一个叫陈轸的人。他非常聪明，遇事总是能想出很多好办法。有一次，他受到楚王的派遣，出使秦国。当时，韩、魏两国互相攻打，打了一年多，仍然没有分出胜负。秦惠王打算出兵干涉，可一时也拿不定主意。秦惠王知道陈轸很有见识，便向他请教。

陈轸向秦惠王讲了卞庄子刺虎的故事。从前，有一个叫卞庄子的人看见两只老虎正要咬一头牛，卞庄子见了，马上拔出剑来，想冲过去与老虎搏斗。旁边的人劝他说：“这两只老虎正在争吃一头牛，争着争着就会互相撕咬，结果一定是小的被咬死，大的也会受伤。到那时，你再去刺杀那只受了伤的，一下子就把两只老虎都解决了。”卞庄子觉得这个人讲得很有道理，就远远地看着那两只老虎。不一会儿，两只老虎果然互相打斗起来，小老虎被咬死了，大老虎也受了很重的伤。这时，卞庄子冲上去，刺死了受伤的大老虎，一下子就把两只老虎都消灭了。

陈轸讲完了这个故事，然后对秦惠王说：“现在韩、魏两国长期战争，最后必然是弱国灭亡，强国受到很大的打击。到时候如果您乘机把遭到削弱的强国打垮，不就一下子灭掉了两国吗？”秦惠王听从了陈轸的意见，果然取得了最终的胜利。

根据这个故事，后人便以“两败俱伤”作为成语，比喻斗争的双方都受到了损伤。人与人之间各怀私心，为争夺利益而发生争斗，最终往往得不到好结果。

诉讼往往依靠语言去辨别是非曲直。“讼”从“言”，说明这个字与语言有关。听讼一定要听了原告和被告两方面的讼词后，才能做公正裁决，这叫“两造狱词”。若只一人独言而无人对质，就称“单辞”，讼者往往是己非人，措辞中难免有虚假的、隐瞒的信息，教听讼者亦难做出正确的判决。

从来没人认为自己单凭“单辞”便能折狱的，孔子也是这样，谨慎至极，不敢不听两造狱词以明辨之。孔子曾经称赞他的弟子子路是“片言可以折狱者”，意谓子路可以凭单辞来判决讼事。这是褒赞子路明智果断，能力过人，亦是警示子路不可自信过头，虽是贤能，也应认真听取两方面的讼辞才好。由此可见，语言在诉讼过程中，具有非常重要的作用。

莎士比亚的《威尼斯商人》中，鲍西亚是一个别具风采的女性形象。生活在文艺复兴时代的鲍西亚美丽、善良、机智，富有才华和胆识。如果说《威尼斯商人》第四幕“法庭斗争”是全剧的高潮，那么，鲍西亚形象也在这一高潮中得到了完美的塑造。

围绕“一磅肉案”，女扮男装成为律师的鲍西亚，与夏洛克进行了正义与邪恶、智力与毅力的较量。夏洛克坚持照约执行处罚，割下无力偿还债务的安东尼奥一磅肉，顽固残忍。鲍西亚要达到她的目的，将原告不知不觉推向被告席，推向断头台，胸有成竹。鲍西亚战胜夏洛克的全过程包含着这样的游戏：按照契约，肯定他割人肉的合法性—漫不经心，曲意奉劝他放弃割人肉—制造错觉，欲擒故纵—检验契约，引“狼”入笼—套住“狼”颈，死命拽绳—反败为胜，大功告成。

在这六步游戏规则中，她不动声色，却有板有眼。果然，狡猾的夏洛克在不知不觉中上了当，走向了死亡，成为蓄谋致人死命的罪犯，安东尼奥从死亡的泥淖中脱身出来。鲍西亚圆满地完成了进入法庭角逐的使命。法庭斗争的胜利，充分展示了鲍西亚超人的才华。在她进入法庭前，夏洛克气焰遮天，藐视一切，那些平时养尊处优的公爵、绅士们面对夏洛克悖于情理合乎法律的质对，一筹莫展。鲍西亚奉命于危难之时，用机智果敢击败了老谋深算的夏洛克。

解决诉讼，要靠公开、公平、公正的裁决。“讼”，“公”声，《说文·八部》：“公，平分也。从八，从厶。八，犹背也。韩非曰，背厶为公。”意为从“八”这个字形，两笔相背，与私（厶）相交，本义为平分，表示公平、公道、公正，所以王筠的《说文句读》强调：“讼，公言也。”“讼”的实质，就是以一种公正的听讼态度。讼卦九五爻中说：“讼，元吉。”意谓，秉公判断争讼，得到了大吉的占断。在此卦中，九五爻以阳刚居中得正，是听讼秉公执法的象征。《象》曰：“‘讼，元吉’，以中正也。”为什么诉讼能得元吉呢？根本原因在于居中得正，无偏无私，以中正的态度论断曲直。中而不过，正而不邪，故得元吉。这体现了中国传统对司法公正的追求。

《论语》中，孔子说：“听讼，吾犹人也。必也使无讼乎！”意思是说，审理诉讼，我跟别人差不多。但是，使人们没有诉讼之事，才是最好。众所周知，孔子是古代的圣贤之人，拥有很高的智慧。即使如此，他在听讼的时候，也与别人一样，要谨察两造，明辨是非，追求公开、公平与公正。

当然，听讼，固然能解决老百姓的争端，这是好事，但始终不是治本的方法。精明的法官也没办法解决所有的争端，而贤明的君主却能使人民不起争端。若真能如此，这必定是一个极其安定、极其和谐的社会了。

“无讼”，这对执政者来说是一件相当艰巨的任务了。历史上的周文王便做到了，他的时代便是一个“无讼”的时代。《史记》中记载周文王时候，周边有虞、芮两个小国，虞人、芮人因为争田不能决，听说文王是仁人，便到西岐找周文王。及他们入周界，看到周人皆是耕者让道，行者让路，对长者亦特别尊重。虞人、芮人惭愧道：“吾所争，周人所耻。何往为？只取辱耳！”未见文王便离开了。周文王之治，应是对孔子“必也使无讼乎”一句最好的阐释吧！

彖辞解读

《彖》曰：讼，上刚下险，险而健，讼。"讼，有孚窒惕，中吉"，刚来而得中也。"终凶"，讼不可成也。"利见大人"，尚中正也。"不利涉大川"，入于渊也。

译文 《彖传》说：讼卦的上卦是刚强，下卦是凶险，遇到凶险还强健不已，这便有了争论诉讼。讼卦有凭证可信，却窒塞而需警惕。至于中间吉祥，是因为刚爻来到下卦并居于中位。终凶，说明争论诉讼到底有凶祸，不一定如愿。"利见大人"，意谓有利于出现德高望重的人物，是因为崇尚中正而端正品德。"不利涉大川"，意谓涉水前进困难重重，容易掉进深渊。

解读 争讼，往往是人类为了各自的利益相互竞争而产生的，这是人类自我意识觉醒的体现，是一种刚健之气的外现。当然，争讼之事，如果不归附于正义，没有得到很好的疏导，就容易陷入更大的灾难，带来更多的痛苦。"讼"卦的彖辞再三向人们昭示了争讼的弊端，而传达一种人与人之间谦卑退让、以和为贵的和谐理念。

师

正义之师，择将选帅

西汉时期有一个著名将军周亚夫，他统帅汉军，三个月平定了七国之乱的叛军。

有一次，周亚夫布阵作战，战前他卜卦得“地水师”卦，果然打了胜仗。

周亚夫为何能打胜仗，被称为常胜将军，其中有一个秘诀就是“以多胜少”“以强胜弱”。在两军对阵中，要取胜往往必须有3比1的兵力，否则，不能在陆战中扮演进攻的角色。在近代，最明显的例子是第二次世界大战中的诺曼底登陆，当时的盟军是德军的约3.8倍。当然，今天的现代战争，武器装备则发挥着越来越重要的作用。

卦名“师”，繁体为師，会意字。从“𠂤”，是指小土山。“帀”通“匝”，表示环绕一周。“师”为士兵在小土山周围围成一匝，表示众多。

师是古代军队的一级编制，名称沿用到今。《说文·帀部》：“师，二千五百人为师。”它的本义是军队，也是表示军队数量的计量单位之一。《周礼·小司徒》中记载军队建制，五人为一伍，五伍为一两，四两为一卒，五卒为一旅，五旅为一师，五师为一军。按这种推算，古代往往以二千五百人为一“师”。由此，师就是众，众就是兵。金景芳、吕绍纲两位在《周易全解》中说：“师包含两层含义，一是兵员集中，组成队伍；二是采取军事行动。”

师卦的卦画为䷆，上卦为坤，下卦为坎，坤为地，坎为水，地中有水。师为众，部属兵士众多。持正的“仁义之师”，才可攻战天下使百姓服从。用兵胜负在于择将选帅，持重老成的人统兵可以获得吉祥。

卦辞曰：“师。贞。丈人吉，无咎。”意为师卦，坚守正道、有威望的长者可以得到吉祥，没有灾难。

《象》曰：“地中有水，师。君子以容民畜众。”意为地里面有水，这就是师卦。君子要容纳百姓，养育众人。

上卦“讼”，争论的结果必然造成兴师动众。战争往往都是由争论引起的，动用了武力。所以《序卦传》说：“讼必有众起，故受之以《师》。”兵凶战危，用兵乃圣人不得已而为之，但它为行正义，顺乎时势，师出有名，故能化凶为吉。

“师”卦为地水卦，上卦为“坤”，下卦为“坎”。“坤”为地、为顺，“坎”为水、为险，地面下有水涌动，这是一种看似平稳实则惊险的状态。正如《诗经》中所说的：“战战兢兢，如临深渊，如履薄冰。”意谓战战兢兢过日子，如临深渊须小心，如踩薄冰防险路，故而要慎之又慎。

“师”卦讲的是统兵之道，讲述了出师打仗的状况和取胜之道。这卦对于我们认识战争和统兵打仗是有借鉴意义，可以说是最早的兵法。

出师，是兴师动众的行为。“师（師）”的左部即古文字的“𠂤”，是小土山；右部的“帀”，表示众多。“师”卦的卦象是养兵聚众、出师攻伐之象。由于征战是对国家人力物力的巨大消耗，又兵戎相见，你死我活，异常残酷，不是一件好事。“六三，师或舆尸，凶。”出兵可能会用车装尸体回来，凶。战争是有凶险的。为此，出师之事需谨慎。正如《孙子兵法》开篇第一句所说的：“兵者，国之大事，死生之地，存亡之道，不可不察也。”出征，需要兴师动众，耗费国家与社会大量的人力物力，而且往往关乎敌对双方未来的邦国命运，是一件非常需要慎重的事情。

“师”表示众多，又指出了古代战争要取胜，必须以众胜少。秦朝末年，楚汉相争。一次，韩信率领1500名将士与楚王大将李锋交战。苦战一场，楚军不敌，只能败退回营。而汉军也死伤四五百人，于是韩信整顿兵马，准备返回大本营。当行至一山坡，忽有后军来报，说有楚军骑兵追来。只见远方尘土飞扬，杀声震天。汉军本来已十分疲惫，这时队伍大哗。韩信兵马到坡顶，见来敌不足500骑，便急速点兵迎敌。韩信马上向将士们宣布：我军有1073名勇士，敌人不足500人，我们居高临下，以众击寡，一定能打败敌人。汉军于是士气大振，旌旗摇动，鼓声喧天，冲杀下山，楚军乱作一团，大败而逃。

出师，要行正义之师。古代军队出征，必有大面的旗帜。这旗帜往往用大旗悬挂，上面有该军队标志性的图案与文字，这是军队的象征，也是出师有名的标志。

当然，军队出征，除了需要有形的旗帜，更需要无形的“旗帜”，即一种内心的坚定信念。这就是强调出征军队的正义性。古代军队出征，往往通过发表檄文、提出口号等方式，强调己方出师的正义性，以增强士气，提高战斗力。“师”卦的《象》中说：“能以众正，可以王矣。”意思是说，能够率领众人以正义之道出征，就可以称王了。只有真正的“正义之师”，才能无往而不胜。

《礼记·檀弓下》："师必有名。"谓出兵有正当的理由。后即以“师出有名”比喻行事有理。古人极其注重出师有名，认为出师无名的战争是不会取得胜利的。公元前11世纪，周武王统率大军伐纣，临战前在商都朝歌南七十里的牧野，发表了战争动员令《牧誓》。内容是训诫从征的将领和参战的各诸侯国首领。先是列举纣王的主要罪状，后讲到如何列阵攻击，如何对待投降的敌人，严明军纪等。他在《牧誓》中指出纣王的昏庸无道等各种罪证，以证明自己发动的这次战争是在替天行道。众将领与兵士于是便认为自己是在进行一场正义之战，肯定会有神灵保佑，所以作战更加英勇。

武王在《牧誓》中说："古人说：'母鸡是没有在清晨报晓的；若母鸡报晓，说明这户人家就要衰落了。'现在商纣王只听信妇人的话，对祖先的祭祀不闻不问，轻蔑废弃同祖兄弟而不任用；却对从四方逃亡来的罪恶多端的人，推崇尊敬，又是信任任用，以他们为大夫、卿士。这些人施残暴于百姓，违法作乱于商邑，残害百姓。现在，我姬发奉天命进行惩讨。今天的决战，我们进攻的阵列的前后距离，不得超过六步、七步，要保持整齐，不得拖拉。将士们，奋勇向前啊！在交战中不超过四、五回合，六、七回合，就要停下来整顿阵容。奋勇向前啊，将士们！希望你们个个儿威武雄壮，如虎如貔、如熊如罴，前进吧，向商都的郊外。在战斗中，不要攻击制服从敌方奔来投降的人，要用他们为我们自己服役。奋勇前进啊，将士们！你们如果不奋力向前，你们自身就会被杀。"

武王正是在战前大讲出师的正义性，鼓舞了士气，很快结束了商王朝的统治。

出师，要有严明的纪律。"师"卦的初六爻中说："师出以律，否臧凶。"意思是说，出师一开始就要强调纪律，否则就隐藏凶险。这是"师"卦第一爻的爻辞，是军队出征首先强调之事。《象》曰："'师出以律'，失律凶也。"意思是出师要按照军纪，破坏军纪会有凶祸。出师首先要振作士气，然后要有严明的纪律，才有可能在战争中获胜，否则有可能导致失败。

春秋时代有个伟大的军事家名叫孙武，有一天去见吴王阖闾。吴王问他能不能训练女兵，孙武说："可以。"于是吴王便拨了一百多位宫女给他。孙武把宫女编成两队，用吴王最宠爱的两个妃子为队长，然后把一些军事的基本动作教给她们，并告诫她们还要遵守军令，不可违背。不料孙武开始发令时，宫女们觉得好玩，都一个个笑了起来。孙武以为自己话没说清楚，便重复一遍，等第二次再发令，宫女们还是只顾嬉笑。这次孙武生气了，便下令把队长拖去斩首，理由是队长领导无方。吴王见孙武要杀掉自己的爱姬，马上派人传命说："寡人已经知道将军能用兵了。没有这两个美人侍候，寡人吃饭也没有味道。请赦免她们。"孙武毫不留情地说："臣既然受命为将，将在军中，君命有所不受。"孙武执意杀掉了两位队长，任命两队的排头充当队长，继续练兵。

当孙武再次击鼓发令时，众宫女前后左右，进退回旋，跪爬滚起，全都合乎规矩，阵形十分齐整。

军队出征要有严明的纪律。军人以服从为天职，对长官的命令是不可随意违抗的，所谓"军令如山"就是这个道理。孙武训练军队非常严厉，丝毫不肯马虎，连吴王向他求情也不买账。正由于他这种认真的态度，才能训练出精良的部队。

出师，要有严明的主帅。"师"的字形近"帅"，"师"即众人的统领，必须有一个严明的主帅。《彖》曰："能以众正，可以王矣。""师"虽众，但无"帅"则会是"一盘散沙"。主帅，就是"师"的主心骨。"帅"无德、无能则必败无疑。春秋时的宋襄公，自以为有"德"必服人，把自己的军队命名为"仁义之师"。但他推行的"仁"却是迂腐的"妇人之仁"，战争是你死我活的较量，心慈手软，结果屡遭败绩。秦末楚霸王项羽，骁勇善战，被称为"虎狼之师"，有勇无谋，一味逞强，不讲兵法，更不懂政治，结果虎狼之师在垓下被困全军覆没，项羽自刎于乌江。

俗话说，千军易得，一帅难求。主帅是一支军队的灵魂。

主帅的道德、意志、能力是决定征战成败的关键因素之一。主帅素质好、善于领军，统领有方，指挥得当，就能无往而不胜。

主帅除了严明以外，也要善于用人。《象》曰："'大君有命'，以正功也。'小人勿用'，必乱邦也。"天子发布命令，论功行赏，这是为了证实和推崇主帅的功勋。同时，也要防止任用小人，假如小人得志，国家必然大乱。

彖辞解读

《彖》曰：师，众也。贞，正也。能以众正，可以王矣。刚中而应，行险而顺，以此毒天下，而民从之，吉又何咎矣。

译文 《彖传》说："师"，即众人的意思。贞，即正直、正义的意思。能够率领众人以正义之道出征，就可以称王了。刚健中正之气与之相应，行于险境而遵循规则、谨慎行事，君王用这种方法来治理天下，老百姓都会顺从他。诸事吉祥，又会有什么过失呢？

解读 《彖传》中主要强调了出师用兵之道。一是强调战争的正义性，需领行正义之师，谨慎用兵。《孙子兵法》中说："凡兵有走者、有驰者、有陷者、有崩者、有乱者、有北者。凡此六者，非天地之灾，将之过也。"行军作战是国家的重大事件，要师出有名，使是正义之师、民心所向。行正义之师，虽然有风险，但只要得到民众的支持，最后必然是吉祥的。二是要"长子帅师"，主帅要由老成持重、德高望重的人担任。三是"师出以律"，军队首先要有严明的军纪，步调一致。

比

相亲相辅，比附贤德

秦末，中原大乱，兵祸连连。南海郡的郡尉赵佗接掌大权，建立了自己的独立王国。汉朝建立后，刘邦不能容忍赵佗的独立，于是把谋士陆贾召来，让他赶赴南越国进行劝降。陆贾为此占卜，得“水地比”卦，预示着柔和的结果。

陆贾日夜赶路，到达南越国。赵佗十分随便地接见了陆贾，头不戴冠，身不束带，毫无礼仪可言。赵佗的轻慢，令陆贾改变了他当初想好言规劝之策。他心知对此等人，必须在气势上压倒他，不让他便性弄狂，非此就难以进言。

陆贾也做出无礼之状，声色俱厉地说：“足下举止轻狂，真和蛮夷无异了，你要和天朝对抗，这更令人感到可笑之至！如今天子乃天命所归，天子平定强秦，攻灭项羽，扫平诸强，和天子对抗者无不身死族灭。难道足下也自不量力，要步他们后尘吗？”赵佗被陆贾的话所震慑，立时起身谢罪说：“蛮荒之地，却让我不知礼仪了，还请见谅。”赵佗自此不敢张狂，对陆贾毕恭毕敬。陆贾最终劝得赵佗诚心归汉，并授南越王。

卦名比，会意字。从二“匕”，“匕”亦声。甲骨文为，字形像两人步调一致并肩而行。“比”字与“从”字类似，其古文字字形，就像两个人步调一致并排而行的样子。因此，《说文·比部》：“比，密也。二人为从，反从为比。”比，为二跪拜之人，为夫妇比肩之象，意在表示匹合之意。“比”字的本义就是亲密，和顺，上下亲和。其延伸义还有相附、对比、比方、并列等。比，具有辅导相助之义。《诗经》中说：“比物四骊。”《史记》中说：“危东六星，两两相比，曰司空。”又如，谓事物高矮差不多称为“比肩”；排比同类事物称为“比物”；编排连缀称为“比缀”；近邻为“比邻”；中国的诗歌有“赋、比、兴”的表达手法。

“比”卦的卦画是䷇，上卦为“坎”，表示水，下卦为“坤”，表示地，为水地卦。水得地而蓄而流，地得水而柔而润，水与地亲密无间。水是生命之源，人类都是在有水的地方建立族群和国家的。有族与国，人们才相亲附。这一卦象征着亲密比辅，彼此能亲密比辅，自然吉祥。

“比”卦的卦辞曰：“比。吉。原筮，元永贞，无咎。不宁方来。后夫凶。”意谓比卦是一个吉祥的卦。原来的筮辞是从开始便永远坚守正道，不会有灾难。这表示从不安宁的状态刚刚走出来，迟迟不来亲比归顺的人会有凶险。

《象》曰：“地上有水，比；先王以建万国，亲诸侯。”象辞的意思是：“比”卦的上卦为坎为水，下卦为坤为地，这是地上有水的卦象。先王在这样的时势下，封建万国，亲近诸侯。

“比”卦所讲的，正是比辅之道，即交友之法。它教导我们应该如何建立一个良好的朋友圈和团队。这一卦的卦象，就像江河等水流淌在大地上，顺流而下，滋润万物，养育万方。这是一种非常美好的自然景观，它象征着宏大、温暖、自由的生命活力，令人向往。流水与大地，便是这样相互比辅、相互依托的和谐关系。

要亲密比辅方向一致、目标一致有诚信的人。“比”字就像两个人并肩而行，方向一致，步调一致。只有志同道合的人，才能成为真正的朋友，价值观不一致的人，是不能走到一块的。正如初六爻曰：“有孚比之，无咎。有孚盈缶，终来有它，吉。”意思是用诚信结交朋友，不会有灾难。有诚信就好比美酒满缸，诚信会吸引更多的人来与你交往，所以吉祥。六二爻说：“比之自内，贞吉。”《象》曰：“‘比之自内’，不自失也。”意谓比辅于在内在心灵方面与自己契合的人，坚守正道，才能吉祥，而不至于迷失自我。这一卦强调亲比应是心怀诚意，相亲相辅，这样才能带来吉祥。

马克思和恩格斯是好朋友。他们共同研究学问，共同领导国际工人运动，共同办报、编杂志，共同起草文件。著名的《共产党宣言》就是他们共同起草的。

马克思是共产主义理念的奠基人。他受反动政府的迫害，长期流亡在外，生活很穷苦。但他毫不在意，仍然坚强地进行研究工作和革命活动。恩格斯把马克思的生活困难看作自己的困难，省吃俭用，把节省下来的钱不断地寄给马克思。

他们不仅在生活上互相关心，互相帮助，更重要的是他们在共产主义事业中亲密合作，会为对方在事业上的成就感到骄傲。马克思答应给一家英文报纸写通讯稿时，还没有精通英文，恩格斯就帮他翻译。恩格斯从事著述的时候，马克思也往往放下自己的工作，帮助他编写其中的某些部分。

1883年，马克思逝世。这使恩格斯悲痛万分。朋友们劝恩格斯去旅行，散散心。但他想到马克思生前用毕生精力写作的《资本论》还没完成，就谢绝了朋友们的劝说，并放下自己的研究工作，着手整理和出版《资本论》的最后两卷。他日以继夜地抄写、整理、补充、编排，几次累得生病，花了整整11年时间，才完成了这部伟大的著作。恩格斯说：“这是我喜欢的劳动，因为这时我又和我的老朋友在一起了。”

两个人方向一致，步调一致，志同道合。马克思和恩格斯合作了40年，共同创造了伟大的马克思主义。在40年里，在向着共同目标的奋斗中，他们建立了伟大的友谊。

要亲密比辅守持正固而又有德的长者。“比”的字形与“从”字同，都像两个人形态相随之形，这里的“从”，是“择善而从”，是对主持正道而有贤德之人的追随、跟从。择何所从，决定了你选择了一个怎么样的朋友圈。

“比”卦的象辞从正反两面阐述了这个问题。《象》曰：“‘比之匪人’，不亦伤乎。”意谓，与盗匪结交，怎能不受到伤害呢？孔子说“君子周而不比，小人比而不周”，朋党比周，环主图私，利尽义散。比辅小人，图谋私利，必得害人害己。又如初六爻“有孚比之，无咎”。意谓，与有诚信结交朋友，就不会有灾难。前者是缺乏道德的“匪人”，后者是讲诚信的朋友，对自己的身心影响当然不同。“近朱者赤，近墨者黑”，正是这个道理。

郭泰是东汉时期的一位有名的大学者。他知识渊博，品德高尚，是许多人心目中的贤德之士。当时有很多人向他虚心求教。有一个叫魏照的年轻人，也慕名前来拜郭泰为师。在向郭泰讨教几次之后，他就把行李也搬了过来，决定要住在郭泰的家里。

郭泰对此感到很疑惑，就问他：“别人都是早上来晚上走，你为什么要住在我这里？”魏照诚恳地说：“我很佩服您的学识和为人。现在有知识的老师很容易找，但能传授做人道理的老师却不多。而您正是这样的人，所以我希望能时刻伴随在您的左右，朝夕向您学习学问和做人的好道理，以求进益。”郭泰听了很受感动，就留下了魏照，从此更加用心地教导他。后来，魏照也成为了大学者。

“良禽择木而栖”，要追随贤德之人，择善而从，才能有进步。虚心学习文化知识是必要的，学习为人处世的道理更

比卦故事

为必要。在如今竞争异常激烈的社会中，要想更好地生存与发展，就要学会做人做事之道。成功的机会是均等的，只有找到了为人处世的方式，我们的人生才能更加精彩。魏照拜师的目的，正是为了让自己成为一个德学兼备的人，不断地完善自我。而让自己得以不断发展，不断进步的关键，便是在于寻找到一位贤德的老师，择善而从。

不仅要亲密比辅贤德的人，还要向他看齐。“比”字还有比较、匹配之意。正如“比”卦的六四爻中说：“外比之，贞吉。”《象》曰：“外比于贤，以从上也。”意谓，结交外面贤明的人，以遵循向上之道。这便是“见贤思齐”。

“见贤思齐”的成语出自《论语》。孔子曾说：“见贤思齐焉，见不贤而内自省也。”齐，平等也。内自省，在内心自己反省自己。孔子说，看见贤人，就应当想着向他看齐。也就是说，就要想着达到贤人的境界；看见不贤的人，就应该以此为鉴，在内心中进行自我反省，看自己有哪些不足，看自己有没有同他类似的毛病。

这里是谈如何进行个人道德修养的方法问题。也就是说，要完善自己的道德，就要对自己有严格要求。从高标准严要求出发，在与人相处时，既要见贤思齐，以贤者之美德贤能来对照自己，想着使自己达到贤者的境界（正向学习），又要见不贤而内自省，以别人的过失为借鉴，反躬自省，看自己有哪些不足（反向借鉴）。孔子以辩证法的观点，从正反两个反面，对个人的进德修业提出了要求，表现出一种理性主义的精神。

韩愈《原毁》开头论古之君子的美德，正体现了“见贤思齐”的精神：

古之君子，其责己也重以周，其待人也轻以约。重以周，故不怠；轻以约，故人乐为善。闻古之人有舜者，其为人也，仁义人也。求其所以为舜者，责于己曰：“彼，人也；予，人也。彼能是，而我乃不能是！”早夜以思，去其不如舜者，就其如舜者。闻古之人有周公者，其为人也，多才与艺人也。求其所以为周公者，责于己曰："彼，人也；予，人也。彼能是，而我乃不能是！"早夜以思，去其不如周公者，就其如周公者。

古之君子以舜与周公这"贤"的最高典范来要求自己，这是真正的高标准严要求。但不是人人都能成圣贤的。对于一般人来说，只要能以别人之贤激励自己，以别人之不贤对照自己，也就差不多了。

彖辞解读

《彖》曰：比，吉也；比，辅也，下顺从也。“原筮，元永贞，无咎”，以刚中也。“不宁方来”，上下应也。“后夫凶”，其道穷也。

译文 《彖传》说：比，指亲密无间，团结互助，是吉祥的象征。比，是顺从、辅助的意思，如下属顺从上级。“原筮，元永贞，无咎”，意谓只要有诚意，不管怎么卜筮占问，能够辅佐有德行的长者，长久不变地坚守正道，就不会有祸害。“不宁方来”，上下之气相应。迟迟不来者比归顺的人凶险，是因为会无路可走。“后夫凶”，如果没有诚意或有意不诚，必然凶多吉少，前途穷尽。

解读 “比”卦被运用于中国传统政治社会当中，被赋予了“下顺从也”“上下应也”之义，这是强调上级与下属的和谐关系。在上者贤明通达，在下者忠贞顺从，这是传统中国对清明政治的理解。贤臣辅助天子，恰如雨水辅助天时，滋养万物。辅助的力量，也不容忽视，它也是一种需要极高的道德与智慧。正如一台戏一样，一般来说有“主角”和“配角”，“配角”演得好，也能给“主角”添彩。正如“红花需绿叶衬托”一样，一个团队拥戴主帅，而主帅也充分信任将士，这样就能形成团队强大的力量。

小畜

以聚为本，积蓄力量

秦末，群雄并起逐鹿天下。韩信奉刘邦之命攻打散关。第一回攻不下，韩信犹豫不决是否再攻。

在犹豫不决之际，他卜卦得“风天小畜”，知道关内余粮不多，无法坚持下去，便决定再攻，果然成功。

卦名“畜”，会意字，从玄，从田。

甲骨文为，上面是一根绳的样子，表示牵引，下面象出气的牛鼻形。金文为，小篆为。牛被牵引者，表明已被豢养。“畜”的整体意义为牵牛到田地里干活。《说文·田部》中说：“畜，田畜也。”本义为家中积存有衣食。《左传》中说：“家养谓之畜，野生谓之兽。”如“畜牧”，指饲养的禽兽；“畜牲”多指牛、马、羊、鸡、狗、猪等六畜。另外还有家畜、牲畜、幼畜等畜类的分别。

“畜”的卦画为䷈，上卦为巽，下卦为乾，“巽”为风，乾为天。自然界的风，有流动、自由、顺从的特质，而天空则显得广阔无垠，清气上升。风在天上流动，集聚水汽，形成云朵。畜有畜养、畜止之义。小畜象征小有畜聚，所畜甚微之象。故《易经》中描述“小畜”一卦：“亨。密云不雨，自我西郊。”意谓此卦的卦象亨通，浓云密布而不下雨，从我西边的郊野飘聚过去，不足以成雨。

《象》曰：“风行天上，小畜。君子以懿文德。”意为风在天上吹行，这就是小畜卦。君子要修美自己的文采和道德。

“小畜”象征以小蓄大，以下济上。小畜是一个缓慢的过程，需要时间创造条件，积蓄力量，不可急于求成。小畜与需有相似之处，同样需要等待。小畜，也有畜止的意思，畜是有限的，所以叫小畜。上卦的比卦讲的是一个君臣比亲的社会，由于民众的生活水平提高了，家家户户开始饲养家畜，财富有所增长，有了积蓄。所以《序卦传》说：“比必有所畜，故受之以《小畜》。”这一卦讲的正是积蓄之道。

在田地上勤劳耕耘会小有积蓄。“畜”字的本义是家畜。“畜”字的上部的字形，就像牛鼻子被牵引并出气的样子，故而用来表示被驯养的家畜，后来又引申出牵引之义。“畜”字的下部是“田”，指田地。由此可见，“畜”字便是有田地、有家畜，它描绘了中国传统农耕家庭小有积蓄的生活状态。

“小畜”卦的初九爻便说：“复自道，何其咎？吉。”意思是说，遵循自然之道，又会有什么灾祸呢？必定吉祥。古人的生活，一般都是顺应天地的生活方式。耕田农作是代代相传的办法，收获全仰仗上天的恩赐，这便是自然之道。“畜”字上部的“玄”，即古文字“兹”，有滋长、繁殖的意思。在中国古代农业社会，耕地养畜，勤奋劳作，便能够滋长财富，变得小有积蓄。这体现了中国人追求小康生活的美好愿望。

据《史记集解》记载，猗顿是春秋时期鲁国一位贫寒书生，读过一点书，又在家务农，日子过得颇为拮据。猗顿一心想改变这种生活，有一天他听说赵王勾践的谋臣范蠡在助越灭吴、辅成霸业后，便弃官经商，在“天下之中”定陶“治产积居”成为大富翁，因号陶朱公。猗顿于是前去请教。陶朱公十分同情他，根据猗顿当时十分贫寒，没有资本，无法经营其他行业的状况，授予密方：“子欲速富，当畜五牸。”意思是让他先畜养母畜，渐渐繁衍壮大，日久遂可致富。于是，猗顿按照陶朱公的指示，迁徙西河（今山西西南部地区），在猗氏（今山西临猗境）南部畜牧牛羊。当时，这一带土壤潮湿，草原广阔，是畜牧的理想场所。

由于猗顿辛勤经营，畜牧规模日渐扩大，“十年之间，其息不可计，资拟王公，驰名天下。”因起家于猗氏，遂号猗顿。致富后的猗顿为了表达对陶朱公的感恩之情，在今临猗县王寮村修建了陶朱公庙。

猗顿经营畜牧积累了不少资本。后又兼营盐业、玉器，不久便富甲一方，甚至超过范蠡。他开挖了山西第一条人工大运河，是山西地区见于史载的最早的大手工业者和大商人，也是中国商贸史上第一个进行远程贸易的商人，开中国商贸先河。

猗顿在当时有着很大的社会影响。《韩非子·解老篇》有言：“夫齐道理而妄举动者，虽上有天子诸侯之势尊，而下有猗顿、陶朱、卜祝之富，犹失其民人，而亡其财资也。”可见猗顿之富已超过陶朱公，并可与王势并提。只要你肯勤劳，必能有所收获，小有积蓄，这是自古以来一个颠扑不破的道理。

积蓄是为了应对不可预测的未来。“畜”字上部为“玄”。老子《道德经》中说：“玄之又玄，众妙之门。”玄，大抵指玄妙的、抽象的、不确定的事物。“六四：有孚，血去惕出，无咎。”“血”同“恤”，即忧虑、忧患之意。有了诚信，可以从惧怕中走出来，没有灾难。由此可见“畜”的重要作用。中国传统农业自古以来就有积谷防饥的意识，这是为了应对洪涝、干旱、战争、迁徙等难以预测的事变，积蓄财物，以备急用之需。这体现了传统中国人特有的忧患意识。

《敦煌变文集·父母恩重经讲经文》引书云：“积谷防饥，

养子备老。”意谓保存谷物为防备饥荒，养育儿子以防老年无依靠，六亲无靠。

有这样一则小故事：在很久很久以前，有一个妇人，她每天煮饭的时候，总是从锅里抓一把米出来，放到一个特备的米缸中。有人讥笑她这种行为，说她是多此一举，做无意义之事。但她不以为意，依然故我。过了不久，当地发生了自然灾害，田地里的粮食严重歉收，很多人家都揭不开锅，生活都成了问题。但这位妇人家由于有一个特备的米缸，装满了平日里备下的米粮，安然地度过了饥荒，保全了全家人的性命。

天有不测风云，人有旦夕祸福。我们永远不知道，生活什么时候会给我们猝不及防的意外。如果没有一点忧患意识，在安逸享乐中完全未意识到随时可能出现的危机，没有做好预防的准备，那么，在危机到来之际，我们很容易在恐慌中失去应对的能力，找不到解救的方法，让自己陷于绝境之中。

这则“积谷防饥”的故事，就是告诉我们必须学会未雨绸缪，需要用的东西就用，能不用的就储蓄起来，以防将来的不时之需。当危机来临时，因为已做好准备，就可以沉着应对，安然无忧地渡过难关。

畜财更要畜德。“小畜”卦的九五爻中说：“有孚挛如，富以其邻。”挛，有拘系、捆绑之义。挛如，形容拘系相连的样子。

《象》曰：“风行天上，小畜。君子以懿文德。”懿，即蓄养美德的意思。“小畜”的卦象是风流行于天空之上，就像君子的美德，自然而美好，它是需要慢慢积聚起来的。“小畜”一卦，不仅强调了积蓄财物的重要性，而且更注重对君子高尚道德品质的培养。

文德，是传统中国人非常注重的精神品质。《礼记·大学》中说：“苟日新，日日新，又日新。”就是要求君子每天都修养文德，每天都进步。《易·文言传》中又说：“积善之家，必有余庆。”文德之家，更依赖于家庭中每个成员，每一代的行善修德，积蓄起精神财富。

清代《德育古鉴》一书中记载，在宋代哲宗元祐年间，民间流传着一种说法：做人当如葛繁。为什么这么说呢？有人便在镇江找到葛繁，向他请教修身之道。葛繁说："我力行善事，每天做四五件善事，或至一二十件，至今四十年，从来没有懈怠过。"人们又问："怎么做善事呢？有那么多善事可以做吗？"葛繁说："比如这里有条板凳倒下来了，碍人走路，我就把它扶正放好，即是一善。有人口渴了，我给人送上一杯水，即是一善。一些简单、细小的语言动作，都可以有益于人，自卿相至乞丐，皆可为之。"成语"日行一善"，便典出于此。

彖辞解读

《彖》曰：小畜，柔得位而上下应之，曰小畜。健而巽，刚中而志行，乃亨。“密云不雨”，尚往也。“自我西郊”，施未行也。

译文 《彖传》说：小畜卦中，阴柔之气得其位，而上下的阳刚之气与之相应，因此亨通顺利，即能小有积蓄。心怀刚健之志，为实现自我志向而努力，这样就能亨通。“密云不雨”，意谓天空布满浓密的积云而不下雨，这说明还在积蓄力量之中，“自我西郊”，意谓云气自城西郊外升起，还没到施展发力的时候。

解读 积蓄之道，不仅需要个人的刚健之志，而且需要有实现志向的行动与恒心。只有这样，才能够小有积蓄，万事亨通。古人用天空布满浓密的积云而不下雨的自然现象形容个人的物质、精神方面小有积蓄的状态，非常贴切，也非常富有诗意。

履

谦虚谨慎，循礼而行

春秋末期，鲁国卞地有一位名士，姓仲名由，字子路。他性情刚直，酷爱耍弄兵器，年轻时就是乡里出了名的勇士。

后来，子路拜孔子为师。每当孔子外出时，子路就常常在左右护卫他。孔子曾感慨地说："自我收了子路做弟子以来，再也没有人敢当着我的面用恶毒的话语污蔑我了。"

子路不喜欢读书，孔子常劝他用心习文。子路却说："南山上产的竹子，生来就很笔直。如果砍下来做成箭，一样能射穿厚厚的犀牛皮。学习有什么益处？"孔子说："如果为竹子粘上羽毛，安上箭镞，岂不是能增强它的威力？"子路听完后，还是不愿学习。

子路很爱夸耀自己有统兵作战的本领。他对人说："假如有一支勇悍的军队，挥动漫天的旗帜，擂起震耳的战鼓，如潮水般向我冲来，我还是能直扑敌阵，斩将夺旗，开拓千里疆土！”

一次，孔子与弟子们闲谈，子路突然向孔子发问：“夫子，要是您统领大军，您愿意与谁共事？”

孔子明白他的言外之意，便说道：“对于那些空手搏虎、徒步渡河，炫耀胆量不怕死的人，我不屑于与之共事。我看重的是那种凡事谨慎、勤于思考、想尽一切办法追求成功的人。”

后来子路在卫国做了官。

公元前480年，卫国发生内乱。孔子知道了说：“哎，子路这次有难了！”果然，子路一个人奔回京城，坚决要求惩处作乱的人，结果被杀。

子路临行前占得一卦为“履”，“履”为“履虎尾”，提示前路有凶险，须小心谨慎。但子路等人执意前往平叛，最终死在乱刀之下。这就是“暴虎冯河”的故事。“暴虎”意即空手与虎搏斗，“冯河”是指不用工具渡河，即赤足涉水过河，“暴虎冯河”形容人行事鲁莽，有勇无谋。子路有勇无谋，做事不谨慎，结局可悲，值得警戒。

卦名履，会意字。从尸、从彳、从夊。“尸”的甲骨文是人屈膝的象形。“彳”为行走，“夊”为慢慢行走。履字形象地描绘了人行走时，一步紧跟一步，引申指履行。《说文·履部》中说：“履，足所依也。”本义为穿鞋行走。人穿着鞋子才可以走路，所以，“履”有履行、实践之意。“履”字在战国以前一般只作动词用，本意是践、踏。成语“如履薄冰”，意思是说像鞋子踩在薄冰上，比喻随时都会发生危险，做事需要极为小心谨慎。后来，“履”也指鞋子，如履屐、履带等。

履的卦画为䷉，上卦为乾，下卦为兑，乾为天，兑为泽，天在上，泽在下，为上下之正理。又乾为刚健，兑为和悦，有和悦应合刚健之象。象征履行、循礼而行。履卦的卦画与小畜卦的卦画相似，把小畜卦的卦画颠倒过来，便是履卦的卦画，天降恩泽便是履卦的卦象。

履卦的卦辞为："履，虎尾不咥人，亨。"虎是阳刚之特，老虎的尾巴是不咬人的。但如果踩上老虎的尾巴，则有危险。只有小心行事才"享"，这就是此卦的本义。

《象》曰："上天下泽，履。君子以辩上下，定民志。""履"卦的上卦是"乾"，乾为天；下卦是"兑"，"兑"为泽，天当然高高在上，居至尊的地位，泽当然在下，居至卑的地位。反映人的等级差别的是礼，将礼付实行就是履。履用于"辩上下，定民志"，"辩上下"，把尊卑贵贱的界限划清楚，不能逾越；"定民志"，就是让尊卑各守己之位，各安己之分。

《序卦传》说："物畜然后有礼，故受之以《履》。"古语说："衣食足则知荣辱。"当温饱问题解决以后，面临着如何处理好人际关系的问题。履卦要求人们既行为纯正，胸怀坦荡，又考虑周到，小心谨慎。为此，这一卦讲的修养之道，也是实践之道、行动之道。

处事要循礼而行，便能诸事顺利。《说文·示部》："礼，履也。所以事神致福也。"程颐在《程氏易传》中说："上下之分，尊卑之义，理之当也，礼之本也，常履之道也。故为履。"履就是礼，就是人们立身处世的基本准则。礼的要求从文的外表看，礼是履，即实践，是行动；从文的内涵看，履是礼，就是人们实践、行动所必须遵循的准则。礼的核心内容就是和为贵。《象》曰："履，柔履刚也。"即以柔顺有礼对待刚健。人处于天地之间，只要能柔顺和悦，谦卑自处，则无险不可涉；纵然履虎尾，也可避祸。

中国传统文化尤其是儒家文化将这种"礼"的精神发扬光大。孔子便用自己的行动阐释了"履"的道德价值。《论语》中记载，孔子"立不中门，行不履阈"。孔子经过公门时很谨敬，不站在门的中间，走路不踩门坎。又如"没阶趋进，翼如也。复其位，踧踖如也"。下了堂阶，快步趋进，好像鸟儿张开翅膀一样舒展，回到自己的位置时，还是恭敬的样子……

《论语》是儒家经典，其中记载许多孔子在庙堂之上的容色举止，是孔子本人对于“礼”的践行。举手投足间，处处表现对尊者的谨敬之心。《论语》的字里行间，将孔子行动过程中的表情、动作仔细地表达出来，足以说明孔子的这些表现，来源于内心真实的敬意，而非仅仅在形式上遵循“礼”，由此亦可探出“礼”的实质。在孔子看来，“循礼”并不是外在的、形式化的事情，而是真正发自内心的声音。“礼”可以滋养个体生命，成为了孔子内心真正快乐的源泉。

或许有人说，遇事都要循礼，那不是很迂腐吗？其实不是的。礼仪文化是人类文明进步的成果，是值得继承的，它既有利于个人的身心健康，亦有利于社会的和谐发展。《世说新语·德行》中记载晋代名士乐广见身边的人“皆以放任为达，或有裸体者”。乐广笑曰：“名教中自有乐地。何为乃尔也？”在他看来，“自然”与“名教”相通，不必放纵自任，在“名教”中就能尽享妙趣。“名教之中自有乐地”，此一“乐”，超越了世俗的、物质的享乐，而更高地指向了生命的哲学。今天，有礼之人，是有教养的表现，无礼之人是粗鄙之人。有“礼”走遍天下，无“礼”寸步难行。讲究礼貌、礼仪、礼节是为人处世的基本要求。

处世要循“理”而行，行走正道。“履”字与“理”谐音，二字在文化内涵上有相通之处。“理”，即道理、义理，按天道、地道、人道行事，才能带来吉祥。“履”卦的爻辞不仅描写人们在祭祀典礼的仪态，同时也包含着如下几个“理”：

一是要保持夙愿初志。“初九：素履，往无咎。”“素”，就是质朴无文饰，事物的本色。“素履”就是安分守己，不求非分之利，不觊觎非分之位。正如《中庸》所说：“君子素其位而行。”《象》曰：“素履之往，独行愿也。”“独行愿”就是为实现自己的夙愿初志，不为情迁，不为物累，听从内心的召唤，义无反顾地走自己的道路。比如李四光根据对中国地质的勘探，认为中国是存在油田的，许多外国专家对此认为是天方夜谭。但李四光坚定自己的信念，不为他人所左右，经过多次的勘探，终于找到了油田，让中国去掉了“贫油国”的帽子。

二是要坚守内心的清净。“九二：履道坦坦，幽人贞吉。”“幽人”是幽静安恬，与世无争的人。这样，必然走在平坦的大道上。《象》曰：“‘幽人贞吉’，中不自乱也。”幽人自然可获得吉祥，是因为能够坚守内心的清静，不为外界的喧哗、评价，甚至功名利禄所左右，影响其操守。只要自己的内心不乱，外界谁也影响不了自己。

三是要谨言慎行。“九四：履虎尾，愬愬终吉。”意为：“踩在老虎的尾巴上，心里战战兢兢的，最终会吉祥。”《象》曰：“‘愬愬终吉’，志行也。”这是因为恐惧精神，立志施行自己的抱负。

处世要言之有信，履行自己的承诺。“履”字如同人穿上鞋子走路的样子，引申为履行，要履行诺言。言必信，行必果，诚信之道是需要用自己的生命去践行的。

西汉初年有一个叫季布的人，他特别讲信义。只要是他答应过的事，无论多么困难，他一定要想方设法办到。当时还流传着一句谚语：“得黄金百，不如得季布一诺。”意谓得到一百两黄金，也不如得到季布的一个承诺。

后来，刘邦打败项羽当上了皇帝，开始搜捕项羽的部下。季布曾经是项羽的得力干将。所以刘邦下令，只要谁能将季布送到官府，就赏赐他一千两黄金。

但是，季布重信义，深得人心。人们宁愿冒着被诛灭三族的危险为他提供藏身之所，也不愿意为赏赐的一千两黄金而出卖他。

有个姓周的人得到了这个消息，秘密地将季布送到鲁地一户姓朱的人家。朱家很欣赏季布对朋友的信义，尽力将季布保护起来。不仅如此，他还专程到洛阳去找汝阴侯夏侯婴，请他解救季布。

夏侯婴从小与刘邦很亲近，后来为刘邦建立汉王朝立下了汗马功劳。他也很欣赏季布的信义，在刘邦面前为季布说情，终于使刘邦赦免了季布。不久刘邦还任命季布做了河东太守。后来人们就用“一诺千金”来形容一个人很讲信用，说话算数。

在“一诺千金”的故事中，讲信用让季布死里逃生。如果他是一个不讲信用的人，无法得人心，大家便不可能帮助他走出绝境。曾经有个孩子在山上放羊，他屡次喊“狼来了”，人们上山救他却扑了空；后来，狼真的来了，任凭他怎么大声喊，再也没人相信他了。信用是我们宝贵的财富，珍视它，幸运便会与你为邻；失去它，便寸步难行。

履卦的爻文，只有六三位凶，其他的是无咎、吉、大有庆，可见“履”对我们的立身处世是大有好处。

彖辞解读

《彖》曰：履，柔履刚也。说而应乎乾，是以“履虎尾，不咥人”，亨。刚中正，履帝位而不疚，光明也。

译文 《彖传》说：履，是柔顺者以礼对待刚强者。以内心愉悦而顺应乾元之气，所以踩住老虎的尾巴上，而老虎不咬人，享通。此卦刚健中正，君子履行帝王之位而没有过错，更显得正大光明。

解读 “履”应以柔顺和悦中庸的态度，小心翼翼去践履。履行、践行，不仅需要讲诚信、讲规则，更需要讲究方法，依其情而动，顺其势而为，才能够做到“履虎尾”而“不咥人”，即使身处危险的境地，也能够化险为夷，获得成功。引申而言之，我们还可以从中领悟到古代君子的治国理政之道。

泰

天地相交，万物亨通

尧、舜、禹三人逊让政权，是中国历史学家推崇的政权和平过渡的境界。

传说尧年迈时，想和平地将政权交给舜。于是，卜了一卦，得“地元卦”，此卦预示着舜继位以后必定能使国泰民安、风调雨顺，尧便逊位给舜。

卦名“泰”，会意字。古文为，大（正面人形）身上有水滴，表示人在沐浴。篆文为，在古文的基础上，另加义符双手和水，表示用手撩水洗身。隶变楷书写作泰。《说文·水部》：“泰，滑也。从廾从水，大声。”人洗去身上的灰尘污垢，肌肤光滑，血脉通畅，则全身极为舒泰。故“泰”的本义为通达、通畅、亨通、安逸。如古语说：“政教积德，必致安泰之福；举措数失，必致危亡之祸。”

“泰”，可视为从春省，从水。“春”“水”为泰，表示春季到来，雨露滋润，万物生长，一派国泰民安的景象。“泰”以洗涤的意象，表示清除身上的污垢，消除疲劳，促进新陈代谢，浑身舒坦、平和。故泰也表示安。

有泰字的成语多为吉祥、安宁，如“国泰民安”指国家康泰安乐，百姓安居乐业；“否极泰来”指好事来到是由于坏事已至终极；“泰然自若”形容遇到变故或在严重紧急的情况下，沉着镇定，毫不慌乱；“泰山北斗”常用以比喻众所崇仰的人物；“泰山之安”形容稳固、安定；“泰山鸿毛”比喻轻重相差极大。国泰、家泰、人泰是人们梦寐以求的追求。

“泰”的卦画为䷊，上卦为坤，下卦为乾，乾为天，坤为地，天气下降，地气上升，天地阴阳交合，万物生养通畅。通泰之时，阴者衰而往，阳者盛而来，泰卦的卦点是下面三个阳爻，上面三个阴爻，阴阳平衡，所以说既吉祥又顺利。

“泰”的卦辞：“泰。小往大来，吉亨。”意思是说，泰，失去小的，得到大的，吉祥而亨通。也就是说只有吃点小亏，才能占到大便宜，先予后取，要来来往往，有来有往，相互贯通。

《礼记·曲礼上疏》：“泰者，大中之大也。”泰的意思是极其博大。地大物博，人们自然富裕，人们丰衣足食，社会也就自然和平安定。

《象》曰：“天地交，泰。后以财成天地之道，辅相天地之宜，以左右民。”意为天地相交，就是“泰”。君子以此制定法则和制度，使之符合自然的规律，配合天地运行的规律来促进顺利发展，借此引导和影响百姓。

《易经》中泰卦放在履卦之后，是遵循客观事物的发展规律的。乾坤反映天地即自然界的初始，屯蒙表天地万物与人类之初生。有人有物便出现养的问题，故有需；有需必然引起争，有争必产生讼。较大的争执要用战争去解决，这是师。为了取得战争的胜利，必须团结亲比，故有比。小畜以生聚，聚必然产生人际关系，必须以履为准则。《序卦传》说：“履而泰，然后安，故受之以《泰》。泰者，通也。”按礼去行动，就可以通达，并且平安。泰是一个政通人和、国泰民安的局面，是一个美好的社会。这一卦讲的是和谐之道。

泰，是天地相交，天地人和的自然生态。“泰”，上“三”画，是乾坤，代表三阳下潜，三阳开泰；下为“水”，代表地热解冻，水流涌现；中间是一个“人”字，天地交会，人在中和，万物生成，泰然自若，天下归泰。下面一个“水”，“水”为万物之本，生命之源。生命得到了水的灌溉与滋润而生机勃勃。一个“泰”字，讲述了天、地、人“三才”的辩证关系。在大自然中，有其自行的运行规律，各种物种都是相生相克、相辅相成的，只有保持这种平衡，才能出现“泰”的局面。

据史载，普鲁士国王腓特烈二世喜吃樱桃，1774年他看到成群的麻雀在果园里啄食樱桃，十分恼怒，立刻下令消灭麻雀。一时举国上下，围剿麻雀，不久麻雀被捕杀殆尽，国王欣喜不已。不过，时隔不久很多果园里的害虫却泛滥成灾了。害虫吃光果子和果树叶子，果园面临毁灭。于是国王又宣布不许再打麻雀了，并决定从外地引进麻雀，加以保护，才使害虫逐步得到遏制。生物界是这样，人类社会也是如此。一个安泰的社会，必须是人的中和、互助和合作。

“九三，无平不陂，无往不复”，意为没有哪块平地，不出现斜坡；没有输出，就没有回收。世上有高有低，有来有回，这是一种平衡，这种平衡不能打破，一旦打破则会带来灾难。

“泰”卦这一思想是“天人合一”思想的发端，是最早的自然生态观。恩格斯说：“人类对自然野蛮的掠夺都会造成自然成倍的报复。”今天出现的水体污染、大气污染以及过度的开发，都造成了天地不交，给人类带来了伤害。这是《易经》告诉我们“泰”最基础的人与自然的和谐相处。

泰，是包容通达，人们身心和谐的状态。泰，谐音通

“大”“态”，是一种通达强大的境界。泰，要着眼于大的，不要斤斤计较，舍小求大，这是一种宽广的胸怀。

“泰”六四爻说：“翩翩，不富以其邻，不戒以孚。”意谓“泰”是轻快地行事，不以取得邻居的利益而富裕，以诚恳取得信任，他们不再戒备。由此可见，“泰”表示大，这不仅体现在宇宙空间上包容八荒，而且更体现为一种心灵的豁达、平和。

孔子对君子和小人的言行和心态作了比较：“君子泰而不骄，小人骄而不泰。”意思是说：君子安静坦然而不傲慢无礼，小人傲慢无礼而不安静坦然。一个人以平和的心态去看问题，就能宠辱不惊，坦然处事。一个身心平和的人表现出来的是外表平和而不骄傲，神态威严而不猛烈。

有一个“泰而不骄”的故事给我们一些启示。战国时期，晏子外出，他所乘坐的马车正好从他的车夫的家门口经过。车夫的妻子从门缝里看到自己的丈夫替相国驾车，坐在车上的大伞盖下，挥鞭赶着高头大马，神气活现，扬扬自得。车夫回到家里，妻子很不高兴。车夫忙问发生了什么事情。车夫的妻子说：“晏子身为齐国宰相，在诸侯各国中很有名望，可我看他坐在车上，仪容是那样端庄深沉，态度是那样谦逊。而你呢，只不过是一个车夫，却趾高气扬，像你这样的人还会有什么出息呢？”车夫仔细琢磨妻子的这番话，感到非常惭愧，承认了错误。自此以后，车夫变得谦逊起来。车夫的这一变化，使晏子感到奇怪。问车夫原因，车夫把缘由告诉了晏子，晏子认为车夫的妻子是一个贤妻，也对车夫勇于改过的态度感到满意，后来推荐他做了大夫。

泰，是上下通畅，政道人和的社会状态。“泰”为春水下济万物。泰在社会层面是上下沟通的顺畅，用今天的话来说是上意下达，下情上通，社会上下和谐相处。《象》辞曰：“上下交而其志同。”意为上下志同道合，思想统一。唐朝徐坚《初学记》说：“夫阴阳交，万物成；君臣交，邦国治；士庶

泰卦故事

交，德行光。同忧乐，共富贵，而友道备矣。”上下沟通，同心同德，这是政道人和的一个标志，其结果也就是君子之道兴旺，小人之道消退。用今天的话说就是正气上升，邪气下降。好人得到启用，奸佞之人没有市场。“泰”卦讲上下沟通能否顺畅，关键在于“上表”，也即君王、主帅、领导。作为“上表”必须是有如下的品德：

一是要有远大的志向。《象》曰：“拔茅征吉，志在外也。”即拔出茅草征战吉祥，是因为其心志向上进取。

二是要有中正之行。《象》曰：“‘包荒’，‘得尚于中行’，以光大也。”即包容八荒，以中正的行为规准，以达到光明远大。

三是不结党营私、搞小圈子。“九二，朋亡，得尚于中行。”“朋”是朋友，引申为朋党，为政最怕结党营私，因为这样政令民情就无法畅行。

四是诚信。“九三，无平不陂，无往不复，艰贞无咎，勿恤其孚，于食有福。”意思是没有只平坦而不倾斜的，没有前往而不返回的，在艰难中正固，没有灾难。不必担忧，保持诚信，在饮食方面有福可享。“泰”卦在这里讲述了政道人和的政治生态，最主要取决于领导者的远见、胸怀、用贤和诚信，对于今天我们营造良好的政治生态还是有启发的。领导者必须有进取、发展的精神，不能抱残守缺；必须“以光大也”，具有光明磊落和广阔包容的胸怀，不能小肚鸡肠，似“武大郎开店”；必须“中正愿也”，以诚恳和自愿的态度去相互沟通，不能高高在上，独断专行；必须“中以行愿”，以中庸的处世方式实现共同的愿望，不要走极端。这样，也就能形成政道人和的政治生态。

彖辞解读

《彖》曰：泰，小往大来，吉亨。则是天地交而万物通也，上下交而其志同也。内阳而外阴，内健而外顺，内君子而外小人。君子道长，小人道消也。

译文 《彖传》说：泰，失小得大，吉祥亨道。这就是天地的阴阳之气交合，才有万物的生养畅通；君臣上下的交流沟通，方能志同道合。内心刚阳而外表阴柔，对内刚健而对外柔顺，接纳君子而远离小人。这样，君子德行之道发扬光大，小人卑劣之道也便路尽途穷。

解读 泰的卦象征了亨通太平。中国传统思想注重对立面的相互转化。对立面的相互转化，核心就是一个彼此沟通、转移的问题。天与地、自然与人类、国君与臣民、丈夫与妻子，都存在相互联系和沟通的问题。通则畅，畅则和，和则万物兴旺繁盛。这便是和谐之道。

否

阴阳不合，阻滞闭塞

苏秦是战国时期著名的政治家。苏秦早年师从有名的辩论家鬼谷子，学成之后，出游数载，希望靠自己的口才谋得一官半职。然而他在年轻的时候学问并不多，到了好多地方都没有人关注，即使有雄心壮志也得不到重用，最后穷困潦倒地回到了家里。他的家人甚至家里的仆人都嘲笑他、看不起他，认为他想靠搬弄口舌谋生是不可能的事情。苏秦的自尊心受到了伤害，于是他为自己占了一卦，得“天地否”卦。其卦象是闭塞不通。六国不能合纵是因为不互通信息，这一卦增强了苏秦合纵抗秦的信心。

苏秦下定决心发愤图强。由于他经常读书读到深夜，疲倦到想要打盹的时候就用事先准备好的锥子往大腿上刺一下，这样突然的痛感使他猛然清醒起来，振作精神继续读书。我们现在所知的“悬梁刺股”的“刺股”就源于此。

后来，苏秦游说六国，使得六国达成合纵联盟，团结一致对抗秦国。苏秦被任命为合纵联盟的联盟长，并且担任了六国的国相，同时佩戴六国相印，成为一代纵横家。

卦名否，会意字。“否”作为一个副词，读为fǒu。从“口”，从“不”。“不”亦兼表字音。《说文·不部》中说：“否，不也。”本义为否定，表示不然，不是这样。而“不，鸟飞上翔不下来也”，也就是不能通达的意思，故“否”也引申指不好的事物。“否”字亦用在疑问句末，构成是非问句。宋代辛弃疾《永遇乐·京口北固亭怀古》有：“廉颇老矣，尚能饭否？”“否”亦有读为pǐ，表示阻塞不通，困厄不顺、变坏、灭绝。

“否”卦的卦画为䷋，上卦是“乾”，下卦是“坤”。坤卦的卦象是地，乾卦的卦象是天。坤下乾上，天气上升，地气下降，天地阴阳两气互不交合，万物生长不得畅通。否者，闭也。否闭之世，是人道不通，天下无利，小人得势，君子被排斥的景象。

卦辞曰：“否之匪人。不利君子贞；大往小来。”意为闭塞而没有人道，不利于君子坚持正道，大的离去，小的来到，付出大而回收少。

《象》曰：“天地不交，否。君子以俭德辟难，不可荣以禄。”天地不交便是否卦的卦象。君子应当收藏自己的美德归隐保全，不可追逐荣耀和俸禄。“否”卦的卦象为下坤（地）上乾（天），为天在地上之表象。天在极高之处，地在极低之处，天地阴阳之间因而不能交合，所以时世闭塞不通，这时候君子必须坚持勤俭节约的美德，以避开危险与灾难，而不能去追逐高官厚禄和荣华富贵。

“否”卦的卦画是䷋，天在上而地在下，与泰卦相反。地接受天上的光和热，抚育万物生长，这不是坏事；不过，地上的一切必须顺从天的变化，受控于天，地自己的个性被否定了。这是天与地相互分离，不交不通的状态。前面泰卦讲亨通了，博大了，太平了，由于达到了极点，出现了“否”卦。《序卦传》说：“物不可终通，故受之以《否》。”即永远通达是不可能的，所以会有阻塞。

“否”卦阐释了事物由安泰到混乱，由通畅到闭塞，从而进入了一个黑暗时期，所以这一卦讲的正是逆境的生存之道，或叫保全之道。

否，为天地不交、闭塞不通的状态。“否”的上部为“不”，下部为“口”，这是一种非常有意思的组合。例如，用口说“不”，即表示否定。它往往用于表达一种拒绝的、反对的情绪，这在今天的日常生活当中常用。

又如，“不”“口”相连，不开口说话，即是以一种沉默的方式表达自己的情绪或观点，这也是一种否定的态度。在人际交往当中，不开口说话，便无法良好地沟通。正如“否”卦的《彖辞》中所说：“天地不交而万物不通也，上下不交而天下无邦也。”造成闭塞不通的原因，往往是因为“不通”“不交”。人与人之间缺乏沟通交流，必然会产生矛盾、产生阻塞。

一位教授精心地准备一个重要会议上的演讲。会议的规格之高、规模之大都是他平生第一次遇到的。全家都为教授的这一次露脸而激动，为此，老婆专门为他选购了一身西装。晚饭时，老婆问西装合身不，教授说上身很好，裤腿长了那么两厘米，倒是能穿，影响不大。

晚上教授早早就睡了。老妈却睡不着，琢磨着儿子这么隆重的演讲，西裤长了怎么能行，反正人老了也没瞌睡，就翻身下床，把西装的裤腿剪掉两厘米，缝好烫平，然后安心地入睡了。早上五点半，老婆睡醒了，因为家有大事，所以起来比往常早些，想起老公西裤的事，心想时间还来得及，便拿来西裤又剪掉两厘米，缝好烫平，惬意地去做早餐了。一会儿，女儿也早早起床了，看妈妈的早餐还没有做好，就想起爸爸西裤的事情，寻思自己也能为爸爸做点事情了。她便拿来西裤，再剪短两厘米，缝好烫平……教授拿到那条被裁减了三次的西裤后，勃然大怒。结果可想而知。

这则故事告诉我们，如果人与人之间不进行有效的沟通，后果将是可怕的。故事中的主人公们因为沟通不到位，付出了三倍的劳动得到的却是长裤子变成了短裤子，短裤子变成了废裤子，好心办坏事。如果事先大家进行了沟通，说了自己想法和计划，明确分工，教授一定能穿上合身的西裤，体面地完成一场精彩的演讲。

正所谓“沟而不通，费时误工”。人与人之间缺乏沟通交流，便会带来矛盾。人与人之间需要合理有效的沟通，避免产生不必要的矛盾，建立和谐美好的人际关系，实现互助共赢。

否，用沉默的方式去处理。“否”字表示出入口不通，为闭塞、阻碍。当世道否闭时，沉默不失为一种聪明的处世方法，也即“沉默是金”。“否”字下部的“口”，就像一个可以自由出入的门，而在昏君当道、战乱频繁的乱世中，这个“口”的上头多了一个“不”字，将这扇大门封闭了起来。

在这样的否闭之世中，人人自危，天下无利。应当如何在这样的环境中生存呢？或许“否”字的字形，亦能给我们很多启示。“否”字由“不”“口”组成，不开口说话，即沉默，这不是在乱世中生存的聪明办法吗？

“否”卦的《象》辞中说：“君子以俭德辟难，不可荣以禄。”这便不得不提到中国传统文化中的“隐逸之道”，它体现了中国人独特的世界观和价值观。孔子曾经说过：“贤者辟世，其次辟地，其次辟色，其次辟言。”意思是说，贤者逃避恶浊社会而隐居，次一等的，择地再处，再次一等的，便避免不好的脸色，再次一等的，便回避恶言。伯夷为躲避周武王的封赏与影响，与叔齐隐于首阳山，采薇而食。太公，即姜太公吕尚，知商王无道，隐居而独钓。由此可以窥见君子在积极入世态度背后的一种隐逸精神。

孔子曾说：“予欲无言。”——我想不说话了。孔子辙环天下，终不为用，难免失望，生出“无言”之叹。而孔子传道授教，只为让天下之人明道。如果孔子选择了默默不语，那么我们还能从这位智者身上学得到什么呢？于是门人子贡说出了自己的担心：“子如不言，则小子何述焉？”先生您若不说话了，叫弟子们何从传述呀？于是孔子说：“天何言哉？四时行焉，百物生焉，天何言哉？”孔子问子贡，你看天说过什么话了吗？没有。可是春、夏、秋、冬四时交替，从来没有颠倒错乱，花草树木、鸟兽虫鱼也按照生命的规律而生生不息。孔子告诉我们，“无言”也是一种大智慧，它须在天地自然之中探寻。

否，用辩证的思维和乐观的态度去生活。“否”除了告诉我们在昏暗的世道中要防止“祸从口出”以外，还要注意什么问题呢？《象》作出了阐述：

初六，拔茅贞吉，志在君也。

六二，大人否亨，不乱群也。

六三，包羞，位不当也。

九四，有命无咎，志行也。

九五，大人之吉，位正当也。

上九，否终则倾，何可长也。

在这里强调了几点：一是“志在君”，这是对君王的忠诚，一切为主人着想；二是“不乱群”，即不拉帮结派，搞小团体；三是忍辱负重，“包羞”就是忍耻辱，正如唐代杜牧《题乌江亭》所云“胜败兵家事不期，包羞忍耻是男儿”；四是“志行”，不改变自己志向，要独善其身，不随波逐流，更不能同流合污；五是“位正”，忠于领导，有所作为；六是要坚守，这是最重要的，就是不丧失信心，“否”的局面是不能永远持续下去的。《象》辞：“否终则倾，何可长也。”意思是说闭塞到了极点，必然会走向反面，物极必反，一种局面不会长久地维持下去。事物的发展都会经历一个辩证的过程，盛极而衰，衰极而生。太平了，由于达到了顶点，就会物极必反，于是出现了否卦。但越是在不利的条件，越要有乐观的心态，相信“否极泰来”。“否”卦的卦辞，从“天地不交”之“否”，讲到了否闭之世中“小人吉，大人否亨”的消极情状。小人独断专横、据为己有，使君子不容于世。但是，真正的隐逸之士，却不会被短暂的困境所打倒，他们往往胸怀大志，身隐而心不隐，审时度势，适时作为。他们终将迎来“休否，大人吉”的情状，结束相互闭塞的局面，继而“先否后喜”。

此卦与前一卦“泰”卦的卦象刚好相反，“否”卦是上“乾”下“坤”，“泰”卦上“坤”下“乾”，乾坤天地之气由此相交，“否”卦就变成了“泰”卦——成语“否极泰来”，便来源于此。一切对立的倾向和矛盾终将被社会发展所改善，困境不通到了一定程度，也会迎来转机。

东汉末年的官渡大战以后，刘备逃到荆州，投奔刘表。刘表拨给他一些人马，让他驻在新野。

刘备是一个雄心勃勃的人，求贤若渴，一心想“兴复汉室”。司马徽和徐庶先后向他推荐了“卧龙”诸葛亮。刘备知道诸葛亮一定是个了不起的人才，就带着关羽、张飞，一起到隆中去找诸葛亮，“三顾茅庐”。

诸葛亮看到刘备这样虚心请教，也就推心置腹地跟刘备谈了自己的主张。身处草庐的诸葛亮，对天下大事却了然于胸。他还为刘备擘画了一幅宏伟的政治蓝图：“将军是皇室的后代，天下闻名，如果您能占领荆、益两州的地方，对外联合孙权，对内整顿内政，一旦有机会，就可以从荆州、益州两路进军，攻击曹操。到那时，有谁不欢迎将军呢。能够这样，功业就可以成就，汉室也可以恢复了。”

刘备听了诸葛亮这一番精辟透彻的分析，思想豁然开朗。他觉得诸葛亮人才难得，于是恳切地请诸葛亮出山，帮助他完成兴复汉室的大业。这位才能非凡的“卧龙”，感念刘备的“三顾”之情，且刘备是他渴慕已久的“信义着于四海，总揽英雄，思贤如渴”的明君，遂决定出山辅佐刘备。后来，诸葛亮火烧新野，七擒孟获，六出祁山，东联孙权，北拒曹魏。

诸葛亮身隐而心不隐，审时度势，适时作为，帮刘备实现了华丽转身，继承了兴复汉室大业的梦想，正是为“否极泰来”作了一个极妙的注脚。

彖辞解读

《彖》曰："否之匪人，不利君子贞，大往小来。"则是天地不交而万物不通也，上下不交而天下无邦也。内阴而外阳，内柔而外刚，内小人而外君子。小人道长，君子道消也。

译文 《彖传》说："否"卦象征了闭塞黑暗的局势下，不利于君子坚守正道。大的失去，小的来到。这时乾刚正气外泄，阴暗浊气盛起，天地阴阳互不交合，万物的生养互不畅通，君臣上下互不沟通，天下离异，邦国不宁。这时的状态，是内心阴柔而外表刚阳，对内柔顺而对外刚健，政治上往往内养小人而外排君子。小人的卑劣之道强盛，而君子的德行之道削弱。

解读 "否"卦描述了一个比较消极的画面，小人当道，君子不行，乾刚正气外泄，而阴暗浊气盛起。一切的美好向往将就此受挫，人与人将捍卫以和敬，心与心将布荆棘，在如此的场景之下，更无从谈起社会的发展与进步了。在小人得势、小人当道的形势下，君子要韬光养晦，不求荣禄，收敛德性，独善其身，忍辱负重，甘于清苦，不追求荣华富贵；要对未来充满信心，等待云开见日的时光，追求否极泰来的美好日子。

同人

天下为公，和而不同

《吕氏春秋·去私》有一个用人出于“公心”的故事：

春秋时，晋国国君晋平公问大夫祁黄羊说：“南阳缺一县令，你看谁去担任合适？”祁黄羊说：“解狐可以。”晋平公感到不解：“解狐不是你的杀父仇人吗？你为什么会推荐他？”祁黄羊回答说：“您问的是谁能当县令，不是问谁是我的仇人呀！”平公接受了祁黄羊的建议，派解狐去南阳当县令。解狐到了南阳以后，勤勉、实干，把南阳治理得井井有条，深受百姓好评。

过了一段时间，晋平公又对祁黄羊说：“朝廷缺一尉官，你看谁可以担任这一职务呢？”祁黄羊说祁午可以。晋平公听了大吃一惊地说：“祁午不是你的儿子吗？”祁黄羊说：“您问我谁可以担任尉官，可您没有问我谁是我的儿子呀。”平公觉得祁黄羊说的有道理，于是又派了祁午当了尉官，后来祁午果然干得很出色。

这就是“外兴不避仇，内举不避子”的故事。这个故事说明了祁黄羊用人出于“公心”，公道用人。孔子曾赞扬祁黄羊用人以“公”。

古往今来，“公”一直是对为政者的希冀和要求。“同人”这一卦的核心精神就是“天下为公”。

卦名同人。同，会意字，甲骨文为，金文为，小篆为，异体字为“仝”。《说文·冃部》：“同，合会也。”本义为聚合众人之力，后延伸为共同、相同。如《木兰辞》：“同行十二年，不知木兰是女郎”，以及“同吃同住”“同声相应，同气相求”等。人们通常把有共同目标、宗旨，并加入同一组织的人称为同志；把一起工作的人称为同事、同仁。同有相同、一样的意思，如成语“同心戮力”意为同心合力，大家心往一处想，力往一处使。

“同人”卦的卦画是䷌，它的上卦是“乾”，代表天，下卦是“离”，代表火，为天火卦。火向上燃烧，光明，与天的性质相同，天、火相互亲和，为“同人”，象征和同于人，天下为公，有和睦、和平的景象。以世界大同为目标，必须有广阔无私、光明磊落的境界，方能顺利畅通。

“同人”的卦辞说：“同人于野，亨，利涉大川，利君子贞。”意思是说，与他人在野外聚合，顺利，有利于涉越大江大河，利于君子坚守正道。

《象》曰：“天与火，同人。君子以类族辨物。”意为上卦为天，下卦为火，这是同人卦的卦象。天在高处，火势熊熊而上，天与火亲和相处。正所谓“物以类聚、人以群分”，君子应当效法这一精神，明辨事物，求同存异，团结众人以治理天下。

《序卦传》说：“物不可以终否，故受之以《同人》。”上卦是否卦，经历了大的磨难以后，人们开始懂得团结的力量，为此君子聚合众人，跨越险阻，故接下来的是“同人”

卦。“同人”表达了一种高尚而远大的志向，这一卦讲的便是团结之道。

“同人”，必须具有共同的志向。“同”从“冂”，“冂”是城外、郊外、野外的意思。“冂”中有“一”“口”，古人往往用“口”指代人。形象一点地说，“同”字就像郊外有一群人聚集在一起。这不由得让人联想到“同人”的卦辞“同人于野，亨，利涉大川，利君子贞”。“同人于野”，是说与大家一起劳作，共享劳动成果。爻辞正是用在广阔旷野中集合群众的形象，象征了一个广阔自由、公平无私的精神境界。由于大家目标一致，利益共享，和谐共处，世界上所有的人和同，当然一切亨通，无往不利。《象》辞说：“同人。君子以类辨物。”《系辞上》：“方以类聚，物以群分。”君子要明辨事物，团结同类，求其大同，又能区分同类中的不同，存其小异，团结众人以治理天下。

能够聚集在一起的人，必定是志同道合的人。“同”字其中的“一”，强调没有差异、一致。所谓的“同”，是志向之“同”、志趣之“同”、思想之“同”、文化之“同”、血脉之“同”。众口一词，异口同声，才是“同人”，只有这样，众人才能够团结一心，凝聚更大的力量，创造更加光辉的文明财富。

中国龙是中华民族的图腾、中国文化的象征。远古人们认为应当有一个力大无穷的，与“水”相关的“神物”主宰着指挥着操纵着管理着这些动物和天象。龙作为一种崇拜现象，一种对不可思议的自然力的一种“理解”，也就从这个时候起，开始了它的“模糊集合”。在几千年浩瀚的历史进程中，龙成了一种文化。它代表了中华民族的深厚文化底蕴。

在中国文化中，龙或中国龙有着重要的地位和影响。从新石器时代，先民们对原始龙的图腾崇拜，到今天人们仍然多以带有“龙”字的成语或典故来形容生活中的美好事物。

上下数千年，龙已渗透了中国社会的各个方面，成为一种文化的凝聚和积淀。龙成了中国的象征、中华民族的象征、中国文化的象征。对每一个炎黄子孙来说，龙的形象是一种符号、一种意蕴、一种血肉相连的情感。“龙的子孙”“龙的传人”这些称谓，常令我们激动、奋发、自豪。龙的文化除了在中华大地上传播承继外，还被远渡海外的华人带到了世界各地。在世界各国的华人居住区或中国城内，最多和最引人注目的饰物仍然是龙。因而，“龙的传人”“龙的国度”也获得了世界的认同。

一个民族的志向、志趣、思想、文化、血脉之“同”，成就了一个国家之“同”，成就了中国龙之“同”。如今，中国龙已成了一个符号、象征，代表的是每一个炎黄子孙对中华民族、中国文化、中华血脉的认同与继承。从过去到现在和未来，中国龙将长久屹立于世界民族之林，熠熠生辉，生生不息。

“同人”，必须有广阔无私、光明磊落的境界。“同”从“冂”，《说文解字》说：“冂，邑外谓之郊，郊外谓之野，野外谓之林。”城邑之外是郊外，郊外更远处是野外，野外更远处，则是山林——目光愈来愈远，空间视野越来越广阔。由此可见，“同”，表达的是一种崇高的精神境界。

“同人”卦辞中，有“同人于门”“同人于宗”“同人于郊”的说法，意谓一出门便能与人和睦相处、和本宗本派的人和睦相处，乃至在荒郊之外，也愿与人和睦相处。这要求君子有博大的胸怀和博爱的情怀。正如上九爻辞所说：“同人于郊，无悔。”如果人们无论亲疏贵贱，都能够和同相处，亲辅于邑郊之外，那便真的实现“天下为公”“世界大同”的理想了。

辛亥革命时期，孙中山在民族存亡的紧要关头，发出“振兴中华”的口号，确立了“天下为公”“世界大同”的社会理想。这个具有时代意义的政治理念，达到了较高的思想境界。

“天下为公”意谓天下是天下人的天下，为大家所共有，天子之位，传贤而不传子。只有实现天下为公，彻底铲除私天下带来的社会弊端，才能使社会充满光明，百姓得到幸福。后成为一种美好社会的政治理想。

大同思想和成圣的最高人格相适应，儒家的最高社会理想是世界大同。这个大同世界不是纯理念化的，而是具体化了的。儒家的重要经典《礼记》中的《礼运》篇描述大同世界的社会景象说："大道之行也，天下为公。选贤与能，讲信修睦，故人不独亲其亲，不独子其子，使老有所终，壮有所用，幼有所长，矜寡孤独废疾者，皆有所养。男有分，女有归。货恶其弃于地也，不必藏于己；力恶其不出于身也，不必为己。是故谋闭而不兴，盗窃乱贼而不作，故外户而不闭，是谓大同。"

1924年8月，孙中山在演讲中说："我现在就是用民生二字，来讲外国近百十年来所发生的一个最大问题，这个问题就是社会问题，故民生主义就是社会主义，又名共产主义，即是大同主义。"这就是他倡导和推行的天下为公的世界大同。

孙中山实践世界大同很坚决，他对黄埔军官学校的训词则是："三民主义，吾党所宗，以建民国，以进大同。"以表示他领导的军队是为实现世界大同的伟大目标的。对此目标，他的设想是："人民平等，虽有劳心劳力之不同，然其为劳动则同也……社会主义之国家……农以生之，工以成之，商以通之，士以治之，各尽其事，各执其业……自此演进，不难致大同之世。"

"同人"必须求同存异。"同人"的精神，首先应当是破除一家、一族的私见，重视大同，不计较小异，本着大公无私的精神，以道义为基础，于异中求同，积极地广泛与人和同，才能实现大同世界的理想。

这里的"同"的内涵，更接近于儒家强调的"和"。子曰："君子和而不同，小人同而不和。"春秋时期，晏婴曾向齐景公谈论到这种境界。他以烹调为例："和如羹焉，水、火、醯、醢、盐、梅，以烹鱼肉，燀执以薪，宰夫和之以味。” 求同而能存异，构成了一个精彩的生命境界。

1955年的“亚非会议”，是人类有史以来第一次由亚非国家发起和召开的会议，是第一次没有西方国家、没有当时主要世界大国参加的会议。会议的参加国除日本外，都是新兴的发展中国家，因此也可以说是发展中国家的第一次国际会议。二战结束后，世界上出现了民族独立解放的高潮，长期处于西方帝国主义、殖民主义、霸权主义控制下的广大亚非国家，先后通过革命、战争、起义和抗争等不同的方式，冲破了帝国主义的封锁、垄断和控制的世界体系，走上了建立新兴的民族国家的道路。独立后，这些具有共同的命运、面临共同任务的国家，为了解决共同的问题，需要相互交流经验，相互探讨国家建设和发展的道路，彼此产生一种共识，这就是要加强亚非新兴的民族独立国家之间的团结和互助。万隆会议正是在这样一种背景下召开的。

1955年，周恩来在亚非万隆会议上提出“求同存异”的方针。这是周恩来的创新，也是万隆会议的精神，它最终促成了1961年不结盟运动的兴起。

“求同存异”不是目的，而是为大家的共同目标服务的，求同存异之后要做什么是最重要的。周恩来在万隆会议上指出，亚非地区已经发生了巨大变化，但殖民主义在这个地区的统治并没有结束，经济上还很落后，因此这一地区的国家不仅要求政治上的独立，同时还要求经济上的独立，改变经济落后面貌，争取完全独立。为此就要保障世界和平，促进亚非国家之间的友好合作。而要实现这个目标，亚非国家之间就应该求同存异，不要因意识形态和国家制度的不同而造成分裂。

大处于同，小处存异。“求同存异”这个方针不但能在社会制度不同的亚非国家之间架设友好相处的桥梁，也能使得许多本来敌对的国家和平共处，有利于维护世界和平，当然也为新中国国际威望的迅速提高奠定了坚实的基础，而且至今仍然具有重要意义。

孔子强调“和为贵”，同时又强调“和而不同”，这就是和谐而不千篇一律，不同而又不相互冲突。和谐以共生共长，不同以相互构成。在同一个世界，国与国、种族与种族之间有分歧应和平协调，尊重独立。用“和”解决分歧，共同保持国家、种族和文化的特性和独立性。世界上的霸权主义和强权政治只讲同，不讲和，用本国的价值观和标尺去衡量甚至强制同化他国，实质上违背了“和”的原则，是一种弱肉强食的霸权主义。在处理人际关系上，“君子和而不同”是一个处世原则，这就是和谐而又不千篇一律，不同而又不相互冲突。在人生观、世界观大致一致的情况下，每一个人都有自己的特性和生活方式，这就应宽容其细小的习惯和毛病。“和而不同”就是求同存异，谋求和睦共处。

彖辞解读

《彖》曰：同人，柔得位得中而应乎乾，曰同人。同人曰“同人于野，亨。利涉大川”，乾行也。文明以健，中正而应，君子正也。唯君子为能通天下之志。

译文 《彖传》说：“同人”，即柔顺之德恰到好处，符合中正，而与乾元之气相互呼应，这便是“同人”。“同人”卦中说“同人于野，亨。利涉大川”，这是因为乾元之气在运行。禀性文明而刚健，正大中直而与之相呼应，这是君子的正道。唯有君子，才能通达于天下，聚集民心，共筑文明，实现“天下大同”的志向。

解读 这充分体现了“同人”的大智慧、大精神。只有牺牲小我，然后才能完成大我，先苦而后始能甘。道德高尚的君子，能够保持自己的节操，与人和同友善而不失中正之志。因此，君子要使众人团结一心，为一个共同的理想而努力奋斗。君子应该勇于担当“舵手”的角色，让历史的航船始终行进于正义的、光明的航程上。

大有

昌盛富有，满不可溢

史上有一个“有”字吓破皇帝胆的传说。相传明朝末年，李自成率领军队来到了北京城下，崇祯皇帝胆战心惊，乔装成平民百姓，溜到宫外，想找一个算命先生问问“天意”。

崇祯皇帝走出西华门不远，看到有一个测字摊子，便跑上前去，请测字先生测测大明的国运。测字先生说：“报上字来。”崇祯皇帝便报了一个“有”字。

测字先生嘴里念念有词，忽然大声说：“哎呀，小人不敢说，实在不敢说呀！”崇祯皇帝从怀里掏出一块银子放在测字摊上，请他直言无妨。

测字先生叹口气说：“‘有’字上面是一个大字，但少一笔，下面是一个明字，可又少了日。这大字少一半，大不成大，明字少了日，日子到了头，大明的江山来日无多啊！”

崇祯皇帝一听浑身冒冷汗，呆站了一会儿，掉头回宫去了，从此再无心与李自成对抗，最后竟吊死在煤山。

据说，那个测字先生是李自成的谋士宋献策所扮，特意在皇宫外摆个测字摊，以便散布流言，大搞心理战。无巧不成书，真让崇祯上了当，把大明天子的胆吓破了。

卦名“大有”，有，会意字。甲骨文为，金文为。“有”，是以右手持肉的样子。古代强者狩猎，弱者捕鱼，捕获物要平均分给每个人，故以“手”中持“月”（肉）会意拥有的意思。《说文·有部》：“有，不宜有也。《春秋传》曰：‘日月有食之。’从月，又声。”意思是说，有，不应当有。《春秋左传》说：“日月有日蚀、月蚀现象。”古代认为日蚀为不祥之兆，故“不宜有”。大有即是大的拥有，大的收获。《穀梁传》“五谷皆熟为有年也，五谷大熟为大有年”，大有也就是大丰收。“有”的本义是手中有物，与“无”相对。

大有的卦画为䷍，上卦为离，下卦为乾，离为火，乾为天，火焰高悬天上。即太阳当空高照，大地五谷丰登，大获所有。故大有有收获、丰收之义。既象征大获所有，又象征光明磊落。

大有的卦辞是：“大有。元亨。”意为大有卦，最为通达。

《象》曰：“火在天上，大有。君子以遏恶扬善，顺天休命。”意为火焰在天的上方，这就是大有卦。君子要遏制邪恶，彰显善德，顺从上天所赋予的美好使命。

《序卦传》说：“与人同者，物必归焉，故受之以《大有》。”上卦为同人，众人同心同德，其结果是有大的收获。“大有”卦讲富有之道，不仅盛赞了富有之美，而且也指出应该通过正道来拥有，故曰“无交害”，即不要互相侵害。正道是什么？是通过勤劳的双手、通过聪明的头脑、更通过树立刚健有为以建功立业的事业心来实现“有”，取之有道有节，拥有真正的“大有”。一个人要想拥有高尚的人格，就必须有理想、有追求、有操守、有毅力、有所为、有所不为。卦名“有”揭示了什么是富有和如何走正道富有，也即致富之道。

富有的主要标志是拥有物质财富。“有”字从“肉”，远古时代肉食是生存资料中极为重要的部分。古代，五谷丰登保障了温饱，而有酒有肉则是富有的象征。因此，古人以“持肉”借代为“持有”，意思是手中有物。

“大有”的上卦为“离”，为火；下卦为“乾”，为天。“大有”的卦象是太阳当空照耀，大地五谷丰登，大获所有。这是便是富有的象征。卦辞中有：“大车以载。有攸往，无咎。”意思是说，用大车装载收成，往前走，没有灾祸。一个国家拥有的财富首先是看经济实力。一个人、一个家庭也是如此。

从明代起，沈万三几乎就成了富翁的代名词。沈万三的确是一个“富可敌国”的人物，究竟“富”到什么程度？朱元璋实施筑城计划时，单造砖单位便涉及一部（工部）、三卫（驻军卫所）、五省、二十八府、一百一十八个县，另有三个镇。而沈万三一人便负责从洪武门到水西门十余公里长的城墙，工程量占整个工程的三分之一。明代孔迩的《云焦馆纪谈》说，沈氏“有田数十顷，凿渠引水以供酒需”，意思是沈家酿酒引水，都需用田数十顷，如此家产令人咋舌。明人田艺蘅也在《留青日札》里记载，朱元璋准备犒赏三军，沈万三说要代其出犒银。朱元璋有意刁难：朕有军百万，汝能遍及之乎？哪知沈万三豪爽应答：愿每军犒金一两！据此，今人或许能够明白，沈万三为何能号称“江南首富”了。

沈万三是由躬耕起家，再通过经商致富的。明中期苏州人黄省曾《吴风录》记：“自沈万三秀好广辟田宅，富累金玉，沿至于今，竟以求富为务。”沈万三的父亲从湖州南浔镇迁居到长洲县东蔡村以后，辛勤耕作，充分开发了当地大片抛荒的肥沃田土。

由于经营得法，占田日广，沈家转为招集佃户、出租田地、雇佣长短工和发放高利贷的大地主，到沈万三兄弟主持家业时就已经拥有地跨数县的良田。传至沈达卿一辈时，沈家“产益广、资益饶”，有史籍称其田产多达数千顷。明人孔迩还记载沈万三很注重兴修水利，“万三有田近湖者，沿湖筑成石岸以障田”。

富起来的沈万三转而“通番”，将当地产的纺织品、瓷器等输往亚非各国，而回船进口大量的珍宝、香料和药材，一去一回从中赚取巨额差价。凭借这些有利条件，加上外贸能获得丰厚的利润，沈万三迅速致富并不奇怪。著名历史学家吴晗先生说：“苏州沈万三之所以发财，是由于作海外贸易。”这也可以与《吴江县志》相印证，“沈万三有宅在吴江二十九都周庄，富甲天下，相传由通番而得”。明史研究专家南京大学教授潘群认为，沈万三的财富积累在元代便已完成，他的财富起于“农”，而繁于“商”，是一个地道的大地主兼商人。

富有要靠勤劳的双手。“有”字上部的“又”即指人的手，手持肉，即为富有。这说明为人要踏踏实实、勤劳创业，终能拥有。财富不会从天而降，劳动创造财富。劳动创造了人，也是劳动创造了财富，唯有劳动，才是财富之源。勤劳是中华民族的传统美德，如今，在社会上，有些人追求“一夜暴富，速富快富”，因此，急功近利、投机取巧，结果往往是走邪道、害人害己。

《象》曰：“其德刚健而文明，应乎天而时行。”“时行”就是顺应自然规律，把握时机、季节，适时耕耘。因此，富有要靠勤劳的双手。俗语说：“勤劳一日，可得一夜安眠；勤劳一生，可得幸福长眠。”

有一对父子以经营果园为生。父亲天天早出晚归地给果树浇水施肥，待到秋天，果实都丰收了，老汉把所有的果实拿到集市上去卖，忙都忙不过来。因为有了老汉的照顾，果园欣欣向荣，日子过得还不错。可是儿子整天游手好闲，好吃懒做，无所事事，也不帮父亲干活。

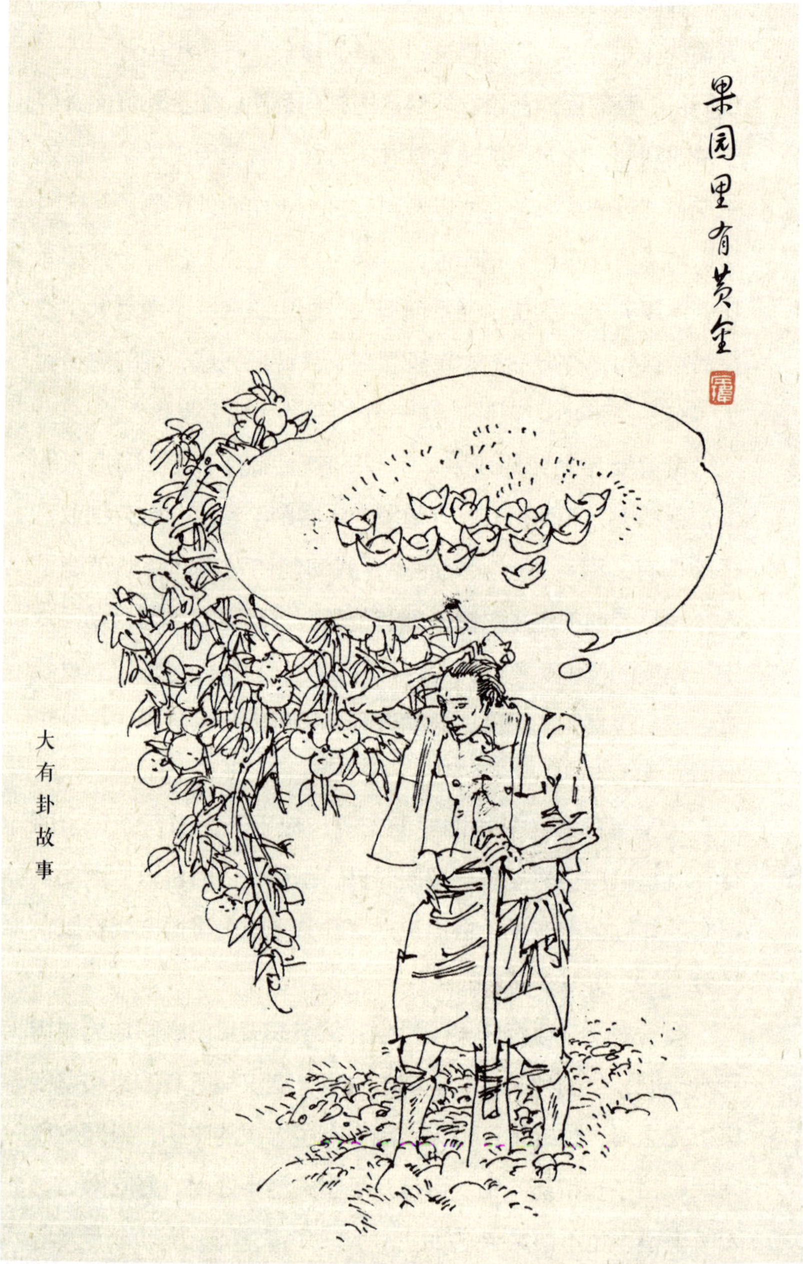

大有卦故事

有一天，父亲因为过度疲劳而病倒了。在父亲生病的时候，儿子偶尔才去果园浇一两次水，长此以往，果园渐渐变得死气沉沉，杂草丛生，树枝也黄蔫蔫地抬不起头来了。父亲弥留之际把儿子叫到身边说："儿子呀！我把遗产交给你，果园里有黄金。"说完，便咽气了。儿子悲痛欲绝，他把父亲埋葬好之后，赶紧抄起锄头，来到果园，开始"淘金"。他把果园翻了个底朝天，也没有找到黄金。儿子摇摇头，抹了抹头上的汗水，便又重新挖了起来，他挖呀挖，满头大汗，仍一无所获。儿子急了，气得把锄头扔在一旁，干脆坐了下来，抱怨道："果园里没有黄金，我的努力全都白费了，可恶！父亲在骗我。"

他既感到非常郁闷，又感到非常生气。转眼又到了秋天，再去果园，果园里的景象使他大吃一惊：果园里硕果累累。儿子才恍然大悟：父亲所说的"果园里有黄金"是为了让他给果园翻土。父亲所说的黄金，那就是指自己劳动的结果，富有要靠勤劳的双手去创造！

富有要靠天佑。有一个说法：大富靠天，小富靠勤；大富靠德，小富靠技。大有靠个人的努力，也靠时运和人的品德。"大有"的上九爻中说："自天佑之，吉无不利。"《象》曰："大有上吉，自天佑也。"孔子说："佑者，助也。天之所助者，顺也；人之所助者，信也。履信思乎顺，又以尚贤也，是以自天祐之，吉无不利也。"而从另一个角度看，给"有"加一个笼子就成了"囿"，意思是局限、拘泥。富有要崇尚"孚"，明辨"艰"，更要靠上天、命运的庇佑。因此，我们也不必将有无的得失看得太重。

《金刚经》说："一切有为法，如梦幻泡影，如露亦如电，应作如是观。""有为法"指因缘所产生的事物，与"无为法"相对。《老子》："天下万物生于有，有生于无。"在哲学体系中，"有"是最普遍的存在。有与无之间是可以相互转化的。如果不能摆脱束缚，以一颗虚妄的心去面对功名利禄，就会被万物羁绊，最终获得的也会远去。如果一无所有，可以从点滴做起，集腋成裘、聚沙成塔，靠着自己的努力，必然会从无到有，甚至获得更多。

古往今来，智者对有与无的看法，惊人的一致。《圣经》有云："生命，源于尘土，归于尘土。"虚实相生，有无相对。相传，苏格拉底的弟子曾怂恿老师去最新奇的市场转一转，最终，苏格拉底还是两手空空地归来。苏格拉底说道："现在我才知道这世上有太多我不需要的东西。"又如，曾经威震欧亚非三大洲的恺撒，在临死前对身边的侍者说："把我的双手放在棺材外面，让世人看清，伟大如我，死后也一样两手空空。"

人有贪欲很正常，但面对所得、所失，我们应该向智者学习，始终保持自己清醒的头脑，珍惜已有。

彖辞解读

《彖》曰：大有，柔得尊位大中，而上下应之，曰“大有”。其德刚健而文明，应乎天而时行，是以元亨。

译文 《彖传》说：所谓的“大有”，便是能够以柔和的方式获得尊崇、正大、中正的地位，而令在上与在下之人都愿意相应它。它的德行刚正强健、禀性光明，顺应上天的秩序，依时而行，因此能够通达顺利。

解读 这是盛赞丰盛、富有之美德。正确的财富积累，往往依靠一种柔和的方式，是具有“尊位大中”的正义之财。所以，真正富有的人，必然是一位刚健、文明之人，他遵循自然法则、社会公德、社会准则来做事，当然能够万事顺利。

当然，小有靠勤，中有靠德，大有靠天。要获得大有，除了自身的努力之外，也要顺应时势。

谦

兼听逊言，屈躬下物

唐朝天宝年间，由于安禄山造反，唐玄宗被迫逃亡到四川，途中军士要求处死杨贵妃，无奈唐玄宗只好赐死杨贵妃。在逃亡的路上，唐玄宗痛定思痛，为自己的前途占了一卦，得谦卦，他明白了“逊让”是自己唯一的出路。于是，他下诏退位，让儿子继位，主持大局，终于平定了“安史之乱”，确保了大唐江山。

卦名谦，形声字。《说文·言部》中说：“谦，敬也。从言，兼声。”事义为说话恭谨，不自满。“谦”表达对他人的恭敬之情。“谦”，古同“慊”“歉”。“谦（謙）”字左部的“言”，表示语言，跟人的言行有关。人际交往离不开语言，离不开表达和沟通。包容他人、谦逊待人，往往需要借助语言来表达。右部的“兼”是声旁，表示兼顾、兼容、包容。“言”“兼”为“谦”，表示说话办事要兼顾各方，考虑周全，留有余地，不能目中无人，不计后果。《玉篇》：“谦，逊让也。”意为谦虚、谦逊。

谦卦的卦画为䷎，上卦为坤，下卦为艮，艮象征山，坤象征地，地中有山，山体高大，但在地下，高能下，谦虚之象。卑下之中，蕴其崇高，屈躬下物，先人后己，这是谦虚的表现。谦虚地对人、做事，必然诸事顺利。

谦卦的卦辞：“谦。亨，君子有终。”意为谦逊、通达，君子有好的结果。

《象》曰：“地中有山，谦。君子以裒（póu）多益寡，称物平施。”意思是说，地里面有山存在，这就是谦卦。君子要减损多的，增益少的，衡量事物而公平给予施舍。

古人说“谦受益，满招损”，这个说法来源于《易经》的思想。《序卦传》说：“有大者不可以盈，故受之以《谦》。”上卦为大有卦，人们生活富裕了以后，容易滋长一种“炫富”的现象，极尽奢侈，其结果是坠落。为此，“大有”之后是“谦”卦。《易经》把“谦卦”作为吉卦：“谦谦君子，用涉大川，吉。”《易·系辞》：“谦也者，致恭以存其位者也。”“谦，德之柄也。”“谦”的特性是能容，作为品德来讲，则是德行忠厚。假如待人、待事、待物能做到谦虚，必然诸事顺利。谦逊对做人处世都很重要，关系到是否有和谐的人际关系，关系到个人学业、事业的进步。特别对于身居高位、有一定学问、有财富的人来说，更为重要。古代先贤把“谦”作为做人的美德之一。“谦”卦讲谦虚之道。

谦，符合天、地、神、人之道。《彖》曰：“谦，亨。天道下济而光明，地道卑而上行。天道亏盈而益谦，地道变盈而流谦，鬼神害盈而福谦，人道恶盈而好谦。”在这里《易经》讲述了天地、神人之道。谦的卦象是地山谦，赞美山的品性，虽高而能低，但卑下之中彰显其崇高。尊卑相对，自然世界天尊地卑，推而及之，人类社会君尊臣卑、父尊子卑、长尊幼卑，此处所言的“卑”并不是说卑鄙、卑微，而是指一种谦卑、谦让、尊敬的态度，是与“尊”相辅相成的。古代哲学讲求阴阳相融，处在浅位卑微的就是阴，尊位高位的就是阳。阳生阴长，阳杀阴藏，故天地有常，日月以明，星辰以列，禽兽有群，树木有立。君子懂得遵循这些规律行事，不违背事物的本性，才能不拘于外物。故谦之卦辞说：“谦。亨，君子有终。”

梅兰芳是我国现代著名的京剧艺术家。他在五十余年的舞台生活中，发展和提高了京剧旦角的演唱和表演艺术，形成一个具有独特风格的艺术流派，世称“梅派”，并先后培养、教授学生100多人。

中国戏剧在服装、道具、化装、表演上综合起来可以说是活动的水墨画，梅兰芳深知应该从绘画中吸取对戏剧有帮助的养料。于是他研习作画并向一些绘画名家求教，其中包括齐白石，而齐白石又非常喜爱梅兰芳的戏剧。他拜名为师，虚心求教，总是执弟子之礼，经常为白石老人磨墨铺纸，全不因为自己是著名演员而自傲。齐白石对梅兰芳而言是亦师亦友。梅兰芳将艺术和生活、兴趣糅合到了一起，让中国传统书画走进戏剧，扩展了艺术领域，同时将原有的艺术壁垒打破，开创出新的出路，并将这种新式事物传到了国外。

梅兰芳不仅拜画家为师，也拜普通人为师。在一大戏院演出京剧《杀惜》，演到精彩处，场内喝彩声不断。这时，从戏院里传来一位老人的喊声：“不好！不好！”梅兰芳循声望去，是一位衣着朴素的老人。戏一下场，梅兰芳来不及卸装更衣就用专车把这位老先生接到住地，待如上宾。他恭恭敬敬地对老人说：“说吾孬者，是吾师也。先生言我不好，必有高见，定请赐教，学生决心亡羊补牢。”老者见梅兰芳如此谦恭知礼，便认真指出：“惜姣上楼和下楼之台步，按梨园规定，应是上七下八，博士为何上八下八？”梅兰芳一听，恍然大悟，深感自己的疏漏，纳头便拜，称谢不已。以后每在此地演出，必请老者观看并请其指正，称他“老师”。

梅兰芳的谦虚大度，不仅使自己的艺术造诣更进一步，也使自己的德行操守胜人一筹，令人敬重。

谦，其品行是包容，善于兼听。“言”“兼”为“谦”，又表示“兼听众人之言”而集思广益，也就是说一个人为人处世要学会包容。所以《易经》“谦”卦象辞曰：“君子以裒多益寡，称物平施。”意思又是说，谦谦君子善于损有余而补不足，使万物之道公平自然。正所谓：“草木有情皆长养，乾坤无地不包容。”这是说大自然的包容。包容就是和谐，就是与万物同生长。

为政者职位越高，越要清醒，越是要懂得尊重老百姓，保持兼听谦逊的美德。只有这样，才会站在老百姓的立场设身处地地为群众办事，才会把群众的利益放在首位，才能得到群众的认可，路也才会走得更远。相反，假如目中无人，骄横跋扈，就会独断专行，脱离群众，落得一个孤家寡人的下场。

《战国策·齐策一》记载了战国时期齐国谋士邹忌劝说齐威王纳谏，使之广开言路、改良政治的故事。

邹忌身材修长，仪表堂堂，照着镜子颇为自得。他先后问妻子、侍妾和客人，自己和齐国有名的美男子徐公相比谁更“美”。妻、妾和客异口同声地认为他比徐公美。邹忌亲自见到徐公后才知道，自己远不如徐公美。妻、妾和客显然由于各自特殊的原因，没有对邹忌说实话。邹忌想到齐王的处境其实如自己一样，于是入朝向齐王进谏。

邹忌向齐王讲自己的切身体会，用类比推理、推己及人的方式讲出“王之蔽甚矣”。他先叙述了妻、妾、客蒙蔽自己的原因，再从自己的生活小事推及治国大事，说明齐王处于最有权势的地位，因而所受的蒙蔽也最深。

齐王虚心接受了邹忌的谏言，立即发布政令，悬赏求谏，广开言路，对于关心国事、积极进谏者，分不同情况给予奖赏。

齐王纳谏之后，齐国果然发生了可喜的变化。政令刚下达

谦卦故事

的时候，进谏的人“门庭若市”，说明在此以前，齐国确实有许多积弊。几个月之后，“时时而间进”，进谏的人明显减少了，说明最初的进谏已经取得了预期的效果，齐威王已经根据人们的意见，改革了弊政。一年后，“虽欲言，无可进者”，即使想进谏领赏，对齐国的政治已挑不出什么毛病了，说明齐威王已完全纠正了缺点和错误，齐国政治清明。

齐威王善于纳谏除弊，从而使齐国国势强盛，威震诸侯。“燕、赵、韩、魏闻之，皆朝于齐。”为君者广泛地听取多方意见，兴利除弊，修明政治，国力自然强盛，无需动用武力，自然就能征服他国，这就是所谓的“战胜于朝廷”。

谦，表现为谦逊礼让。“谦”，音通歉。“歉”往往表达内心的愧疚之情。“谦”卦象辞中说：“谦谦君子，卑以自牧也。”真正的谦谦君子必定将自己放在一个很低的姿态，出口必定言辞恭敬，做事必定小心谨慎，善于自我反省。一个人如果言行恭敬谦虚，常怀歉意，主动谦让，那他一定是一个善于自我反省、时刻追求进步的人。《系辞上》中说：“劳而不伐，有功而不德，厚之至也，语以其功下人者也。”这就是说有功而不自夸，不自以为有德，宽厚之至。那些有功却不居、甘居下位的人，就是谦的表现。希腊哲学家苏格拉底说过：“谦虚是藏在土中甜美的根，所有崇高的美德都由此发芽生长。”真正谦虚的人，从来不把自己提上很高的位置，从不向别人夸耀自己的功绩，由此，派生了内敛、进取、好学的美德。

新加坡国父李光耀卸位后依然受到国人的拥戴，可李光耀却从不自认高人一等，更不趾高气扬。无论是出席会议和参加活动，或是私下聚会，他都比继任者吴作栋先到，对吴作栋以礼相待。而吴作栋尊他为导师，对他说：“您是长辈，又是我的导师，在非正式的场合，无须跟我拘礼。”李光耀却说：“任何时候遵守礼仪都很重要，否则其他人可能因此误解我不尊重你这位总理，并且可能会跟着我这么做。我现在和所有退休的国民一样，不应该享受国家法律规定以外的任何权利，更不能有丝毫高于他人的思想和意识。”

谦虚把自己的身段放低，其实在他人看来形象更为高大。谦虚就像一个容器，内心谦虚，容量就大；内心骄傲，容量就小。越是伟大的人，说话越会把自己放低。当吴作栋主动提出不让李光耀拘礼时，李光耀却强调遵守礼仪的重要性。他考虑的是有人会效仿他，有损吴作栋的威望。

曼德拉说：“创造和平的人不仅诚实、正直，更重要的是他们谦逊。”谦逊本身就包含着对他人的尊敬和褒奖。无论你在别人面前，处于怎样的地位，保持谦逊，同样也能赢得别人的尊敬。所以，尊者话低，反过来，话低也能在他人心目中成为“尊者”。

谦，见之于人的语言。“谦”从言，语言是沟通人与人之间情感的桥梁。一个谦虚的人，其语言是平和内敛的，甚至是卑下的。中国古代的许多谦词表现了崇礼尚谦的精神品格，如谦称自己的作品为“拙作”，儿子为“犬子”，家宅为“寒舍”；女性自称为“贱妾”“奴家”；出家人自谦为“贫僧”“小尼”等。谦虚的人语言往往委婉、恭敬、谦卑。可惜，当下许多人已经不愿意或不会有谦称，其修养与“谦”字相去甚远。

彖辞解读

《彖》曰：谦，亨。天道下济而光明，地道卑而上行。天道亏盈而益谦，地道变盈而流谦，鬼神害盈而福谦，人道恶盈而好谦。谦尊而光，卑而不可逾，君子之终也。

译文 《彖传》说："谦"，表示亨通。天道的法则是向下周济万物，光明普照天下；地道的法则是位处卑下而地气向上运行。天的法则是减损盈满者，增益谦虚者；地的法则是改变盈满者，充实谦虚者。鬼神的法则是祸害盈满者，施福谦虚者；人类的法则是憎恶盈满者，喜欢谦虚者。谦虚者若位居尊贵，他的道德更显光明；即使位居卑下，他的道德也不可超越，谦虚会为他带来终生的福报。

解读 《彖》辞，把"谦"放到天道、地道、神道和人道的高度去看待。天道是使满盈有余者亏损而增益不足，故日行而有四时，月行而有圆缺。地道改变满盈而补充谦逊低下，故水流润下，使人无不平之叹。鬼神损满盈之众而降福谦逊虚心之人。人的本性是憎恶骄傲自满的，而喜欢谦逊有礼。物极必反，月满则亏，水满则溢，物壮则老，任何事物的发展走到了极点，必然走到它的反面，盛极而衰。因此，世间万物只有保持中正平和之态才会具备"谦"的品德。只要时刻保持谦虚的美德，便终能收获吉祥与美好。

豫

怡然快乐，居安思危

三国时期，在蜀国南部，以孟获为首的南蛮造反，南中大乱，这给一心征讨曹魏的诸葛亮带来了很大的困扰。公元225年，蜀汉丞相诸葛亮辅佐后主稳定朝中之事后，决定亲率三路大军，讨伐南中。出征之前，诸葛亮为此事卜了一卦，得“雷地豫”卦，诸葛亮便知此次征讨，必能成功。

蜀军在锦带山小路设伏，打败了南蛮，生擒了孟获。诸葛亮听从了马谡的建议，攻心为上，要打得他们心服口服，不敢造次。于是，便把不服气的孟获放了。

后来，诸葛亮又多次打败南蛮军，生擒孟获，又多次放走了他。经过“七擒七纵”，孟获最终对诸葛亮心服口服，与他的兄弟、妻子和众多党人一起，跪倒在诸葛亮帐下，肉袒谢罪，再也没有谋反之心。蜀国从此平定南中，再无后顾之忧。

卦名豫，形声字。从象，予声。《说文·象部》中说：

"豫，象之大者。"即体型庞大的大象。大象的特点是走路缓慢一副悠闲自得的样子。豫的引申义为怡乐。《尔雅》中说："豫，乐也。" 汉代郑玄注曰："豫，喜豫说乐之貌也。"因此，豫首先是指欢喜、快乐，也指安闲、舒适，如：忧劳兴国，逸豫亡身。豫也指备豫，系有豫备，见微知著。

"豫"亦有表示地理位置。古代九州之一豫州，其地大致包括今河南省和湖北省北部。今河南省的简称"豫"，也是因古为豫州地而得名。

"豫"卦的卦画是䷏，下卦为"坤"，上卦为"震"，"坤"为地，为顺；"震"为雷，为动，为雷地卦。雷生于地，预示着春天的来临，大地震动，春意盎然，喜悦愉快。豫卦象征愉快、欢乐、喜悦。《序卦传》说："有大而能谦，必豫，故受之以《豫》。"此卦与"谦"卦互为综卦，交互作用。假如大有收获，又能以谦虚之德自居，必然可以尽享喜悦和娱乐。所以谦卦之后为豫卦。

"豫"卦的卦辞为："豫。利建侯行师。"意谓利于建立诸侯国和出兵征伐。

《象》曰："雷出地奋，豫。"雷电震动大地，令人振奋，使人喜悦。我们知道，雷电是大自然中云层互相摩擦产生的声影现象。"春雷隐隐"，雷往往依时出，在大地回春之时到来。这种因顺而动的品质，也往往令人赞许。春天来临，大地震动。春雷的到来，也预示着春雨即将降临，能滋润大地，为春天的种子带来生机。对于靠天为生的中国传统农耕社会来讲，这是一件值得高兴的事情。因此，春雷隐隐的动静，也带来了人心的愉悦。"豫"卦讲的是欢怡之道。

豫是心中和悦之态。"豫"字从"象"，《说文解字》认为它表示"象之大者"，大型的成年象，便称为"豫"。大象是一种体型巨大、性情温和而聪明的动物，深受中国人的喜爱。在中国传统文化里，"象"与"祥"字谐音，故象被赋予了更多吉祥的寓意，如以象驮宝瓶的形象，象征着"太平有象”；以象驮插戟宝瓶象征“太平吉祥”。傣族人民历来把大象看成是吉祥、力量象征。传统佛教赋予了大象神圣、庄重、智慧的精神内涵。大象行动缓慢，而步履沉稳，这种悠然自得的状态，正合于“豫”字对喜悦、愉快的心理状态的表现。心中和悦之态，是一种非常高的精神境界。

孔子曾经问子路、曾皙、冉有、公西华四位弟子：“如果有人愿意重用你们，那么你们将怎么办呢？”有的说要把国家治理得人人有勇气，有的说要使百姓富足，有的想去宗庙里做个赞礼官。只有曾皙在一旁安然地弹着瑟。

孔子便问他：“曾点，你怎么样？”曾皙弹瑟的声音渐渐稀疏，铿的一声，把瑟放下，站了起来，回答说：“我的志向和大家不同。”孔子说：“那又何妨，各言其志而已。”曾点说：暮春三月，春天的衣服已穿上了。携同五六个成年人，六七个小孩，在沂水中洗洗澡，在舞雩台上吹吹风，然后一起唱着歌儿，一起走回来。孔子听了，长叹一声道：“我与曾点想的一样啊！”

师生谈话，曾皙鼓瑟，说明师生关系融洽，是孔门礼乐之教的优雅环境，同时又表现了曾皙的潇洒超脱。正当各位同窗高谈阔论时，他悠然自得地一边鼓瑟，一边聆听。他鼓瑟时声情俱茂，舒缓的动作表现了他恬淡宁静的心态已臻化境的精神状态。这同他所追求的理想境界是完全合拍的。

这里，曾皙所描述的似乎是一个平平淡淡、渺渺小小的境界。但这也是太平社会之缩影和快乐人生的境界，体现了儒家礼乐治国的理想。曾皙的一番话，展现了天理流行、天人合一之气象，是“舍之则藏”、独善其身的隐逸思想。孔子所赞同的，正是曾皙这种和悦泰然的精神境界。

豫是把给予当作最大的快乐。“豫”字的左部是“予”，既是声旁，也有一定的文化内涵，我们可以将它理解为“给予”。给予，强调的是一种奉献精神，无论给予他人物质，或是给予别人精神上的帮助，不仅能够惠及他人，而且也能给自己带来心灵上的愉悦。

“豫”卦九四爻中说：“由豫，大有得；勿疑，朋盍簪。”意思是说，顺从安闲，很有收益；不用怀疑，朋友何不插戴一朵花。这句话非常形象地赞美了奉献的价值。给予他人，要求自己有一个豁达、安闲、自在的心境，愿意付出、愿意奉献，这样才能真正地惠及朋友，真正令自己开心愉悦。

在中国辽阔的土地上，有一个永远熠熠生辉的名字——雷锋。这位共产主义战士，年仅22岁便因公殉职，但他的精神影响了后来一代又一代的中国人。他以助人为快乐之本，毫不利己，不求回报，是人们完善人格、净化灵魂的楷模。

从1961年开始，雷锋经常应邀去外地作报告，他出差的机会多了，为人民服务的机会也就多了。人们流传着这样一句话：“雷锋出差一千里，好事做了一火车。”

有一次，雷锋外出，在沈阳车站换车。出检票口的时候，他发现一群人围着一个背着小孩儿的中年妇女。原来这名妇女从辽宁去吉林看丈夫，一不小心把车票和钱都丢了 ，雷锋连忙用自己的津贴费买了一张去吉林的火车票塞到大嫂手里，大嫂眼含热泪地问：“小兄弟，你叫什么名字？住哪儿的？是哪个单位的？”雷锋微笑着回答道：“我叫解放军，家就住在中国。”

5月的一天，雷锋冒雨去沈阳。他为了赶早车，早晨5点多就起来，带了几个干馒头就披上雨衣上路了。路上，雷锋看见一位妇女背着一个小孩，手还牵着一个小女孩，正艰难地向车站走去。雷锋想都没想，脱下身上的雨衣就披在大嫂身上，又抱起小女孩陪她们一起来到车站。上车后，雷锋见小女孩冷得直发抖，就把自己的贴身衬衣脱下来给她穿上。雷锋估计她们早饭没吃，就把自己带的馒头给她们吃。火车到了沈阳，天还在下雨，雷锋便把她们送到家里。那位妇女感激地说：“同志，我可怎么感谢你呀！”雷锋微笑着说 ：“不要感谢我，应该感谢党和毛主席啊！”

帮助他人，就是快乐自己。那张永远年轻、微笑着的面孔，永远留在千万人的心中。

豫是预备在先。“豫”字的左部“予”，即预备、准备之意。正所谓“凡事预则立，不预则废”。不论做什么事，事先有准备，就能得到成功，不然就会失败。“豫”的卦辞说：“利建侯行师。”《九家易》中解释说：“王者盛衰，亦有迭更，犹武王承乱，而应天地。建侯行师，奉辞除害，民得豫说，君得安乐也。”这便是一件需要充足准备的大事，如果没有事先准备，而妄行征伐，就会给国家、社会带来灾难，当然谈不上快乐愉悦的生活了。《系辞传》中说：“危者，安其位者也；亡者，保其存者也；乱者，有其治者也。是故，君子安而不忘危，存而不忘亡，治而不忘乱；是以身安而国家可保也。”逸豫必然亡身。历史上有许多教训，都值得我们借鉴。

传说秦朝末年，楚汉相争。有一次，韩信率领1500名将士与楚国大将李锋交战。经过一场激烈的苦战，楚军不敌，败退回营。汉军也死伤四五百人，于是韩信整顿兵马也返回大本营。

当行至一山坡，忽有后军来报，说有楚军骑兵追来。只见远方尘土飞扬，杀声震天。汉军本来已经十分疲惫，这时队伍大哗，士兵们慌了。韩信临危不乱，立即策马到坡顶察看，见来敌不足五百骑，便急速点兵迎敌。他命令士兵3人一排，结果多出2名；接着命令士兵5人一排，结果多出3名；他又命令士兵7人一排，结果又多出2名。韩信马上向将士们宣布：我军有1073名勇士，敌人不足500人，我们居高临下，以众击寡，一定能打败敌人。汉军本来就信服自己的统帅，这一来更认为韩信是“神仙下凡”“神机妙算”。于是士气大振。一时间旌旗摇动，鼓声喧天，汉军步步逼近，楚军乱作一团。交战不久，楚军大败而逃。

韩信如果对于战场上可能出现的情况完全没有准备，那敌军的突然回击势必会让汉军手足无措，交战结果可能就完全不同了。

《礼记·中庸》有言：“凡事预则立，不预则废。” 意为不论做什么事，事先有准备，就能得到成功，不然就会失败。韩信正是凭借其杰出的军事领导能力和冷静机智、随机应变的头脑，为汉王赢得新的胜利。刘邦也曾大加赞扬韩信：“连百万之军，战必胜，攻必取，吾不如韩信！”

彖辞解读

《彖》曰：豫，刚应而志行，顺以动，豫。豫，顺以动，故天地如之，而况建侯行师乎？天地以顺动，故日月不过，而四时不忒。圣人以顺动，则刑罚清而民服，豫之时义大矣哉！

译文 《彖传》说："豫"卦，刚健之气相应，而有志于行，顺势而动，所以能够愉悦快乐。"豫"卦顺应天地之气而动，所以天地的运动也与它一致，更何况是建立诸侯国和出兵打仗呢？天地因顺而动，所以日、月升沉有序，而春夏秋冬四季变化有常。圣贤之人因顺而动，则刑罚分明，老百姓信服于他。"豫"卦所表现的顺应时序的意义真大啊！

解读 "豫"卦主要强调了一个"顺"字，顺应天地之道，顺应自然之理，顺应万物之法、顺应历史时势，顺应万民人心。正因如此，"豫"卦有非常大的"时义"——对当世的政治管理者有非常大的指导价值。民心顺则国家顺，天地顺则百姓欢愉，社会和谐。"顺"，是一种现实主义的态度，也是为官治国取得成功的一条重要原则。顺天应地，顺应规律，则无往而不胜。

随

随天随心，顺其自然

孙膑是战国时期著名的军事家。孙膑曾被他的同窗庞涓迫害，遭受膑刑，即挖掉了膝盖骨，所以被称为“孙膑”。他身体残疾，不为重用，后来在齐国使者的帮助下投奔齐国；最终被齐威王任命为军师，辅佐齐国大将田忌两次击败庞涓，取得了桂陵之战、马陵之战两次历史著名战役的胜利，奠定了齐国的霸业。

传说孙膑曾率军攻打魏国，他事先为此卜了一卦，卜得“泽雷随”卦，他因此便知道，自己一定能够取得胜利。果然，孙膑最终凭借自己的军事智慧打败了魏军。

卦名随，形声字。《说文·辵部》中说：“随，从也。”本义为跟从、随和、随从。清代段玉裁解释说：“行可委曲从迹，谓之委随。”《广雅》说：“随，顺也。”“随”亦引申为依顺、依从之义，指听任某人自愿去走、去做。唐代韩愈有句名言：“行成于思，毁于随。”学问由于独立、反复思考而成功，也往往由于人云亦云而失败。

“随”卦的卦画是䷐，“随”卦的上卦是“兑”卦，代表悦，下卦是“震”卦，代表雷，为“泽雷卦”。关于“随”卦，汉代的郑玄解释说：“震，动也。兑，说也。内动之以德，外说之以言，则天下之人咸慕其行而随从之，故谓之‘随’也。”震，是外在的行为动态；兑，表示内在的愉悦心理。内外和谐，刚来而下柔，便是一种随和自然的状态。随，象征着随从、随和之象。能虚心随和他人，他人也会随和自己，这样，相互随和就能通顺畅达。

“随”卦的卦辞说：“随。元、亨、利、贞，无咎。”意谓“随”卦象征随从、随和。如果随从、随和，便能始终亨通，和谐有利。固守正道，没有任何危险。

《象》曰：“泽中有雷，随；君子以向晦入宴息。”随卦的卦象是震（雷）下兑（泽）上，为泽中有雷之象。泽中有雷声，泽随从雷声而震动，这便象征随从。君子行事要遵从天时。白天出外辛劳工作，夜晚就回家睡觉安息。

古语说：“独乐乐，不如众乐乐。”例如你能给人们带来欢乐，人们必然跟随、顺从。所以《序卦传》说：“豫必有随，故受之以《随》。”愉悦必然有人随从。随，包括随时、随事、随人、随缘、随天、随心等，它的实质便是从善。不论对人对事都应择善相从，向善者、贤者学习。假如个人利益与大众的利益相冲突，有时必须舍弃个人的私见、私利，才能维系安和乐利的社会。因而，不可固执己见，应当以群体的利益为依归，才能精诚团结，达到安和乐利的目标。正如“随”的卦辞所说：“元亨利贞，无咎。”这一卦是讲随顺之道。

关于“随”，在这里主要讲关键的“三随”。

一是随天。“随”字的左部是“阝”，即“阜”，象山崖边的石磴形，用以表示地势或升降等意义。“随”字从“阝”，说明此字与山坡、土坡之义有关，既表示山水之间复杂多变的环境，也可以寓意天道、自然之规律。人类必须随从自然规律而生活。

《易经》非常重视“时”的概念，共有11卦论及。程颐说：“豫、遁、姤、旅，言时义；坎、睽、蹇，言时用；颐、大过、解、革，言时，各以其大者也。”其实，“随”卦更讲“时”。《彖辞》中说：“随时之义大矣哉！”为什么这么说呢？今天我们用“随时”一词表示不论何时的状态，而在文言中，它亦表示顺应时代的情势。三国时期的经学家虞翻解释说：“四时位正，时行则行，故‘天下随时’矣。”人类与自然和谐相处，体现了一种科学发展观与先进的社会价值观。

二十四节气，是千百年来我国劳动人民通过实践活动创造出的历史产物，也是我国古代气象学和天文学的伟大成就。自然界气象、物候的变化在二十四节气中直接反映出来，为农事活动提供了科学依据。

根据中医理论，人与自然界是天人相应、“形神合一”的整体，人类机体的变化、疾病的发生与二十四节气同样紧密相连。从养生的角度来分析，二十四节气影响着人们的日常行为活动，是百姓的养生条件。二十四节气通过人与自然结合的角度来帮助人体内部的阴阳调节活动，影响人的生理和心理的自身转换。因此养生学家认为，我们应通过季节变化的要求来进行养生保健活动，在春分、夏至、秋分、冬至各个时节选择不同的食物和出行方式来满足身体内在的需求，让身体随着时节的变化而发生改变，做到人与大自然合一的养生境界。

节气的变化对人体自身变化具有非常重要的意义，主要通过生理和心理两部分来实现对自身的调节。人体在一年四季中都表现出不同的体质反应，节气的变化会改善人体对食物和自身的心理需求。节气养身理念传达出人与自然和谐统一的观念，遵循二十四个节气的变化规律，从起居、运动、饮食等多方面角度来指导人的日常行为活动。随天——随从自然规律而生活，让身心更加健康发展。

二是随人。“随”字从“辵”，《说文解字》解释说：“乍行乍止也。从彳从止。”即“走”，表示忽走忽停，步履踌躇的样子。跟从，也是一门学问。“随”卦的爻辞中便有“系小子，失丈夫”和“系丈夫，失小子”的不同情况，随，是有得有失。随必须有正确的选择，阳随阴、阴随阳，刚随柔、柔随刚，动随静、静随动，双方必须相互默契，才能随顺。选择随“小子”会失“丈夫”，随“丈夫”则“失小子”。正确的选择是“系丈夫，失小子”，故“随有求得”，即所求必得。跟随什么人走，走什么样的路子，都会带来迥异的结果。

“随”卦初九爻辞说：“官有渝，贞吉；出门交有功。”“官”字有三种解释：一是官同馆；二是指官吏；三是指“五官”，说的是感官，引申为观念、思想。“官有渝”指思想理念发生改变，按照阴随阳、阳随阴的常理，走出家门主动与人交往，会吉祥并“有功”。这是“随”卦第一爻的爻辞，表示主方积极主动地谋取和扩大自己的利益，强调要适应形势而随之变化，并且要坚持变化。特别是在政治活动中，要善于用灵活变化的策略对外交往，才有可能取得成功。小至日常生活，大至社会人际关系、政治方略等，都需要注重行走的艺术。我们只有跟随正确的人做正确的事，就会通畅顺达。

三是随心。“随”字中的“有”，表示一种收获、收益，这说明正确地“随”行，往往能够达到“有”，带来富足。当然，“随”卦九四爻中也说：“随有获，贞凶。”跟随有收获，坚持不变，则有凶险。如果我们在追求利益价值的过程中，一味跟随别人，钻营取利，贪心不足，则容易让自己陷入一个危险的境地。

真正的利益与富足，并非仅仅指物质上的丰厚条件，也表示精神上的满足，这是一种符合自己心愿的绝佳状态。随卦九四爻中也说：“有孚在道，以明，何咎。”如果君子有诚信，合乎情理，以此明确行动，相随而行，那又会有什么罪过呢？由此可见，“随”要求我们在行动时，要听从内心良知的召唤，做到不忘初心。

成语“随心所欲”，便展示了古代圣贤一种极高的精神境界。《论语》中，孔子曾经向大家讲述了他进学的不同阶段：“吾十有五而志于学，三十而立，四十而不惑，五十而知天命，六十而耳顺，七十而从心所欲，不逾矩。”孔子意谓自己到七十岁时，能够随心所欲，不需考虑外在的约束，而又无不符合规矩法度。这是孔子进学的最高境界。

对此，钱穆先生解释，孔子一生不断地修炼自己，至于年长之时，自己的内心已经达到了一种自由之极致。“与外界所当然之一切法度规矩自然相洽，学问至此境界，即己心，即道义，内外合一，我之所为，莫非天命之极则矣。天无所用心而无不是，天不受任何约束而为一切之准绳，圣人之学，到此境界，斯其人格之崇高伟大拟于天，而其学亦无可再进矣。”这精彩的论述，可以说是对孔子学问境界的深刻把握。

中国的学问，就是心的学问。儒家所谓诚意、正心、格物、致知、修身、齐家、治国、平天下，功夫自诚其意，自正其心开始。孔子周游列国，始终不为重用，他不曾放弃，始终坚定自己的信念与理想，在乱世之中，更见这位儒家先师温暖的人文情怀和崇高的精神境界！在孔子身上，我们看到了一种“不忘初心”的精神魅力。

彖辞解读

《彖》曰：随，刚来而下柔，动而说，随。大亨，贞无咎，而天下随时。随时之义大矣哉！

译文 《彖传》说："随"，阳刚来而居阴柔之下，外在运动而内在喜悦，所以称"随"。大道通顺而得正无咎，天下万物皆随天地自然之时而变化。"随时"一词所蕴含的意义真是太大了！

解读 所谓的"随"，是内外相随，是外在与内在互相协调的结果，这体现了一种传统的美学观——"文质相宜"，既要有外在的文采，更要追求内在的道德品质，故孔子曰："文质彬彬，然后君子。"天地自然的变化，也往往是内在与外在联合作用的结果。因此，无论是随天、随人，还是随心，皆是一种舒适的、自然的美好状态。

蛊

去掉毒虫，惩弊治乱

春秋时期，秦国有一个善于相马的人，人称伯乐。有一次，伯乐路过虞坂，看见一匹骨瘦如柴的老马，拉着一大车盐巴向太行山走去。它吃力地行走着，蹄子全磨破了，嘴里流出的口水滴在地面的尘土里。伯乐连忙跳下车来，脱下自己身上穿的麻布衣袍盖在马的身上。原来，这竟是一匹千里马，而乡里村夫却全不认识。这匹马遇到了知音，低下头依偎在伯乐的胸前，又仰起头来放声嘶鸣，声音洪亮，直冲云天。

伯乐还非常善于治疗病马，一些得了重病的马，在他的回春妙手之下，也重新恢复活力。但是有一次，一匹千里马生病了，伯乐多方救治，却始终得不到好转。伯乐为此占了一卦，得“山风蛊”卦。伯乐因此伤心欲绝，道：“蛊（蠱），是三虫同器皿，看来这匹马是没得救了。”果然，这匹千里马最终病死了。

卦名蛊，会意字。“蛊”的繁体字“蠱”，上面是三个虫字，下面是器皿的皿，指的是把三只虫放在同一个器皿里，让他们互相攻击，最后能够存活的必是那只最强的虫。《说文解字》中说：“蛊，腹中虫也。”“蛊”是指腹中长了寄生虫，肚子有虫，必给人身体造成伤害，不但可以迷乱人的心志，还会使人死亡。后来，“蛊”引申为与诅咒、祈祷鬼神等迷信有关的事，如“蛊气”“蛊祝”等，也指神智惑乱的疾病。蛊不但有寄生、腐败的含义，也有诱惑、迷乱、淫邪的含义。《左传·昭公元年》：“赵孟曰：‘何谓蛊？’对曰：‘淫溺惑乱之所生也。”蛊，即指荒淫、昏乱、疑惑不决的行为、性格等。

“蛊”卦的卦画是䷑，是山风卦。上卦为艮，下卦为巽。艮为山，巽为风，山下有风，风遇山而回，则万物散乱，为有事之象。流言蜚语往往像风一样传播，蛊惑人心，足见蛊的可怕。物既惑乱，需当治理。故“蛊”卦象征惩弊治乱，有革新之意。

卦辞曰：“蛊。元亨，利涉大川；先甲三日，后甲三日。”意思是说，很顺利，有利于涉越大河大川；甲是开始，此前三日要除旧，此后三日要布新。往前开始了前进三天，再往后开始后退三天。这是一种处于被“蛊惑”的状态，犹豫不决，小心谨慎，反复探索，既要有坚定的态度，也要灵活行动。

《象》曰：“山下有风，蛊；君子以振民育德。”“蛊”卦的上卦为“艮”卦，表示山，是刚强威猛的象征；下卦为“巽”卦，表示风，是轻柔温和的象征。风行山止，打旋而邪，盛极而衰，君子由此领悟，要振作百姓，教化美德。

前面从同人卦开始到随卦，讲的都是和平富足的社会现象。特别是到了随卦，众望所归，社会更加富足。但是，正是由于富足，人们开始不思进取，追求享乐，于是便出现了腐败和淫邪。这种现象是逐渐形成的，人们毫无知觉，但危害极大，就像蛊虫一样毒害人。《序卦传》说："以喜随人者必有事，故受之以《蛊》。"意为愉悦而随从别人，会形成某些弊端。为此，随卦之后是蛊卦。"蛊"卦讲的正是拯弊治乱之道。"蛊"卦表示积弊已久，必须防患于未然，才有利于涉大江大川，顺应时事之变化，才可天下大治。

蛊具有潜伏性和隐蔽性。"蛊"字从"虫"，这是一种腹中的小虫。但是，我们却千万不可小看这些小虫，而忽略了它们的危害。有些人在身体受到害虫侵害时，看起来依然是健康无碍的，但如机器使用一样，被不断地消耗、劳损，最终延误了疾病治疗时机，而终身抱憾。《杂卦传》说："《随》，无故也。《蛊》，则饬也。"蛊会带来弊端，必须加以革除。

一个人是如此，一个社会更是如此。在和平稳定的社会之中，也往往存在着一些不健康、不稳定的因素。即使我们身处于太平盛世中，也要看到隐患已经存在。

李自成是明朝末年农民起义的领袖，勇猛有识略。荥阳大会时，他提出分兵定向、四路攻战的方案，受到各部首领的赞同。当时中原灾荒严重，社会阶级矛盾极度尖锐，李岩提出"均田免赋"等口号，获得广大人民的欢迎，部队发展到鼎盛时期有百万之众，成为起义军中的主力军，管辖的地区也有数千里。1643年，他在襄阳称新顺王，并在河南汝州歼灭明陕西总督孙传庭的主力，旋乘胜进占西安。次年正月，建立大顺政权，年号永昌。不久攻克北京，推翻明王朝。

攻入北京后，闯王李自成以为天下已定，大功告成。那些农民出身的新官僚把起义时打天下的叱咤风云的气魄丢失殆尽，只图在北京城中享受安乐，"日日过年"。李自成想早日称帝，牛金星想当太平宰相，诸将想营造府第，各有所图，丝毫没有意识到欢乐背后存在的隐患。

虽然李自成手下有着百万雄兵，但是没有一个稳定的后方来支持这百万大军的供给调度。大军所有粮草都靠沿途抢劫，这样的军队和土匪有什么不同！另外，李自成建立大顺政权以后，也没有将西安城当成自己的根据地来建设，反而在西安城内进行大规模的破坏。对于李自成的军队，很多民众都以流寇称之。失去百姓支持的军队，迟早要走上覆灭的道路。再加上用人不当，当清兵入关，明朝武装卷土重来时，拥有百万雄兵的李自成，面对只有10余万的清吴联军竟一败不可收拾。李自成的失败告诉我们，即使在太平盛世中，也要注意隐患已经存在。

蛊具有欺骗性和危害性。“蛊”通“痼”，即痼疾，是一种病。这种病，不仅是指身体上的、生理上的病，而且是心理上的、精神上的痼疾。我们知道，“蛊”是寄生的、腐败的，而且不易察觉，它往往采用的是名誉、钱财、淫邪等诱惑、迷惑的手段，极具诱惑力，切中人性的要害，往往容易使人上当、受害。它具有很大的欺骗性和危害性，值得我们警醒。

妲己是有苏氏诸侯的女儿，世称“苏妲己”。据史书记载，公元前1047年，商纣王发动大军，攻击有苏部落。有苏部落抵挡不住强大的商军进攻，不得已选择屈膝，献出牛羊、马匹及美女妲己。妲己深得纣王喜爱，很快被立为王后。纣王沉迷于妲己的美色，疏于朝政，对她言听计从，甚至到了“妲己之所誉贵之，妲己之所憎诛之”的地步。

根据正史记载，妲己以美色获得纣王的专宠，纣王不但投妲己所好，作“新淫之声、北鄙之舞、靡靡之乐”，还搜括百姓钱财，修建鹿台，里面置满奇珍宝物。同时，“积糟为丘，流酒为池，悬肉为林，使人裸形相逐其间，彻夜长饮”，欢嬉达旦。因为纣王的另一个儿子武庚并非妲己所生，所以对其逼迫排挤，又诬陷太子殷郊与七十二个宫女狼狈为奸，使纣王即令侍卫锤死殷郊。最后因梅伯劝导，才没有杀死太子殷郊，而改为流放。

酒池肉林乃纣王为博她欢颜而创，每宴饮者多至三千人，令男女裸体追逐其间。九侯有一位女儿因颇有姿色应召入宫，深得纣王喜爱，引起妲己的嫉妒。九侯的女儿因看不惯妲己的狠毒及纣王的残暴被杀，九侯也遭“醢刑”，被剁成肉酱分给诸侯。《史记》：“（九侯）为三公。九侯有好女，入之纣。九侯女不喜淫，纣怒，杀之，而醢九侯。鄂侯争之强，辨之疾，并脯鄂侯。西伯昌闻之，窃叹。崇侯虎知之，以告纣，纣囚西伯羑里。”大臣比干在纣王面前谏曰：“不修先生之典法，而用妇言，祸至无日。”她怂恿纣王，残酷将比干剖心以致死。纣王残忍无道、祸国殃民，激起人民的反抗。周武王乘机发动诸侯伐纣，在牧野之战，一举灭商。纣王逃到鹿台自焚，妲己也被杀。

治蛊之策，是标本兼治，既态度积极，又方法得当。我们常常说“治标先治本”。《易经》的“蛊”卦，便描绘了一个不断拯弊治乱的过程。例如，初六爻曰：“干父之蛊，有子考，无咎，厉终吉。”意谓匡正父亲留下的积弊。力挽父辈或前任的过失，不指责他们的过失，不抹杀他们的功劳，即使有些灾难，终会避开灾祸，获得吉祥。又如：“干母之蛊，不可贞。”意谓匡正母辈的过失，治理家事，只可用柔承的方法，否则会伤害亲情。

《易经》“蛊”卦中的许多关于“干父之蛊”“干母之蛊”，经学家虞翻解释说：“干，正。蛊，事也。”这便是一个治蛊的过程、一个匡正错误的过程。它最终铲除了蛊毒滋生的土壤，同时，也要讲究方法、方式、如“用誉”“高尚其事”，这样才能顺利地进行。

很久以前的一天，枭遇到了鸠，鸠曰：“子将安之？”枭曰：“我将东移。”鸠曰：“何故？”枭曰：“乡人皆恶我鸣。”鸠曰：“可矣；不能更鸣，东徙犹恶子之声。”

这则故事主要讲枭遇到鸠后，鸠问它要去哪里。枭曰：“家乡的人要我走，他们讨厌我的鸣叫声，所以我要向东迁移。”鸠说：“你若是改变了你的叫声还可以，但如果你不改坏习惯，向东迁移，那里的人照样会讨厌你的鸣叫声。”

这则故事的重点是“治标”与“治本”的问题，如果这只枭永远不改变自己的鸣叫声，一次又一次地搬家的话，那将是以失败而告终。它应该学会慢慢地改变自己，改掉坏习惯小毛病，让自己适应环境，使自己与大家和睦共处并接纳自己。

在生活中，很多治标不治本的办法其实只能暂时缓解危急的困境，要想真正解决问题就要从最根本的地方下手。我们需从点滴做起，养成良好的生活习惯，形成独立自主意识，做好自己，不断提升自己的能力和素质，找到问题的根本所在，尽自己所能解决问题。对于做错的事情，我们要明白自己做错了，不去逃避或从别人身上挑毛病，而要从自己身上找原因找缺点，好好反省。面对困难更不能逃避、退缩，应迎难而上，努力搏击，以良好的心态和充分的能力来解决困难。治标先治本，这样才能让自己立于不败之地。

彖辞解读

《彖》曰：蛊，刚上而柔下，巽而止，蛊。蛊，元亨而天下治也。“利涉大川”，往有事也。“先甲三日，后甲三日”，终则有始，天行也。

译文 《彖传》说：“蛊”卦的卦象，刚强在上而柔弱在下，艮下巽而止，这就是“蛊”。“蛊”卦是以元始、亨通之气，而使天下大治。适宜渡过大河，做事有成效，有能力、有作为。开始之前的三天，开始之后的三天，表示终结之后又有新的开始，这是天道的运行法则。

解读 三国时期经学家虞翻说：“蛊，事也。”蛊，不仅表示一种使人得病的小虫子，而且表示一种容易带来消极影响的客观势力、自然现象。但是，《彖传》却给了“蛊”卦很高的评价，认为它有“元亨”，能“天行”。治蛊之道，首先是具有铲除恶习的决心和勇气，其次是以和顺的态度去纠正偏差；再次以谨慎开始，以安善结束，有始有终，顺应天道。

临

监临天下，恩威并济

蔡邕是东汉末年的名士，因为得罪了权贵，被赐死，家人也被发配到边远荒凉的地方。蔡邕有个女儿，叫蔡文姬，名琰，是当时有名的才女，学识渊博，能言善辩，而且精通音律。

蔡文姬被匈奴左贤王所掳，在那里一住就是十二年，生下了两个男孩。蔡文姬人在匈奴的时候，日夜思念着远在中原的亲人，整天以泪洗面，盼望着能回到家乡。

蔡文姬为此卜了一卦，是“地泽临”卦。她因此坚定了信心，知道自己一定能够回到中原。最终，曹操命人将蔡文姬赎回中原，并在中原终老一生。其实，蔡文姬能回到故乡，是曹操有强大的实力做后盾，“以人临水，以高临下”地控制着匈奴，才能使她回到故乡。

卦名临，会意字。金文的“临”字形，右边是“人”，左

汉末三国时期才女蔡文姬

上角像人的眼睛，左下角像众多的器物，整个字形像人俯视器物的样子。临，是一种低看头眼睛向下看的姿态。“临”字的本义就是从高处往低处察看。《说文解字》中说：“临，监临也。”《尔雅》中说：“临，视也。”成语“居高临下”“如临深渊”等，都是从上向下看，后来引申为上对下、尊对卑的监视、监察。

“临”卦的卦画是䷒，为地泽卦，上卦为坤，下卦为兑。兑为泽，坤为地，泽上有地，泽卑地高，高鉴下，为临，含有以上视下、以尊临卑之意，也有统治之意。以德临人、临事、临天下，必然亨道顺利。

卦辞曰：“临。元亨，利贞；至于八月有凶。”意谓初始亨通，利于正道，八月以后可能有凶险。这是因为阳刚之气正在逐渐增强，喜悦而柔顺。但到了八月有凶险，这是因为阳刚不久就会削弱了。

《象》曰：“泽上有地，临；君子以教思无穷，容保民无疆。”意思是下卦为兑为泽，上卦为坤为地，所以泽上有地便是临卦的卦象。君子由此受到启示，费尽心思地教导民众，并以广博的胸怀包容民众。

前卦是蛊卦，讲如何去除盛世中的淫邪与腐败，这既要治标，又要治本，君王要进行常态化的巡视，以达到防患于未然的目的。“临（臨）”的左部是“臣”，右部由“人”“品”组成，我们可以将它理解为一个才能超群、地位尊贵的临观之人。要知道，在古代社会，只有尊贵有地位的人，才可居高临下地察看。《序卦传》说：“有事而后可大，故受之以临，临者大也。”因为发生事端，然后才可以大有发展，要进行整治，但不是一劳永逸，还要不断地巡视，观察社会的态势，防止死灰复燃，这就是监临。“临”讲述的是为君者、在上位者对下属的领导、统治和管理。“临”需要一定的手段和方法。这一卦讲的便是统御之道。

要善于“感临”。“临”卦初九爻：“咸临，贞吉。”九二爻：“咸临，吉无不利。”“咸”通“感”，即情感。咸，无心之感，就是那种发自内心的诚恳，而没有做作的意思。领导要善于通过真挚的感情交流来感化别人，用宽广的胸怀感化下属，运用情感来管理下属。它能够增进人际感情，提高工作效率，是一种无往不胜的办法。这就是我们通常说的“盛情”留人的用人方法。

三国时期的蜀国，在诸葛亮去世后任用蒋琬主持朝政。他的属下有个叫杨戏的，性格孤僻，讷于言语。蒋琬与他说话，他也是只应不答。有人看不惯，在蒋琬面前嘀咕说：“杨戏这人对您如此怠慢，太不像话了！”蒋琬坦然一笑，说：“人嘛，都有各自的脾气秉性。让杨戏当面说赞扬我的话，那可不是他的本性；让他当着众人的面说我的不是，他会觉得我下不来台。所以，他只好不做声了。其实，这正是他为人的可贵之处。”后来，有人赞蒋琬“宰相肚里能撑船”。

作为上司的蒋琬能够了解下属，并设身处地站在杨戏的角度思考问题，将心比心，用宽大的肚量包容下属的“怠慢”，实属难能可贵。如果他因为心胸狭窄轻信别人的谗言，就不能收获杨戏这样一位不善言辞却才能非凡、忠心耿耿的下属，感化人心，更不会留下“宰相肚里能撑船”的佳话。

领导要善于感情统御，感化别人。“宰相肚里能撑船”是倡导为人处世要豁达大度，待人处事要宽厚仁慈。作为领导者，杰出的领导才能不可少，而拥有宽宏的肚量、真挚的情感更能让折服下属，赢得人心，激发众人的工作干劲，取得更加突出的工作成效。

要谨戒“甘临”。“临”卦六三爻：“甘临，无攸利。既忧之，无咎。”甘，甜也。意为用甜言蜜语去监临，长此下去没有好处。“甘”字从“口”，这是一种甜美的味觉体验，在这里亦表示美言，也指甜言蜜语。对待下属要适时地给予表扬、夸赞，通过奖励、赞赏的方法，来提升团队的工作积极性，可以达到更好的统御、管理效果。但同时，对其错误、缺点也要敢于进行批评。有时，适当的批评、提醒也是一种爱护，可以防止下属骄傲、自满，有利于提高品德和能力。

作为领导要善于用赞奖、赞赏的方法激励人，也要学会与人为善，学会批评的艺术，帮助下属改正错误，修正缺点，不断地完善人格和提高能力。

要学会“智临”。“临”卦六五爻：“知临，大君之宜，吉。”“知”同“智”，即智慧，用智慧监临。领导要凭借自己的智慧来领导下属，为政者更需要有知人善用、明辨是非的智慧。

孔子曾说：“君子不以言举人，不以人废言。”意思是说，君子不因为人家一句话说得好就提拔他，也不因为人家有缺陷而完全鄙弃他说的话。为政者举用人，不能单单凭借别人的一句好话，而是要考察其人实际的言行。而对于不善之人，就可以一概否定掉吗？孔子的回答是否定的。君子亦“不以人废言”。只要是忠言、善言，君子都要善于听取。即使是不善之人，抑或有可取之言语，那不妨接受它。领导者在知人、用人的过程中，往往需要较高的智慧。只有这样，才能更好地引领民众走上向善、向上的坦途。

要志于“敦临”。“临”卦上六爻：“敦临，吉，无咎。”意谓以敦厚的态度去监临，吉利，无所怪罪。敦，即诚笃，这是为人的根本，也是领导者为政的基本素质之一。

孔子曾经称赞古代的圣人大禹说，我对于他这个人没有什么可以挑剔的了：他的饮食很粗陋，而致力于孝敬鬼神；他穿的衣服粗劣简朴，而祭祀穿的礼服、戴的礼帽尽量做得华美；他自己的宫室极其低矮，而尽力兴修水利。言下之意就是说，大禹是相当完美的，他具有最高的品德。

大禹便具有这种“敦临”的精神。要而言之，就是克己为民、克己为国的诚笃的精神境界。这种精神对后世士人人格产生了积极的影响，可以说，北宋范仲淹的“先天下之忧而忧，后天下之乐而乐”亦与这种精神有着一脉相承的关系。

要乐于“亲临”。为政者更要身先士卒，亲临第一线。“临”卦的象辞说，君子是“以教思无穷，容保民无疆”。为政者往往肩负为国谋发展、为民谋幸福的大任，需要有敢于担当、敢于作为的精神，因此，为政者更应该亲临第一线，深入基层，了解百姓疾苦，掌握民生动态。只有亲自“临”、仔细“临”，才能使天下无咎。这就是我们经常谈的“一线工作法”，只有到第一线做调查了解，做出的决策才能切合实际。

传说在帝尧时期，黄河流域经常发生洪水。为了制止洪水

大禹治水

泛滥，保护农业生产，尧帝曾召集部落首领会议，征求治水能手来平息水害。鲧被推荐来负责这项工作。鲧接受任务后，采用堤工障水，作三仞之城，就是用简单的堤埂把居住区围护起来以障洪水，九年而不得成功，最后被放逐羽山而死。舜帝继位以后，任用鲧的儿子禹治水。

禹总结父亲的治水经验，改“围堵障”为“疏顺导滞”的方法，就是利用水自高向低流的自然趋势，顺地形把壅塞的川流疏通；把洪水引入疏通的河道、洼地或湖泊，然后合通四海。大禹集中治水的人力，在群山中开道。艰苦的劳动，损坏了无数的工具，受伤、牺牲的人也不少，但在大禹的带领、指挥下，他们毫不动摇，坚持劈山不止。经过不懈的努力，治水进展顺利，大山终于豁然展开，形成两壁对峙之势，洪水由此一泻千里，向下游流去，江河从此畅通。水患平息了，百姓得以从高地迁回平川居住和从事农业生产。后来禹因此而成为夏朝的第一代君王，并被人们称为“神禹”而传颂后世。

大禹身先士卒、亲临第一线的精神一直激励着华夏民族。相传他走遍大河上下，用神斧劈开龙门和伊阙，凿通积石山和青铜峡，使河水畅通无阻。他治水居外13年，三过家门而不入，连自己刚出生的孩子都没工夫去爱抚；不畏艰苦，身先士卒。他是中国历史上第一位成功地治理黄河水患的治水英雄。

彖辞解读

《彖》曰：临，刚浸而长，说而顺，刚中而应。大亨以正，天之道也。“至于八月有凶”，消不久也。

译文 《彖传》说：“临”，是刚强之气浸润而长久，欢愉而顺畅，刚健中正而相互呼应。广大亨通而正直，这是天的运行法则。至于八月有凶祸，是因为消退之期不久将会来到。

解读 “临”卦主要讲的是统治者如何治理人民的道理。统治者如何进行统治，如何使臣民归顺服从，历来是政治家们关注的焦点，因此也被《彖传》赋予“刚中而应”“大亨以正”等溢美之词。由此可见，中国传统政治更期待一种温和、忧民之德治，一种躬亲、明智、敦厚之人治。

观

心诚意正，观人观己

《霓裳羽衣曲》是我国古代的一个名曲，为唐朝的皇帝唐玄宗所作。这一名曲的诞生有一个传说。据说，唐明皇非常喜欢赏月，有一年的八月十五日，唐明皇邀请申天师和鸿都道人一起赏月。就在赏月把酒言欢之际，他突然心血来潮，想要到月亮上游览一番，申天师马上做起法术，带着唐明皇进入广寒清虚之地。

在那里，唐明皇看到一座写着“广寒宫”的巍峨宫殿前，有一群婀娜多姿的仙女，随着音乐翩翩起舞。这令他们看得如痴如醉。回到人间后，唐明皇便凭着记忆，把在月宫听到的音乐，谱成一首优美动听的曲子，然后配上模仿月宫仙女舞姿的舞蹈，就成为历史上有名的“霓裳羽衣舞曲”。后来的戏剧《唐明皇游月宫》即来源于此传说。

相传唐明皇在游月宫之时占了一卦，得“风地观”，他由此知道，“虽有好事，必违也”，并不是一个吉卦。但即便如此，他依然禁不住去游玩一番。后来，唐明皇因为耽于游乐，怠慢朝政，宠信奸臣，宠爱杨贵妃，加上政策失误，导致了后来长达七年多的“安史之乱”，为唐朝中衰埋下伏笔。

卦名观，形声字。《说文·见部》中说：“观，谛视也。”《广雅》中说：“观，视也。”“观”的本义为有目的地仔细看、观察、审察。《说文解字》中还提到：“古文观，从囧。”“观”的古文字字形中还有一个“囧”字，这是个象形字。由此可见，“观”就像有一个窗户，倚着窗户观望风景。

“观”卦的卦画是䷓。上卦为巽，下卦为坤，巽为风，坤为地，风行地上，万物广受感化，这就是观。观，象征观仰，上者必须有伟大的德行，才能被万民瞻仰。下者看到上者的盛德，会在不知不觉中信服。观仰重形象更重心诚。

卦辞曰：“观。盥而不荐，有孚颙若。”意思是说，观盥洗而不观上供，有诚意就是尊敬。这里的“盥”和“荐”可能是指古代的宗庙祭祀。有人说“盥”是指祭祀开始时用香酒浇灌地面以降神之礼，“荐”是指向神献飨之礼；有人说“盥”是将祭而洁手之礼。说法不一。“有孚”是有诚意。“颙若”像仰慕的样子。“有孚颙若”，意谓有诚意就是尊敬。这是一个比喻，“盥”虽简单，但显示虔诚，“荐”虽繁杂壮丽，但多形式表现。观“盥”可知虔诚，观“荐”徒看表演，“盥而不荐”，是透过现象看本质，强调事物内核精神、实质思想的重要性。这是说在祭祀之前洗净双手，尚未献上祭品便显示出庄严恭敬、无比虔诚。

《象》曰：“风行地上，观。先王以省方观民设教。”风行地上，喻德教遍施。“观”就是谛视、省察，它的品德如风行地上，万物不遗，这是“观”的卦象。上古的君王有感于“观”卦的伟大意义，从而不断体察民情、推行教化。风是具有影响力的，孔子说：“君子之德风，小人之德草。草上之风，必偃。”社会的示范阶层，对整个社会有极大的影响，正所谓上行下效。有什么样的政风，就有什么样的民风。

《序卦传》说：“临者大也。物大然后可观，故受之以《观》。”前一卦的“临”，乃是讲自上而下地察看，而“观”则是由下而上地察看，是一种观仰、一种学习。观是仔细地观察大自然的变化，掌握这种变化的规律和哲理。临是发现问题，观是探索未知而掌握知识。“观”卦讲的观察之道如下。

要眼观，更要心观。“观”字从“见”，甲骨文的“见”字，就像一个人，上部是一只大大的眼睛。“见”即用眼睛去看，“观”亦是用眼睛去看、去观察。当然，如果单纯用眼睛去观看，那么仅仅能看到事物的表象，我们更要善于用“心”观。“观”卦的初六爻中有“童观”之说，意思是像幼稚的儿童一样观察景物。《象》曰：“童观，小人道也。”童观，一方面是纯朴的，另一方面是无知的。这样的观看方式，仅仅了解事物的表象，而不能深入其实质，其实是不够的。

王戎是西晋著名学者。王戎从小喜欢并善于观察和思考，小脑袋瓜子非常灵活。他7岁时，有一天，他和几个小伙伴到临沂城外去玩耍。此时正值夏天，太阳热辣辣的，他们走了一段路，都觉得口干舌燥。

突然，走在前面的一个伙伴高喊起来：“看，前面有一棵李子树上结满了李子！”王戎抬头向前一看，果然在路旁有一棵李树。树上结满了红色的李子，沉甸甸的李子把枝条都压弯了。“好多的李子，快去摘李子吃啊！”伙伴们欢呼着向李树奔去。可王戎却站着没动。这时有个伙伴拉了他一把，“王戎，你去摘李子吃啊！”“别高兴得太早，那李子是苦的。”“胡说，你怎么知道的？”伙伴瞪了他一眼。最先跑到李树下面的小孩，跳起来摘了一颗李子，忙塞进嘴里嚼起来，可是立刻又皱起眉头，直往外吐“呸、呸、呸”。小伙伴们看了都觉得奇怪，于是上前问道：“奇怪了，你没吃，怎知这棵树上的李子是苦的呢？”王戎说：“你们想一想，这棵李树长在大路旁边，每天有那么多人从这里经过，如果李子是甜的，

观卦故事

早就摘光了。现在树上还有这么多李子，那一定是苦的了。”

王戎非常善于观察，他能够透过现象看本质，跳出了“观”卦的所谓“童观”。如果只是了解事物的表象，而不能深入其实质，则难免被外物所蒙蔽，因此而尝到“苦果”。

要近观，更要远观。“观”的声部是“雚”。“雚”字古同“鸛”，这是一种水鸟，即白鹳，形似鹭。我们亦可这样理解，“观”需要像自由翱翔的白鹳一样，既可以来到近处，也可以飞向远方。“观”卦中便提到了很多观察的方式，有注重细节的“窥观”，也有全面具体的“观国之光”，有主观方面的“观我生”，也有客观方面的“观其生”。由此可见，“观”之道，不仅有近观、微观，而且也要有远观、宏观。

古代有一句名言：“人无远虑，必有近忧。”意思是说，一个人没有长远的考虑，一定会有前面的忧患。无论是为自身修养，还是为国家社稷，必不可少的是要有长远的目光。“远虑”就是一种宏观地观察、考虑。如果人行事的时候不考虑潜在的忧患并及时解决，那么，忧患必定降临到自己身边。对于个人，会带来失败，对于国家，则难免有倾覆的危险。

丙吉是西汉的丞相，一次，他带着几个随从微服私访，路上遇到一群人在吵架，还动手打起来了。丙吉并没有在意，让大家继续赶路。

一会儿，前面一位老农赶着一头牛走来，牛喘气很厉害。见此情形，丙吉叫住老农，询问他带牛走了多远路，牛是不是病了，老农一一作了回答。

等老农走远后，随从不解地问：“大人，刚才有人打架斗殴，你没有过问，现在却关心起一头牛来，难道一头牲畜比人还重要吗？”丙吉笑了笑，答道：“打架斗殴，自有当地官员和执法部门处理，我作为丞相，不需要过问此事。现在是春天，一头牛的生病让我想到，如果是传染病，那就会危害一方的农业生产；如果是天气造成的，那就预示着时令失调，反常的气候会给农业生产带来灾难。因此，这是关系民生的大事，我必须要过问。”听完丙吉的话，大家由衷地钦服。

丙吉为官善于“观”，通过观察某些细节而抓住问题的重点，并做出长远的考虑。唯有这样，才能真正地观察到民情，从而更好地施政为政。这种“远观”“宏观”的意识值得当今为政者学习。

要观进，更要观退。“观”卦的六三爻中说：“观我生，进退。”意思是说，君子往往会对照高尚的道德标准来省察自己的言行，审时度势，小心谨慎地决定进退。在古代，“进”往往指出仕做官，“退”往往指隐居退仕。君子既要观进，更要观退。《象》曰：“‘观我生，进退’，未失道也。”正因为君子善于“观”，能够审时度势，所以才能够更好地决定自己的出入进退，使自己的人生事业更加顺利。

战国末期，秦国大将王翦奉命出征。出发前他向秦王请求赐给良田、房屋。秦王说：“将军放心出征，何必担心呢？”王翦说：“做大王的将军，有功最终也得不到封侯，所以趁大王赏赐我临时酒饭之际，我也斗胆请求赐给我田园，作为子孙后代的家业。”秦王大笑，答应了王翦的要求。王翦到了潼关，又派使者回朝请求良田。秦王爽快地应允。

手下心腹劝告王翦，如果贪得秦王的财物，恐怕引起秦王的不悦，给你带来不利。王翦支开左右，坦诚相告：“我并非贪婪之人，因秦王多疑，现在他把全国的部队交给我一人指挥，心中必有不安。所以我多求赏赐田产，名为子孙计，实为安秦王之心。这样他就不会疑我造反了。”

王翦可谓有智之人，他非常善于“观”，审时度势、权衡利害，能守愚而不遭忌，从中保护自己，比聪明好胜之人更胜一筹。正所谓“大智似愚而内明”，一些看似憨愚之人，内心却清澈明朗。

要观己，更要观人。“观”卦九五爻说：“观我生，君子无咎。”意思是说，君子往往对照高尚的道德标准省察自己的言行，不断地完善自己，就不会有祸患。“观”卦上九爻则说："观其生，君子无咎。"意思是说，君子时刻观察生民的生存状况，体察百姓的苦乐，这样才不会有祸患。

这里，"观我生"和"观其生"两句话形成了鲜明的对比，一为主观，一为客观。由此可见，君子既善于观察自己的生存环境，也善于观察他人的生存环境。唯有如此，才能够知己知彼，将心比心，将仁爱精神推己及人，共建和谐社会。

被后人尊为"医圣"的东汉医学家张仲景虽然青年时代即为一代医学名师，但他仍然谦虚好学，经常四处取经拜师。

传说有一次，张仲景听说岭南有一个叫著义的人医术精湛，就不远千里，前来拜见。张仲景才知道，著义保守于医技，其奇方妙药都秘不可宣。为学到技艺，蜚声医坛的张仲景决定留下来给著义做助手。

有一天，著义的老家仆对张仲景说："我有一个方法会令你感动我家先生，传授给你些医术绝学。"张仲景疑惑道："愿闻其详。"家仆压低声音说："我家先生曾钟情于一才女，此女做的鲜笋宴先生非常爱吃。然而红颜命薄，令先生痛彻心扉。有一年，我随先生游苏州，偶然在一大户人家问诊时，品尝了一道鲜笋宴，先生感慨之余，竟将做这道菜的女仆赎了出来。我想，如果你为先生做这样一道菜，抵得上你在这里做数年徒工。"没想到张仲景不假思索道："这道菜我做不得。如果单单是先生喜欢吃，我可以做；但如果会勾起他一段早已结痂的伤心往事，我不能做。"

没想到这番话被偶然路过此处的著义听到了，他非常感动，随即打破"门规"，将自己的一些绝学倾囊授予张仲景。不仅如此，著义还成了张仲景一生的密友，他在医学上有什么新发现，都会毫无保留地和张仲景分享。

张仲景之"观"，是用仁心来"观"。他不仅"观我生"，而且"观其生"，正所谓"己所不欲，勿施于人"。张仲景这种知己知彼、将心比心、推己及人的仁爱精神令人感动，这也是他能够成为"医圣"，为后世所敬仰的原因。

彖辞解读

《彖》曰：大观在上，顺而巽，中正以观天下。“观。盥而不荐，有孚颙若”，下观而化也。观天之神道，而四时不忒，圣人以神道设教，而天下服矣。

译文 《彖传》说：宏大壮观的天象高高在上，具有柔顺谦逊的美德，凭借中和刚正之德被天下人所仰观。这就是观卦。祭祀开始时洗净双手，还未进献祭品便显示出庄严恭敬与虔诚，民众仰观时就受到了教化。仰观大自然天象运行的神妙法则，感悟时空四季交替分毫不出偏差的道理。圣人仿效大自然的神妙法则去设立教化，让天下百姓获得教化而归顺诚服。

解读 “观”具有“顺而巽”的美德，也具有“中正”的品质，在政治生活和社会活动时，具有非常重要的借鉴价值，因此，它成为古代圣贤设教治国的典范。为政者通过细心的观察大自然的变化，观察民情民意，以宽厚的态度对待民众，采取适当的方式，教导民众，成风化人，而使天下百姓心悦诚服。

噬嗑

威明相兼，小惩大戒

战国时期的纵横家苏秦，师从鬼谷子，揣摩合纵连横之术，认为凭此可以游说当世君王。于是，苏秦西行至秦国，游说秦惠王兼并列国，称帝而治。秦惠王不喜欢说客，而且认为时机还不成熟，所以未采纳苏秦的建议。

苏秦吃了闭门羹，于是给自己卜了一卦，得“火雷噬嗑”，这一卦的卦形似口腔，口中有物，正可啮合。他终于明白了，凭借“三寸不烂之舌”的口才，一定能够成功。于是，苏秦来到燕国和赵国，提出六国联合起来抵抗秦国的主张。苏秦详细分析了各国的战略相依关系，建议赵国组建六国联盟，并力抗秦。最终，六国达成合纵联盟，团结一致。苏秦被任命为从约长，担任了六国的国相，佩戴六国的相印。

卦名噬嗑，噬形声字。《说文解字》中说：“噬，喙也。”“噬”从“口”，说明它的字义与嘴部有关。古文字的

"噬"或从"齿"，它的本义是咬。嗑，形声字。《说文解字》中说："嗑，多言也。"它的本义是多话、多嘴。"噬嗑"一词，表示用上下门牙咬有壳的或硬的东西。《杂卦传》曰："噬嗑，食也。"《彖》曰："颐中有物，曰噬嗑。"噬嗑为雷电咬合，意为用上下牙齿将口中的硬物咬碎。

"噬嗑"卦的卦画是䷔，下为"震"，上为"离"，震（雷）下离（火）上，为雷电交击之表象。雷动而威，电动而明。上下牙齿相合，象征君民相合，口中的硬物则象征一小撮不法分子。对待一小撮不法分子，要威明相兼，要君民团结起来，像上下牙齿咬碎硬物一样把不法分子绳之以法。若能咬合嚼碎，则亨通顺利。

卦辞曰："噬嗑亨，利用狱。"意思是说，此卦通顺，宜于运用监狱、行法治。

《象》曰："雷电，噬嗑；先王以明罚敕法。""噬嗑"卦下"震"上"离"，表示雷电交击，互相咬合一样。雷有威慑力，电能放光明，古代帝王效法这一现象，明其刑法，正其法令。

"噬嗑"卦讲的便是用刑之道。这是中国古代法治思想的发端。法治是国家治理的根本内容之一，是排除障碍，保障善良，建立和谐社会，保障社会秩序的重要途径。法律的实施往往需要凭借一些具有威慑力的强硬手段，用以惩罚和警戒，以达到正法肃纪的作用。为了及早阻止黑恶势力，防止蔓延，保障社会和谐稳定，执法人员有时不得已需采取刑罚手段，做到"小惩大戒"。"噬嗑"卦曰："利用狱也。"对黑恶势力，若能咬全嚼碎，则天下太平，亨通顺利。所以，观卦之后，便是噬嗑卦。《序卦传》说："可观而后有所合，故受之以《噬嗑》。嗑者，合也。"这是德治与法治的结合。

噬嗑，要有疾恶如仇的正义感。噬嗑就是对邪恶的东西要用雷电噬嗑，施以刑罚。"噬嗑"卦中的爻辞有"屦校灭趾""噬肤灭鼻""何校灭耳"等说法，皆是对邪恶事物的惩罚之刑。对待邪恶的事物，我们就应该敢于碰硬，敢于亮剑，应该勇敢地去面对它、匡正它，要用雷电一般的力量去噬嗑它，对它施以刑罚。

北宋名臣包拯，被后世当作清官的化身——包青天。包拯为官三十年，最恨的就是贪赃枉法。凡是有贪污的，就算是皇亲国戚，他也敢于忠言直谏，是敢于碰硬的典型代表。

张尧佐是宋仁宗的宠妃张贵妃的伯父，此人一点才能也没有，但是官瘾却很大。他自恃宋仁宗宠爱张贵妃，贪得无厌，一而再、再而三地向朝廷要官，引起了朝廷的非议。皇祐二年（1050），仁宗再次提升张尧佐，任命他为三司使，掌管全国的财政经济大权。一时间朝野震惊，舆论大哗。

包拯知道后极力反对，立即上书弹劾说："像张尧佐这样的平庸之辈，就连芝麻小官也没资格做，更不用说三司使这样的大官了。再说他是因为贵妃得宠而跻身要职，这样会在朝廷埋下外戚篡权的祸根。"他请求罢免张尧佐。仁宗迫于压力，罢免了他的三司使之职。但不久之后，仁宗出尔反尔，又恢复了以前的决定。包拯非常痛心，第二次上书反对。仁宗非常恼火，感到自己连个亲戚也任命不了，一气之下对张尧佐大封特封，使他一下子身兼三司使、宣徽南院使、淮康军节度使、景灵宫使四个要职。张尧佐一身任四使，在北宋外戚史上是空前绝后的一次。这使得他更加耀武扬威，趾高气扬。

包拯怒不可遏，再次奏本弹劾，并当面斥责皇帝的偏执之过。包拯因为言词激烈，连唾沫星子都溅到了仁宗的脸上。仁宗迫于强大的舆论压力，只好免去张尧佐宣徽南院使等两职，同时规定外戚不得干预朝政。这就是历史上著名的"包拯三弹张尧佐"的故事。

噬嗑，要有刚坚中和的意志。噬嗑就像上下牙齿咬碎硬物一样团结用力，才能把不法分子绳之以法。法律的实施，刑罚的施用，需要君民同心，团结一致，共同来创造和谐美好的社会环境。"噬嗑"卦的九四爻中说："噬干胏，得金矢；利艰

包拯三弹张尧佐
宋仁宗
包拯

贞，吉。” 实施刑法像咬带骨头的肉那样困难，但因具有金箭般的刚直品德，因此有利于在艰难中坚守正道，其结果是吉利的。六五爻曰：“噬干肉，得黄金；贞厉，无咎。” 实施刑法像吃干硬的肉脯那样艰难，但它具有黄金般的刚坚中和的品质。所以只要坚守正道，防备凶险，便无祸害。只有君民一心，才能够如黄金般坚守法治之正道，上下同心用力，共同构建和谐稳定的法治社会。

公元前207年，刘邦领兵由中原进入秦川到达秦王朝国都咸阳，秦王子婴出城献国玺投降，秦朝灭亡。

刘邦入城后，逐渐显现出贪酒好色的本性，一直在宫里玩乐，完全忘了自己带兵作战的初衷，后经张良规劝，这才恍然大悟。他将秦朝的宫廷重地及财宝物资府库予以保护或封存，令十万大军撤驻城外霸上。又召集三秦之地各县有德望和名声的耆老豪杰说：“父老乡亲们遭受秦朝暴政苛法的苦害已经很久了，说一句对朝廷不满的话就被诛灭三族，聚众谈论就被斩头弃市。我曾与各路义军首领有约，首先入关进咸阳者就在当地为王。现在我自然应该称王关中之地，秦朝的繁律苛法全部废除，我只与诸位父老约法三章——杀人者死，伤人及盗抵罪。”

刘邦派人张贴告示，各级官吏都各自按原任职务坚守岗位，约法三章之事家喻户晓。三秦之地民众知道了，都十分高兴，人们纷纷送牛羊酒食慰问刘邦的军队将士。刘邦一再推辞不肯收下，说：“仓库里粮食很多，战士们并没有挨饿，我不想再给父老乡亲们添麻烦，使大家破费财物了！”当地民众更加欢喜，唯恐刘邦不在三秦大地为王。

刘邦通过订立法律与人民相约遵守，使君民同心，像上下牙齿咬碎硬物一样，使杀人、伤人、偷盗等不法分子被绳之以法。“约法三章”的故事，就是刘邦与人民群众通力合作的典型案例，后来，人们常用这个成语形容事先约好或明确规定的事。

噬嗑，要有清正廉明的品德。噬嗑，是用有力的牙齿咬碎口中之物。能否咬碎口中之物，取决于牙齿是否坚固。俗话说，打铁全靠自身硬。法治是建立一个公平正义社会的最后一道防线，假如执法者知法犯法，或用刑失当，那么必然会造成社会的溃败。为此，噬嗑卦强调第一要申明法纪，整顿律法，让大家遵纪守法。《象》曰："先王以明罚敕法。"这是要明辨刑罚，端正法律。法律的制定必须符合天理人性，合理合情。"明"就是辨明，刑罚合宜，"敕"为导正，不可徇私枉法。第二要执法得当。《象》曰："'贞厉无咎'，得当也。"执法者在执法时，失之过宽过严，都是"不当位"。特别是不能严刑峻法，宁枉勿纵。因此，对执法者来说，清正廉明至为重要。

彖辞解读

《彖》曰：颐中有物，曰噬嗑。噬嗑而亨。刚柔分，动而明，雷电合而章。柔得中而上行，虽不当位，利用狱也。

译文 《彖传》说：腮帮子里有食物不断咀嚼，这就叫“噬嗑”。噬嗑卦是咬断而合，所以亨通。不断咀嚼才能去粗求精，分化食物，得以滋养而亨达。故面对一切事物当像吃东西一样不断品味和不断辩证，从而才能刚柔分、动而明，就像雷电交加时能彰显一切，闪亮天下。它柔和得中而上行，虽不当位但利于行讼治狱，即可辨别是非和断牢狱之事。

解读 “噬嗑”一卦讲述明罚敕法之道，行讼治狱虽然起初不算是真正意义上的吉卦，但是就像人们在吃东西时，必然要用嘴细嚼慢咽、去粗求精，从而才能分化食物，获得颐养。只要明辨是非、分清黑白，威明相兼，刚柔相济，处罚有度，让邪恶得到惩处，正义得到伸张，最终会带来吉祥，这正是“噬嗑”一卦的善美之用。

贲

美化文饰，文质兼修

我们常用“管鲍之交”比喻两人相知很深，交谊甚厚。“管鲍”是指春秋时期的管仲和鲍叔牙，他们是好朋友。

管仲和鲍叔牙早年打算合伙做生意，他们事先占卜，得“山火贲”卦。贲卦有光彩亮丽之意。于是，他们坚信，只要他们彼此谦逊、互相理解、相互信任，就一定能够成功。

管仲比较穷，鲍叔牙比较富有。做生意时，管仲出很少的本钱，分红的时候却拿很多钱。鲍叔牙毫不计较，他知道管仲的家庭负担大。有好几次，管仲帮鲍叔牙出主意办事，反而把事情办砸了，鲍叔牙也不生气，还安慰管仲。最终，他们成功地做成了生意。

管仲曾做过几次官，每次都被罢免，鲍叔牙认为不是管仲没有才能，而是因为没有碰到赏识他的人。管仲参军，却临阵逃跑，鲍叔牙知道管仲是因为牵挂家里年老的母亲。鲍叔牙还向齐桓公力荐管仲。管仲感叹道：“生养我的是父母，但是真正了解我的是鲍叔牙啊！”管、鲍二人相识相知的故事被后世传为佳话。

卦名贲，形声字。贲字，其结构由“卉”“贝”组成。花草与贝壳均有斑斓的色彩，故以文采修饰朴素。《说文》中说：“贲者，饰也。”贲字的本义是装饰、打扮的意思。形容装饰、文饰称为“贲饰”，表示装饰华美的样子称为“贲如”。

“贲”卦的卦画是䷕。“贲”卦上为“艮”，表示山，下为“离”，表示火。山下有火，一片艳红，花木相映，锦绣如文。贲也为贝壳的光泽。故贲象征着文饰。事物加一些装饰，可以亨通，特别是柔小的东西加以纹饰，才更显其美。

卦辞曰：“贲。亨。小利有攸往。”意思是说，“贲”卦通达，有所往则有小利。

《象》曰：“山下有火，贲。君子以明庶政，无敢折狱。”意为山下有火，火燎群山，这是贲卦的卦象。君子观此卦象，思及猛火燎山，玉石俱焚，草木皆尽，以此为戒，从而明察各项政事，不草率判察用狱。这正是所谓贤德君子“观乎天文，察乎时变，神道设教”的结果。

上卦噬嗑卦讲的是明罚整治之道，以求获得太平盛世。人民物质充裕了，社会太平了，对生活的追求会更高，这就要追求修饰的艺术，寻求艺术的发展，重视教育，发展文化，追求高雅。一个人有文化，不一定有文明，有教育不一定有教养。一个人致富容易，高贵则难。当物质财富得到满足以后，必须注重教化，如此才能使精神高贵起来，道德高尚起来，文化高雅起来，这是“贲”卦告诉我们的道理。“贲”卦讲的正是化育之道，或者说是修饰之道。

要用饰物装点我们的生活。贲卦的文辞，“初九，贲其趾”“六二，贲其须”，讲到从头到脚加以文饰。这是通过对仪表的打扮，使之更为美丽。“贲”字上为“卉”，下为

“贝”。“卉”是花卉，“贝”是贝壳，它们都是自然界中形态优美的事物，是古代生活中的常见装饰物。

花卉和贝壳均为斑斓的色彩，充分展现了色彩、花纹的纹饰之美，是真与美的体现。贲，《序卦传》中说：“贲者，饰也。”它论述了文与质的关系，以质为主，以文调节。

刘勰《文心雕龙》中曾指出自然界的纹饰之美：“龙凤以鳞羽呈现瑞祥，虎豹以毛色显现雄姿。云霞雕饰出色彩，超过画工下笔之精妙。草木开花，不经织女的巧手也显得神奇异常。”大自然往往于质朴、单纯的色彩、花纹中呈现美的特质。

《系辞传》曰：“物相杂，故曰文。”由此可见先民对于色彩之美的朴素理解，人们偏爱色彩的驳杂繁复。当然，这种驳杂的形式美，并非完全处于一种杂乱无章的状态。《礼记·乐记》曰：“五色成文而不乱。”“文”与“乱”相对而言，即将色彩、花纹之美与事物杂乱的形态区分开来。《释名》曰：“文者，会集众彩，以成锦绣。”《墨子·非乐上》：“非以刻镂华文章之色以为不美也。”《后汉书·张衡传》：“文章焕以粲烂兮，美纷纭以从风。”由此可见，驳杂繁复的色彩、花纹具有恰当的组合规律，体现了一定美学原则的。

南朝梁文学家吴均的《与朱元思书》，便生动逼真地描绘出富春江沿途“奇山异水，天下独绝”的风光。何为“异水”？有“水皆缥碧，千丈见底”的静态美，有“急湍甚箭，猛浪若奔”的动态美。何为“奇山”？有“争高直指，千百成峰”的山势之奇，仿佛它有无穷的奋发向上的生命力；有“好鸟相鸣，嘤嘤成韵”的空山天籁之奇，泉水、百鸟、猿猴等声音汇成一曲对生命的颂歌；有“横柯上蔽，在昼犹昏”的光影之奇。动静、声色、光影之下的奇异山水，展示出了一幅充满生命力的自然大画面。

要从自然之美上升为艺术之美。“贲”卦九三爻中说：“贲如濡如。”意谓要不断地加以修饰和改良，要不断地加以补充和修正。六四爻曰：“贲如皤如。”意谓不断地文饰才能彰显它的美丽，不断改进才能向更高层次发展。人类在数千年的文明发展中，正是不断地在自然之美中汲取经验、获得知识，在感受美、创造美的过程中，成就了越来越多的艺术之美。

根据考古资料发现，新石器时代的彩陶纹多由弧线、弧形和圆点组成，具有鲜明的动感特征。如人面鱼纹彩陶盆，内壁以黑彩绘出两组对称人面鱼纹。人面呈圆形，头顶有似发髻的尖状物和鱼鳍形装饰。前额右半部涂黑，左半部为黑色半弧形。眼睛细而平直，似闭目状。鼻梁挺直。嘴巴左右两侧分置一条变形鱼纹，似是口内同时衔着两条大鱼。整个画面构图巧妙，充满奇幻色彩。这许多单独纹样、复合纹样的创作，乃至黑、白的组合，点、线、面等元素的合理安排与运用，都是中国图案装饰艺术史上不可绕开的话题。

要从自然之美上升为心灵之美。《象》曰：“观乎人文，以化成天下。”意思是说，君子观察社会人文现象，就可以用教化改造、成就天下的人。《象》曰：“山下有火，贲。君子以明庶政，无敢折狱。”君子观此卦象，思及猛火燎山，玉石俱焚，草木皆尽，以此为戒，从而明察各项政事，不敢以威猛断狱。这就是对自然之美的一种升华，是对个人内在道德修养的修炼。

晋代画家顾恺之从会稽游玩回来，人们问他那里的山川有多美，他说：“千岩竞秀，万壑争流，草木蒙笼其上，若云兴霞蔚。”山川之间有秀气，真是美极了！如成语“山明水秀”“山清水秀”，大抵将川河之水清澈宁静而不失流动的状态与“秀气”的人格之美联系在了一起。例如汉代的张良，史书上说他“状貌如妇人好女”，是一位秀气的美男子，而他善于“运筹于帷幄之间”的极高智慧，更展现出了一个足智多谋的策士形象。又如，三国时期的周瑜，人称“江左风流美丈夫”。他不仅是个羽扇纶巾、雄姿英发的军事家，而且是个姿质风流、仪表不凡的音乐家。人的气质，往往与人的内在文化修养息息相关，并通过具体的行为举止、语言神态等展示出来。

唐代韩愈《送董邵南序》曰：“燕赵古称多感慨悲歌之士。”即表现了对博大、奇异的人格魅力的推崇。人们欣赏大而异的英雄之美。如“士为知己者死”的侠士豫让；如“风萧萧兮易水寒，壮士一去兮不复还”的刺秦英雄荆轲，如“一声好似轰雷震，独退曹家百万兵”的张飞，“钢枪匹马冠三军，前后无双勇绝伦”的赵子龙，英勇抗日血染沙场、舍身报国的狼牙山五壮士……大而异的英雄形象，不只体现为身材魁梧、虎背熊腰、相貌清奇的体态之大、举止之异，更多的是一种敢作敢为、勇于牺牲的精神品质，一种高大卓绝的英雄品格。

化育之道要从自然美，上升为艺术美，最后达到心灵美。这是一个由外到内的过程。化育之道还要注意处理好文与质的关系。孔子说：“质胜文则野，文胜质则史。”质朴多于文采则会带来粗野，文采多于质朴就易于浮夸。我们不但要注重内外兼修，也要防止文饰过度，不要浓妆艳抹，也不要把时间都花费在外表的修饰上，要注重内在素养的提升。

彖辞解读

《彖》曰：贲，亨。柔来而文刚，故亨。分，刚上而文柔。故“小利有攸往”，天文也。文明以止，人文也。观乎天文以察时变，观乎人文以化成天下。

译文 《彖传》说：贲，是亨通。柔顺之气来修饰刚强之气，所以非常亨通。又分出阳刚居上女饰柔顺。所以“小利有攸往”，无物不亨而天下可化。刚柔相济、阴阳相合、相辅相成而化育万物，这是天象的特征；用文教礼制来约束人们的行为，这是人类文明的特点。看天象以考察四时的变化，观看人文礼教，以教化天下百姓。人类认识这个原则，不断地修饰、修正并推进文化，这便是人类之文明。观乎天文才能了解时序的变化而做出相应的行动，观乎人文才能归正天下而做出相应的措施。

解读 君子“观乎天文以察时变，观乎人文以化成天下”，“贲”卦所展现的化育之道，其实便是向大自然学习，向天地万物学习的过程，怀抱着一份敬畏之情与进取之心。君子通过不断地学习、思考、修正与修饰，提高自身的道德品质，成就自身的高贵品德。有这样的向上、向善之精神，当然能够万事亨通。

剥

万物零落，谨慎隐忍

隋末唐初有一位名将，名叫尉迟恭，字敬德。传说尉迟恭面如黑炭，擅使铁鞭，骑乌骓马。尉迟恭纯朴忠厚，勇武善战，一生戎马倥偬，随唐太宗李世民征战南北，驰骋疆场，屡立战功。

传说，在唐朝初年，高丽王身边有一员大将，名叫铁肋金牙，此人有万夫不当之勇。高丽王命他领兵十万，前去绿鸭江边，意欲进犯中原。当时，唐朝一众开国名将程咬金、秦叔宝等死的死、病的病，只有尉迟恭不服老，决定领兵与铁肋金牙一战。但不知前途吉凶，他便卜了一卦，得“山地剥”卦，这一卦暗示阳气将尽，虽难但终能获胜。

最终，经过一番鏖战，尉迟恭生擒铁肋金牙，班师回朝。唐太宗大喜，为尉迟恭加官晋爵。后来，尉迟恭官至右武侯大将军，封鄂国公。在中国民间传说中，尉迟恭还被奉为“门神”。

卦名剥，会意字。“剥”字从刀，从录，“录”又兼作声符。说明该字的本义与用刀刻录等动作有关，会用手持刀刻书契。《说文·刀部》中说：“剥，裂也。”《广雅》中说：“剥，离也。”“剥”字的本义即剥离、剥脱，去掉物体表面上的东西，使里面裸露出来，故剥的本义为剥蚀脱离。宋代词人辛弃疾《清平乐·村居》便有“溪头卧剥莲蓬”的名句。

“剥”卦的卦画是䷖。这一卦是山地卦，坤为地，艮为山，山石风化，崩塌于地。本卦是五阴一阳，阴盛阳衰，小人之道长，君子之道消，万物零落。此时应顺从隐忍，最好是不动如山或急流勇退，不宜逆势而动，否则会大祸临头。

卦辞曰：“剥。不利有攸往。”意思是说不适应有所前进。

《象》曰：“山附于地，剥；上以厚下安宅。”意思是：上卦为艮为山，下卦为坤为地，山附于地就是剥卦的卦象。君子从中得到启示，厚待下民，使他们安居稳定。

剥卦讲述了客观事物消、长、盛、衰的变化，天道的运行规律。事物盛极必衰、物极必反，这是自然界的一个永恒规律。大地高山不一定万事长存，钟鼓馔玉之家也难免有“坐吃山空”的时候，所以事物有盛，则必有衰落。上卦为“贲”卦，装饰的东西不会长久，最终都会脱落。《序卦传》中说：“致饰，然后亨则尽矣，故受之以《剥》。”盛世之时，假如过度的奢侈装饰，就会像腐烂物一样，会逐渐剥蚀盛世的繁荣，使盛世走向衰弱。“剥”卦讲的正是在衰世、浊世中的生存之道。

剥，源于社会机体受到了侵蚀。“剥”从刀，用如刀一般锋利的器具刻割，使物体断裂，即造成侵蚀、剥落，带来毁灭。从“剥”的卦象看，它的六个爻为五阴一阳，只剩一阳在上被剥蚀，硕果仅存。如果以阴爻譬喻小人，以阳爻譬喻君子，这一卦展现的是小人极盛、君子之道衰微的景象，君子处于一群小人的包围之中。这便是社会机体受到了侵蚀，小人壮而君子病，万物为之凋零，世道因此不振。在这样的浊世中，更要求我们在处世过程中能够内顺而外止，适时还须采取隐忍的生存策略。

《论语》中，孔子曾说：“邦有道，危言危行；邦无道，危行言孙。”“孙”同“逊”，意思是说：国家有道，便言语正直、行为正直；国家无道，行为仍要正直，但言语要谦慎。

邦国有道之时，贤明的君王才容许臣子高声说话，故言行要正直。只要是裨益国家的事情，该说什么就说，该做什么就做。邦国有道之时，圣明的君主是不会轻视谏臣的意见的。邦国无道之时就不是这样了，君王昏庸无道，言论自由往往被限制了，想说一句正直的话很不容易；谏臣忤逆君主的意思，往往会引来杀身之祸。商纣王无道，王叔比干谏而死，箕子为之囚。

当然，在邦国无道的浊世之中，君子固须“危行”——行止端正，不与恶人同流合污；亦须“言逊”——在言语上不妨保持低调一点。君子固有杀身成仁之时，亦有明哲保身之义。既能“危行”又能“言逊”，那是很不容易的。

孔子曾经这样评论他的弟子南宫适：“邦有道，不废；邦无道，免于刑戮。”意思是说，南宫适在国家有道时，他不会被废弃；在国家无道时，他也可以免于刑戮。南宫适既善用世，身负用世之才，也善于自守，颇有明哲保身之道。这得到了孔子极高的欣赏。欣赏之下，孔夫子还把自己的侄女嫁给了他。

剥，经历了由外到内、自下而上的过程。过度奢侈，会逐渐剥蚀盛世的繁荣。“剥”卦的初六爻便说：“剥床以足，蔑，贞凶。”意谓床从足开始剥落，直至剥落完，坚持下去有凶险。接下来还有“剥床以辨”“剥床以肤”的爻辞，意思是说，床上的辨别记号剥落了，床的表皮剥落了。“剥”卦的爻辞以床自下而上的剥落过程为譬喻，讲述了世道逐渐凋零、式微的过程。就像床的剥落一样，任何事物的毁灭都有它的源

剥卦故事

头、发端，正所谓“千里之堤，毁于蚁穴”，不可不慎。

《韩非子·喻老》云：“千丈之堤，以蝼蚁之穴溃；百尺之室，以突隙之烟焚。”

某一年，临近黄河岸畔有一片村庄，为了防止黄患，农民们筑起了巍峨的长堤。有一天，有个老农偶然发现蚂蚁窝一下子猛增了许多。老农心想，这些蚂蚁窝究竟会不会影响长堤的安全呢。他准备回村去报告，在路上遇见了他的儿子，他便把这件事情告诉了儿子。老农的儿子听了不以为然，说：“那么坚固的长堤，还害怕几只小小的蚂蚁？”便拉老农一起下田了。当天晚上风雨交加，久久不停。黄河里的水猛涨起来，咆哮的河水从蚂蚁窝渗透出来，继而喷射，终于堤决人淹。

千里大堤，狂风巨浪未能移其毫厘，可谓牢不可破。然而蝼蚁入侵，日削月割，大堤最终倒塌。百年巨树，雷击山崩不能毁其生命，可谓顽强不屈，但是小小甲虫却能咬破树皮，吃空树干。正是因为这些看似微不足道、常常被忽略掉的蝼蚁、甲虫，才使得看似牢不可破的大堤、巨树变得脆弱不堪，最终堤决树倒。由此可见，细节性的问题往往会成为致命的问题。对待事物不能忽视细节，微小的事物一旦被忽略就会由小引大，终会可能会造成无可挽回的严重后果。

剥，结果为小人一时得志，但只要行大道，正义终归能战胜邪恶。对于“剥”卦，《彖》辞中指出：“君子尚消息盈虚，天行也。”意思是说，君子崇尚万物存亡生息盈盛亏虚的变化，这也是宇宙运行的自然法则。“剥”卦虽然展现了事物的消极一面，但是君子却要以积极乐观、勇敢向上的精神面貌去对待它。

君子要能坚持正义、坚定君子之人格品质，才能在浊世、乱世中更好地保护自己。“剥”卦的爻辞中还有“剥之，无咎”的说法，古代经师解释说：“众阴方剥阳，而己独应之。去其党而从正，无咎之道也。”说的就是这个道理。物极必反，乱极必治。君子当负重致远，伺机积极奋起，反其道而用之。

第二次世界大战的结果表明，正义终将战胜邪恶。起初，德国法西斯来势凶猛，貌似强大，但随着时间的推移，世界反法西斯同盟形成，德、日两个法西斯国家节节败退，最后只能宣布投降。

由此可见，我们只要坚持大道，坚持正义，就能取得最后的胜利。

彖辞解读

《彖》曰：剥，剥也，柔变刚也。不利有攸往，小人长也。顺而止之，观象也。君子尚消息盈虚，天行也。

译文 《彖传》说：剥，就是剥落衰败，阴柔增进，侵蚀改变了阳刚的特性。“不利有攸往”，意谓不利于有所前往，这说明小人的势力在增长。君子这时应该顺应时势，停止行动，注意观察事物的变化。君子崇尚万物存亡生息盈盛亏虚的变化，这是宇宙运行的自然法则。

解读 对于浊世、乱世，君子往往需要采取隐忍之道来保全自己，这里谈到了“顺而止之，观象也”，便是一种君子处世的方式。这个时候应顺势而止，闭门修德，适当放缓脚步，停一停、看一看；这就是等待时机，不同流合污，坚守正道，争取民众的支持，开创更新更美的未来。

复

一阳来复，适时作为

传说，泾河龙王与袁守诚打赌，错行布雨，被唐太宗李世民的老臣魏徵在梦中斩死了。被斩前曾向唐太宗求助，没救到，于是泾河龙王要唐太宗还命，唐太宗日夜不宁，魂游太虚，大家都以为他已经气绝身亡了。

这时候魏徵奏道："陛下宽心，臣有一事，管保陛下长生。"太宗道："病势已入膏肓，如何保得？"魏徵道："臣有书一封，进与陛下，捎去到冥司，付丰都判官崔珏。崔珏在日与臣八拜为交，相知甚厚。他如今已死，在阴司做掌生死文簿的丰都判官。此去若将此书付与他，他念微臣薄分，管教陛下的魂魄得还阳世。"

唐太宗为自己卜了一卦，得"地雷复"，复卦为恢复、回复的意思，这暗示着自己能够死后还魂。唐太宗到地府后，受到十殿阎罗的款待，又经崔珏帮忙，偷改生死簿，添了20年的阳寿。七日之后，唐太宗果然还阳。唐太宗还阳后，非常感激，给十殿阎罗做了一场水陆大会，又派人去往西方取经普度众生。于是，便有了唐三藏西行取经的故事。

这段故事是民间流传的野史，不可当真。但人死后要“作七”的风俗习惯，可能来自《易经》的复卦。

卦名复，形声字。小篆“复”字的字形，下部的意符“夂”，是甲骨文“止”字的变形，表示与脚或行走有关。上部是声符“畐”的省形，有腹满之义，在字中亦兼有表义作用。后来“复”字繁化，左部加义符“彳”，表示行走。《说文·夂部》：“复，行故道也。”本义为进出往返。《尔雅·释言》：“复，返也。”段玉裁《说文解字注》：“复，皆训往而仍来。”《诗经》：“公归不复。”《仪礼》：“扬触捆复。”

“复”卦的卦画是䷗，上为坤，下为震，震为雷，性动，坤为地，性顺。震雷在地中微动，阳动上复而能顺行。复为归本，故复象征回复、复归。复卦象征地底下传来了雷声的震动，就像一股熔浆般的力量将要喷薄而出，萧条、衰败的土地受到了震动、鼓舞，它即将迎来一场新生！

卦辞曰：“复。亨。出入无疾，朋来无咎。反复其道，七日来复。利有攸往。”意思是说，复卦，通达。外出入内没有疾病，朋友前来没有灾难。返回其道，七天往返一次，有利于前往。

《象》曰：“雷在地中，复。先王以至日闭关，商旅不行，后不省方。”意思是说，雷藏在地下，就是复卦。古代帝王由此领悟，要在冬至日关闭城门，商人旅客不出门走动，君子也不去四方视察。为何复卦要归藏呢？这是效法天地的闭合以养阳气，冬日之后打开，则象征着新的一年的开始，迎接阳光的生长。

循环往复、周而复始是事物发展的一个规律。上卦剥群阴削去了阳气，接下来便开始一阳复生。正如《序卦传》所说：

"物不可以终尽，剥穷上反下，故受之以《复》也。"这一卦是讲复归之道，阐释的是恢复原本的原则。想要"复"，必须根绝过去的错误，重新回复到善道。应当从小的过失开始，过失尚未严重之前，及时反省改善，否则积重难返。

循环往生是事物发展的规律。"复"字的上部就像一个"人"。人类的生存活动乃至文明发展，本就是一个不断更迭、周而复始的螺旋上升的过程。"复"字中部是"日"，即太阳。太阳东升西落，周而复始，在不断循环反复过程中记录了时间流逝的脚步。"复"字的下部是"夂"，表示行走，也表示行动有所牵绊。可以说，"复"字的文字形象，非常生动地向我们展示了一个周而复始的过程，解释着一个否定之否定的规律。事物的发展都有一个循环往复的过程。自然和生命的运动皆是如此。

中国古代利用土圭实测日晷，将每年日影最长定为"日至"（又称日长小满至、长至、冬至），日影最短为"日短至"（又称短至、夏至）。在春秋两季各有一天的昼夜时间长短相等，便定为"春分"和"秋分"。在商朝时只有4个节气，到了周朝时发展到了8个，到秦汉年间，二十四节气已完全确立。公元前103年，由邓平等制定的《太初历》，正式把二十四节气订于历法，明确了二十四节气的天文位置。

二十四节气是我国劳动人民独创的文化遗产，它能反映季节的变化，指导农事活动，影响着千家万户的衣食住行。

复兴必须像太阳那样刚健有为。"复"字中有"日"，是太阳，它表示一种乾阳刚健的行动。我们仔细观察"复"的卦象可以发现，上一卦"剥"是阴盛而阳衰，而到了"复"卦，则在最下一生出一个阳爻，一阳复生，是阳气伸长的开始，这有利于我们积极采取行动。

"复"卦便是这个循环往复过程中一个极佳的起点，接下来的爻辞有"不远复""休复""频复""中行独复""敦复"。寻求复兴的君子，或行不远就返回，或休止而反复，或屡次反复、艰苦求索，或在走在路中间独自反复，或敦厚地反复探索……在这不断地求索、寻觅过程中，虽然困难重重，但是却大抵是“吉”“无咎”“无悔”的征兆，表明这是一件非常值得去做的事。因此，我们要像“复”卦中的这唯一一个处于最底部的阳爻一样，要有革故鼎新、奋发向上的精神气，像太阳那样刚健有为，来实现复兴之道。

王安石变法是宋神宗时期，以王安石为干将，旨在改变北宋建国以来积贫积弱局面的一场社会改革运动。

王安石变法以发展生产，富国强兵，挽救宋朝统治危机为目的，以“理财”“整军”为中心，涉及政治、经济、军事、社会、文化各个方面，是中国古代史上继商鞅变法之后又一次规模巨大的社会变革运动。变法一定程度上改变了北宋积贫积弱的局面，充实了政府财政，提高了国防力量，对封建地主阶级和大商人非法渔利也进行了打击和限制。但是，变法在推行过程中由于部分举措的不合时宜和实际执行中的不良运作，也造成了百姓利益受到不同程度的损害（如保马法和青苗法）。加之新法触动了大地主阶级的根本利益，所以遭到他们的强烈反对，元丰八年（1085），宋神宗去后新法被废。

王安石变法的根本目的，是要改变北宋积贫积弱的局面，增强对外防御，对内弹压的能力，以巩固和加强封建统治。从新法次第实施，到新法为守旧派所废罢，其间将近15年。在这15年中，每项新法在推行后，虽然都不免产生或大或小的弊端，但是，基本上都能收到一些效果，“富国强兵”的效果十分显著。

由此可见，复兴必须像太阳那样刚健有为，才能实现革故鼎新！

秉承中道，方能走在复兴的大道上。“复”卦的爻辞不仅给我们指出复兴的希望，也给我们提出警示。上六爻便说：“迷复，凶，有灾眚。”意谓迷失方向反复探索，则凶，有灾祸。甚至指出它用于行军打仗，终有大败，以至于征战十年，也不能攻克对方。归根到底，所谓的“复兴之道”，依赖于中道、正道，而不是歪门邪道。复兴之道，应是一个为国为民的伟大事业！

中华民族伟大复兴这一新世纪的万里征程，是中国共产党领导中国人民建设幸福美好生活，是中国共产党、中国人民进一步认识自己、发现自己、成就自己的伟大实践。一方面，我们坚持走中国特色的社会主义道路，走改革开放的强国之路，从富裕走向富强。另一方面，我们走和平崛起之路，与全世界分享中国发展红利的过程，是开创一条和谐友好、互利共赢的国家发展之路并为世界提供新的机遇的过程。

彖辞解读

《彖》曰：复，亨，刚反。动而以顺行，是以“出入无疾，朋来无咎”。“反复其道，七日来复”，天行也。“利有攸往”，刚长也。复，其见天地之心乎！

译文 《彖传》说：复，即往来归复，十分亨通，因为阳刚之气回归了，行动是顺势前进的。所以出入没有疾病，朋友前来没有灾难。在轨道上反复运行，七日往复。这是天道的运行法则，适宜重新前往，这是因为阳刚之气增长的缘故。“复”这一卦真是体现了天地之心啊！

解读 这一《彖》辞给了“复”卦非常高的评价，意谓它能够洞见“天地之心”。因为大自然的运动规律，总是周而复始、循环往复，从而生生不息、永恒发展，成就了人类的灿烂文明，成就了世界的丰富多彩。古人常常将天、地、人称为“三才”，人居其中，这从某种意义上体现了人的重要性。所谓的“天地之心”，即是人心。这里的“复”，归根到底是人们行动之复兴，人类精神之复兴。这里的“复”，体现的是人的精神力量！

无妄

合守正道，当为则为

李广是西汉时期的名将，人称“飞将军”。相传，汉代右北平郡一带有老虎出没，时常伤人，民皆惧之。李广在此任太守时，经常出行围猎。他卜了一卦，得“天雷无妄”。

有一次，李广率众出猎夜归，乘着朦胧月色，从一山庄外经过。这里山谷纵横，草木丛生，正是老虎出没处。李广与随从正在丛林行走，忽见一悬崖旁草丛中卧一个庞然大物，定睛视之，正是一只大老虎！

李广忙张弓搭箭，双臂使出千钧之力，猛射之，只听“嗖”的一箭，正射中那老虎。随从忙跑过去一看，中箭的原来不是老虎，而是一块其状如虎的巨石，横卧草丛。再看那只箭，早已连同羽毛一起，没进坚石。

李广自己也不敢相信，自己竟有这般臂力。他回到原处，又张弓搭箭，照此巨石连射三箭。然而，箭触顽石，火星迸溅，箭折羽飞，竟无一支再入坚石。李广“射石搏虎”的故事至今依然广为流传。

李广英勇威武，虽征战匈奴屡建奇功，却一直未封侯。李广生前为自己的前途卜了一卦，得“天需无妄”，预示着会有无妄之灾。后来，李广因征战失利，恐遭吏人责难，便自杀身亡。

妄，形声字。“妄”字从“女”，“亡”声。本义指女奴逃亡。女子不遵守礼法，与人逃逸私奔，表示不合理、乱。《说文解字》中说：“妄，乱也。”《管子》说：“不通于轻重谓之妄言。” “妄”字的本义即胡乱。此字多用作贬义。《贾子·道术》中说：“以人自观谓之度，反度为妄。”《春秋繁露》中说：“施妄者，乱之始也。” “妄”引申指虚妄，极不真实、悖乱的意思。所以，“无妄”便是不虚妄、不妄为。

“无妄”的卦画为䷘，上卦是“乾”卦，卦象是天，下卦是“震”卦，卦象是雷，天下雷行，万物不敢妄为。无妄象征不妄为，合乎客观规律，不违事实，不违时序，不违大势，这样可以亨通顺利。

卦辞曰：“无妄。元亨，利贞。其匪正有眚，不利有攸往。”意为：无妄卦。最为通达，适宜正固。如果不守正就会有危难，不适宜有所前往。

《象》曰：“天下雷行，物与无妄。先王以茂对时，育万物。”意为有雷在天下运行，万物全都不可虚妄。古代帝王由此领悟，奋勉努力，配合天时，养育万物。能够返回正道，就不会虚妄了。《序卦传》中说：“复则不妄矣，故受之以《无妄》。”也就是说，阳气的复生使阴气不再妄为了，所以复卦之后便是无妄卦。

“无妄”之“无”，表示没有、不存在；“妄”，表示胡乱、荒诞不合理，或是轻举妄动。“无妄”卦的上一卦为“复”，要想实现复兴，首先需要治乱，维护社会的稳定和谐。因此，此卦“无妄”，便讲治乱之道。同时，也告诉我们避免无妄之灾的办法。

无妄必须走正道、守规矩。“无妄”卦象征着不妄为，如能如此，则能够至于亨通，利于坚守正道。如果不走正道、守规矩，就会带来祸患，不利于有所前往。因此，“无妄”卦的初九爻曰：“无妄，往吉。”《象》曰：“无妄之往，得志也。”《彖》曰：“动而健，刚中而应，大亨以正，天之命也。”十分道达而能守正，这是天命的要求。守正也就是遵循规律，敬畏规律，敬畏法律，没有妄行。

《易经》非常注重天人合一的理念。人的行为往往与天地自然的运动相互影响、相互制约或发展。事物的发展都有一定的规律。君子不妄为，遵循规矩而行，便能与万物相应，成就更好的事业。反过来，假如胆大妄为，则会带来灾难。

民国时期，于右任长期担任国民政府监察院院长一职，级别虽高，但并没有什么实权。1941年，于右任巡视至张掖，路遇几名老人跪诉甘肃军阀马步芳部将、100师师长韩起功的种种罪行。

原来，韩起功自1931年驻守张掖后，在当地横征暴敛，盘剥百姓，并独霸祁连山金矿，滥伐、变卖祁连山林木，掠夺农民的牦牛、骆驼、马匹贩运鸦片，而且还向文物下手，成了臭名昭著的“张掖王”。于右任下车将访民们扶起，耐心听完他们的诉说，然后安排下属在张掖做进一步调查。

韩起功很清楚于右任在政府内外的声望，闻知此事后颇为担心。他先是以金子贿赂于右任，后又用甜言蜜语对于右任大加奉承，谁知于右任并不买账。于右任回到重庆后，据实历陈韩起功罪状，主张依法严办，引起了政府高层的重视。加之当时国民政府已在甘肃站稳脚跟，正欲寻机加强对马家军的控制，以巩固其统治地位，遂严令追查。韩起功先是被调至青海，紧接着又被革除军职，遣返循化（今青海省循化撒拉族自治县）老家为民。韩起功不遵循规矩的狂乱行为，最终伤害了自己，可谓罪有应得。

无妄必须节制人的欲望。“妄”的行为，常常来自于妄想和贪欲。一个人的命是不能改变的，叫“死生有命”，“运”是可以改变的。有一个成语叫“痴心妄想”。痴心的人往往有妄想。“无妄”是一种坚守，是坚守正道的信心与决心。正如九四爻所说的：“可贞，无咎。”意思是说，内心如果能够坚守正道，并不会有过错。《象》曰：“天命不佑，行矣哉！”上天不保佑，能行得通吗？君子知足常乐，知止则止。

一次，孔子带弟子到老子那里去求教，老子正闭目养神。孔子恭恭敬敬，垂手站立在一旁。老子听到响动，抬起眼望了望，孔子赶忙说：“弟子孔丘特来候教。”

半晌，老子张开嘴，用手指着自己的嘴问：“你看我的牙怎么样？”孔子说：“已经全掉了。”又问：“我的舌头怎么样？”孔子说：“还好。”说完老子合上眼皮，继续静养去了。

孔子马上率领弟子辞退出去。弟子们问老师：“你不是来求教的吗？怎么还没有请教就回家呢？”孔子摇头解释道：“老子不是已经给了我教诲了吗？你们看，老子指出牙齿是强硬的，却是软弱的，舌头是软弱的，却是刚强的。对老子来讲，看来强硬的牙齿，却敌不过柔软的舌头。老子把刚柔、强

老子画像

弱的关系讲得多么深刻呀。”

多请教、多学习，可以减少自己无知、胡妄的思想念头，节制自己的欲望，老子便向孔子阐释了“柔弱胜刚强”的哲学道理。他坚持道家无为思想，因此而“无妄”，给周游列国而始终不得其志的孔子很大的思想冲击。老子的思想精神，亦增强了年轻孔子的“无妄”之念，促进了日后孔子思想的成熟与发展。

无妄不但要自己无妄行，要防止周围的人有妄行。“无妄”卦的文辞记录了一个“无妄之灾”：“六三：无妄之灾，或系之牛，行人之得，邑人之灾。”这是一种想不到的灾难。有人拴了一头牛，过路的人把它牵走，村里的人却遭了殃。没招谁也没惹谁，自己的行为没有过错，但灾难也降临了，这叫作“飞来横祸”。

有一个典故叫“城门失火，殃及池鱼”。有些灾祸并不是因自己引起的，而是周围的人引起来的，结果连累了自己。这种事情在现实生活中是很常见的。如别人与司机争执，抢司机的方向盘，刚巧自己也在车上，结果车开进了河里，全车的人都陪葬。这种情况自己是很无辜的。因此，要避免“无妄之灾”，不但要看好自己，自己不做坏事，也要看好周围的人，谨防别人做坏事连累到自己。如果总以“事不关己，高高挂起”的态度处世，也会蒙受不白之冤，招致灾难。为此，“无妄”要洁身自好，也要防止周围的人有“妄行”。如发现有“妄行”，也要站出来加以制止。

彖辞解读

《彖》曰：无妄。刚自外来而为主于内。动而健，刚中而应。大亨以正，天之命也。“其匪正有眚，不利有攸往。”无妄之往，何之矣？天命不佑，行矣哉！

译文　《彖传》说：“无妄”卦的卦象，阳刚由外入内从而主导事物的活动，象征运动而强健，刚毅居中上下应合。这样正大的境界，能够亨通顺利，坚守正道，这是上天的要求。如果不能坚守正道必有祸害，不利于外出前往。没有受到约束的狂妄行动，哪有出路可言呢？没有上天的护佑，又怎能行得通呢！

解读　这里将人的行为与天地之正气结合起来讲。天地万物只有服从时序的变化和规律才能蓬勃发展，人的行为活动也是如此。《易经》认为，如果人的思想观念、行为方式不正当，就会有灾祸，这是一个必然的结果。因此，我们要认清世势变化，从现实出发，走正道，因顺自然，不妄求，不苟得，当行则行，当止则止，行止动静，依时而定。踏踏实实做好每一件事，而不要做不正当的、虚妄狂乱的事情。

大畜

日新其德，既富且强

尧是一位出名的节俭、朴素、顾念人民的好帝王。传说他住在用参差不齐的茅草盖的屋子里，屋子里的梁和柞都是用山上伐下来的粗糙木头架起来的；他喝的是野菜汤，吃的是糙米饭，身上穿的是粗麻布衣服，天气冷了就加上一件鹿皮披衫挡风寒，他使用的器皿也不过是一些土碗土钵。那时人们都说，恐怕就连守门的小官过的生活都要比尧好呢！尧为自己占了一卦，得“山天大畜”。于是，他知道自己的品德和声望已经积累到“大畜”的程度。

尧德高望重，人民倾心于尧，尧是中国古代第一位禅让自己帝位的君主。尧帝严肃恭谨，光照四方，上下分明，能团结族人，使邦族之间团结如一家，和睦相处。尧成为了中国古代传说的圣王，传说他号陶唐氏，故亦称为“唐尧”。

在“小畜”一卦中，我们已对“畜”字作了解释，“畜”

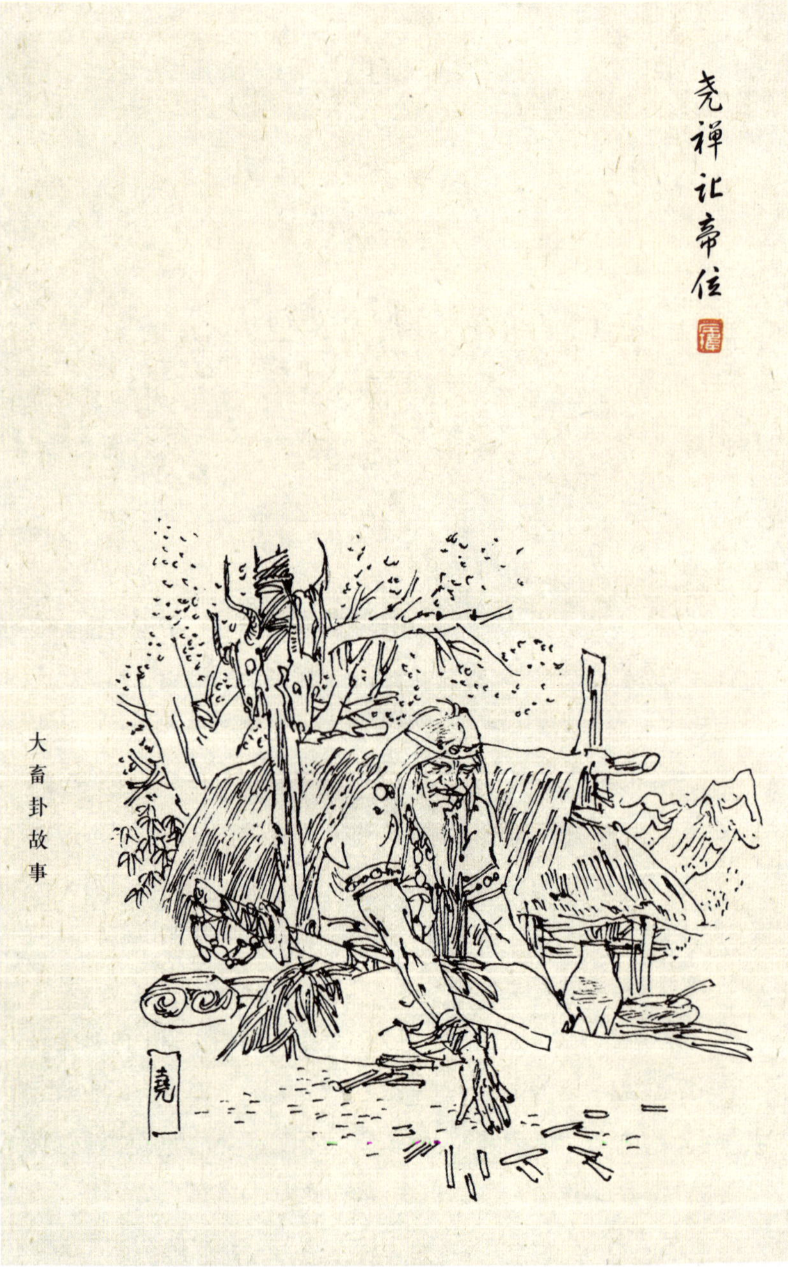

大畜卦故事

有畜聚、畜止、畜养之义，大畜与小畜只是大小的区别。卦名“大畜”，便象征着大为畜聚。程颐《程氏易传》中说：“畜为畜止，又为畜聚，止则聚矣。”朱熹在《周易本义》中说：“畜之大者也。”古代有“六畜”之说，大畜应是指六畜中形体较大的畜生。在农耕社会里，“六畜兴旺”是富裕的象征。

“大畜”的卦画是䷙，为山天卦，上卦是“艮”卦，卦象是山；下卦是“乾”卦，卦象是天。天包含在山中为大畜，象征着大为畜聚，有大量积蓄之义。

卦辞曰：“大畜。利贞，不家食吉，利涉大川。”意思是说，不坐在家中，外出谋生定会吉利。世浊则隐，世清则仕。太平盛世，不坐食在家中，而应该外出建功立业，一定会有积蓄。卦辞告诉我们，在盛世中，有能力要到社会上去奋斗，到广阔天地去拼搏，一定能有较大的收获。

《象》曰：“天在山中，大畜；君子以多识前言往行，以畜其德。”“大畜”卦上“艮”下“乾”，高山之中自有一片天，这是因为那里草木丰盛，饲养着许多动物。这便是“大畜”之象。君子从“大畜”的卦象中体悟到应该多学习前代圣贤的言论和行为，以积蓄自己的品德。

相比于“小畜”讲的是积蓄之道，“大畜”这一卦，站在更高的层面上，为我们阐释了聚德之道。由于人们的行为都不妄为，为此不畏严重的艰难险阻，努力修身养性以丰富德业，社会财富得到了大的积蓄。《序卦传》说：“有无妄然后可畜，故受之以《大畜》。”这就是说人们不妄为，思想不妄想，踏实做事，社会财富就可以得到大的积蓄。当然，小畜与大畜不但有量的差别，也有质的不同。小畜要靠勤劳，大畜则要靠大智慧、大能力，要靠尚贤、养德的高尚精神品质。

大畜要自新其德。《象》曰：“君子以多识前言往行，以畜其德。”这就是要求多学习前人的言论和行为，以积蓄自己深厚的品德。宋代朱熹在《周易本义》中这样解释“大畜”之“大”：“大，阳也。以艮畜乾，又畜之大者也。又以内乾刚健，外艮笃实辉光，是以能‘日新其德’，而为畜之大也。”他认为“大畜”的卦象，就像崇山峻岭，高耸于天际，更显得天空的广阔壮美。“艮”（山）道与“乾”（天）道相互辉映，正如君子刚健笃实、日新其德的道德品质，令人仰止！

孔子曾说：“德之不修，学之不讲，闻义不能徙，不善不能改，是吾忧也。”意思是说，品德不能修养；学问不能讲习；听到义之所在，不能迁而从之；有缺失不能改正；这些都是我的忧虑。宋代朱熹认为，以上孔子所讲的这四方面，正是君子学者的“日新之要”。这既是孔子对天下学者丧失“日新之要”之感叹忧虑，又是孔子自勉自励之言。

《礼记·大学》中说：“苟日新，日日新，又日新。”就是要求君子每天都修养，每天都进步。唯恒以己之德、行、学存有缺憾，乃能日日反省，自我检讨，从而奋力上进。孔子之德高学大，正因为他时刻自新其德，以蓄养自己的道德光辉。知自身不足之忧患意识，乃是为人进取日新之动力。

屈原《离骚》云：“纷吾既有此内美兮，又重之以修能。扈江离与辟芷兮，纫秋兰以为佩。”前两句言自己既有缤纷的内在的本质之美，又有美好之才能，但如此还是不足，还必须用各种香草装饰自己。香草，美好芳洁之物，屈原常用以比类寄托人格才能之美好芳洁。此即表明屈子很注意修持培养自己，以“日新”其德，使自己更美好芳洁。

美国某城30英里外的山坡上，有块不毛之地。地皮主人见地皮闲置在那里没用，就以极低的价格出售。有人将其买下后，找到当地政府部门说：“我有一块地皮，愿无偿捐给政府，可我是一个教育救国论者，因此这块地皮只能建一所大学。”当时，政府资金匮乏，如获至宝，当即便同意了。于是，新主人把地皮的2/3捐给了政府。一年后，一所颇具规模的大学矗立在这块不毛之地上。新主人笑了，他在剩下的1/3的地皮上修建了学生公寓、餐厅、书店、商场、酒吧、影院等，形成了大学门前的商业一条街。没用两年，地皮的损失就从商业街的赢利中赚了回来。之后，就是源源不断的财富收入。

尽管是一块不毛之地，但将其免费捐赠，这绝对是原主人不可想象的。但正是这种不可想象，让雄心大、私心小的新主人将这片土地化腐朽为神奇。

这个故事告诉我们，若做富者，先做德者。小富靠力，中福靠智，大富靠德。一个德行很高的人，必将有一个良好的人脉。当今社会，人脉就是最大的资源，做事有诚信，自然财源滚滚来。

大畜要德刚而尚贤。《彖》曰："大畜。刚健笃实，辉光日新，其德刚上而尚贤，能止健，大正也。'不家食，吉'，养贤也。"大畜卦要求积蓄德行和学识之后，成为贤人，就会得到国家的礼遇，不必在家里吃闲饭。要实现大畜，不但要"当贤""养贤"，还要"用贤"。在这里《易经》指出了人才的重要作用，"人才是最大的资本"，谁拥有人才就拥有财富，更重要的是有"贤人"的相助。由此可见君子尚贤举仁、善于用人的重要性。

《论语》中曾说："舜有臣五人而天下治。""五人"指禹、稷、契、皋陶、伯益五位贤臣。这句话道出了贤臣对于明君治理天下的重要性，如果舜没有依靠这五位贤臣，其身边围绕着奸臣佞小，则天下必不能大治。

接着，《论语》中又说："武王曰'予有乱臣十人'。""十人"，指周公旦、召公奭、太公望、毕公、荣公、太颠、闳夭、散宜生、南宫括、邑姜。这十个人中，一个个都是大名鼎鼎的。舜有五位贤臣，而武王却有十位贤才，人数翻了一倍。正是这些贤才，辅佐武王，使周武王得以完成灭纣兴周、平定天下的历史使命，并使西周初年天下大治。

孔子因此感叹道："才难，不其然乎！"人才难得啊，难道不是这样吗！清代诗人赵翼有诗云："李杜诗篇万口传，至今已觉不新鲜。江山代有才人出，各领风骚数百年。"虽然一代必有一代之俊才，但终究不多。正因如此，为政者更应该惜才爱才、尚贤崇德。唯有如此，才能更好地让贤达之人走上更高的平台，为国家、社会贡献更大的力量，从而收获“大畜”之美。

大畜要有方向和智慧。上九爻辞说：“何天之衢，亨。”《象》曰：“‘何天之衢’，道大行也。”“衢”为交通要道。意为处在上天所赐的道路，通达。要获得更多的蓄养、得到更大的利益，必然要有正确的方向和智慧。个人的力量总是有限，我们不妨汲取前人的智慧，站在巨人的肩膀上，这样可以使我们站得更高、看得更远、走得更踏实，自然也能够收获更多！

犹太民族向来被认为是特别富有智慧的一个民族。世界上犹太人的数量有1000多万，约占世界人口的0.3%。但是，在世界政治、艺术、科学和思想各领域，约每10个领导性的人物中就有1个是犹太人或犹太后裔。1901年设立诺贝尔奖以来，约有17%得奖者是犹太人。

那么，犹太人为什么这样优秀呢？其中最重要的原因也许是，犹太人非常注重从前代圣贤的言行中汲取智慧。

犹太民族有一个重要的文化教育理念：从幼年开始的经典教育，即是对记忆力的良好培养，也是民族精神文化的洗礼。唯有在这基础上，才能很好地培养起学习和创造的能力，今后才能取得成就。因此，犹太人的孩子还在襁褓中时，经典学习就已开始。父亲会在每天固定的时间读经典给摇篮中的婴儿，并且每次读完后都在婴儿稚嫩的嘴唇上抹上蜂蜜，让孩子知道读书是一件很甜蜜的事情。孩子3岁开始学习希伯来语，背诵祈祷文；到了5岁就开始背诵《圣经》《摩西律法》；到了7岁则学习《圣经旧约》的剩下部分，而且还要接触《塔木德经》的基础知识。在满13岁接受成人典礼之前，要学完所有的犹太教法典的基础经文和圣著。他们的学习的方法是配合着旋律，反复朗诵，直至能够背诵。

犹太民族之所以成为特别富有智慧的一个民族，是与其高度重视经典文化教育分不开的。从前代圣贤的言行中汲取智慧，多读书，多思考，更能坚定自己前进的方向。

彖辞解读

《彖》曰：大畜，刚健笃实，辉光日新。其德刚上而尚贤，能止健，大正也。“不家食，吉”，养贤也。利涉大川，应乎天也。

译文 《彖传》说：大畜具有刚健笃实的美德，因而光辉焕发，这种美德日日更新。此卦阳刚居上而崇尚贤能之辈，能积蓄刚健者，是崇高而正大的。贤良能人不要闲困在家里，应该让他们出来为国效力，这是因为国君崇尚贤能之辈。有利于涉越江川巨流，开创大业，这是顺应天理。

解读 彖辞中再次强调了为政者崇贤举能、善用贤才的重要性，认为这是“大正”之德，是“应乎天”的行为。大畜，并非局限于钱财之集聚、货物之集聚，而更体现为一种道德之集聚、国运之提升。要实现国家昌盛、民族团结富强，当然离不开治国理政的人才。因此，国家之大畜，必当以人才为基础。

颐

颐养万物，自立自强

汉武帝时，匈奴作乱，汉武帝欲联合大月氏共击匈奴，张骞应募任使者，于建元三年（前138）出陇西。在经过匈奴一带时，张骞被俘，后历险逃脱。西行至大宛，经康居，终于抵达大月氏，再至大夏，停留了一年多才返回。在归途中，张骞改从南道，依傍南山，企图避免被匈奴发现，但仍为匈奴所俘，又被拘留一年多。

汉武帝元朔三年（前126），匈奴内乱，张骞乘机逃回汉朝。他赶到一条河边，卜了一卦，得“山雷颐”卦。原来这里是黄河的源头，黄河是中国的母亲河，来到这里，张骞才知道重返汉朝已经近在咫尺了。

回到汉朝后，张骞向汉武帝详细报告了西域情况，武帝授予张骞太中大夫。因张骞在西域有威信，后来汉所遣使者多称博望侯（张骞爵位）以取信于诸国。张骞对开辟从中国通往西域的丝绸之路有卓越贡献，至今举世称道。

卦名颐，形声字。“颐”右部为“页”，表示人的头部；左部为“𦣝”，表示人的面颊。《说文·𦣝部》中说：“𦣝，颔也。”它的本义即指人的下巴。颐的部位包括牙齿、嘴唇、下巴，所以引申为饮食、颐养。如口嚼食物，供给营养。《易经》亦用此义：“颐中有物曰噬嗑。”人的头颅称为“颐腮”；俯身伸首平视，下巴如屋溜下垂称为“颐溜”，形容礼敬的样子。人们财物有了极大的积蓄以后，便开始注重饮食的养生之道了。

“颐”的卦画为䷚，卦上为“艮”，下为“震”，艮为山，震为雷，山在上而雷在下，雷出山中，万物萌发，春暖万物养育，依时养贤育民，这便是颐卦的卦象。上“艮”下“震”，正是一个外实内虚、阳实阴虚之象，实者养人，虚者为人养。

卦辞曰：“颐。贞吉。观颐，自求口实。”意为颐卦。正固吉祥，观察养育状况，自己求取食物。这个卦辞要求人们观察事物的颐养现象，当以正道、自力更生来养活自己。

《象》辞曰：“山下有雷，颐。君子以慎言语，节饮食。”意为：山下有雷在震动，这就是颐卦；君子由此领悟，言语要谨慎，饮食要节制。俗话说言多必失，饮食要防止暴饮暴食。

人们的物质财富获得极大积蓄以后，便开始注重饮食的养生之道了。《序卦传》说：“物畜然后可养，故受之以《颐》。颐者，养也。”所以，大畜卦之后便是颐卦。

颐养之事，正所谓“时义大矣”，对个人而言，这是一种颐养天年的幸福感，对国家、社会而言，这是一种老有所养的和谐面貌。承接上一卦“大畜”，人们的物质、精神世界有了极大的积蓄以后，便开始注重颐养，生活质量也随之提高了。“颐”卦中所讲的颐养之道，大抵有三个层次。

君子自求口实以养身。《象》辞中说：“颐，君子以慎言语，节饮食。”程颐说：“口所以养身也，故君子观其象以养其身，慎言语以养其德，节饮食以养其体。”君子当思生养之不易，从而谨慎言语，避免灾祸，节制饮食，修身养性。君子自养，包括物质之养和道德修养、文化修养、精神修养。

这里对君子在物质方面和精神道德方面都提出了要求。例如六二爻便说：“颠颐，拂经于丘。颐征，凶。”为了糊口，就得在山坡上开荒种地。为了生计而去抢劫别人，这是凶险之事。因为这种行径违反道义。又如六三爻：“拂颐，贞凶，十年勿用，无攸往。”违背养生正道，靠歪门邪道过活，占问得凶兆。十年都得倒霉，永无好处。至于上九爻：“由颐，厉吉。”遵循生活正道，先艰难而终吉利。

季羡林先生自20世纪80年代中后期分别从北京大学副校长和全国人大常委会委员的位置上退下来，之后他家中几乎天天坐满婉辞不掉的客人以及来访者。在他的书桌上，永远摆放着一篇篇、一部部尚未完成的文章和著作。这一切，对于一位耄耋之年的老者来讲，实在是过于繁忙和劳累了。

然而，说起来的确很奇怪，除了老年哮喘和白内障之外，事务如此繁忙的季老却一直保持着一副自称“健硕”的体格。每天凌晨三四点钟，季老的书房中就亮起了北大校园里的第一盏灯，他直到晚上10点才入睡。季老的工作和活动日程总是排得满满的。以九十之躯来承担如此重负，没有一个好的身体，实在是难以胜任。

季老健康的身体得益于他平时的生活极有规律。每日三四点钟即起床，进行学术研究或写作，几千字的文章可以一挥而就。7点多钟早饭结束后，继续一天的工作与生活。午饭后，他都要在书房的旧藤椅上小憩片刻。而这时，老人钟爱的小猫咪便会跳上他的膝盖，这老“小”同眠的情景，颇为老人繁忙的生活增添了几分童趣。工作累了的时候，季老会提起水壶为窗台上的花草浇浇水、松松土，在满目青翠之中寻觅一份心灵的宁静和一种生命的活力。这短暂的活动与休息，对季老无疑是颇有裨益的。晚饭之后的时光，老人则要看看电视新闻、报刊和刚收到的新书与邮件，以了解新的信息和收获新的知识。晚上10点钟准时就寝。除极特殊的情况外，这样的作息规律是从不改变的。健康生活，衣食住行有规律，是季羡林老人的颐养之道。

圣人要推己及人而养贤。“颐”卦更进一步，则阐释了“养人”之道。君子治理国家，必然要有贤能之士辅佐，上九爻“由颐”亦有将“由”解释为辅助、辅佐。君子身居高位，应当常怀危厉怵惕之心，养贤举能，才能成就大业。如何才是养贤之道呢？马其昶曰：“观颐，观其所养之人何如也。何由知其人，亦观其人之自养，则其贤不肖可知矣。”

为政者要善于“养人”，也就是说，要养对人、养好人。因此，为政者要善于举贤才、养贤才。一个国家的统治效能和社会的道德状况主要体现在官吏的个人修养、学养水平，这是历代统治者在治国理政中非常重视的因素。

帝尧禅让时，官德是继承人最重要的指标；西周接受了夏商两代后期由于官吏失德缺才而毁政亡国的教训，在选拔官吏时特别强调道德修养，以“六德”与“六行”的标准选拔官吏。“六德”为“智、信、圣、仁、义、忠”，“六行”为“孝、友、睦、姻、任、恤”，遵循“以德为先”的标准选拔官吏。秦汉的选官均是按德、才、能的顺序进行素质考察的。秦朝的职官管理制度规定了“五善”与“五失”的考课原则，对官吏的道德品行进行考察。汉代则把礼义道德教化的儒家思想置于治国的首位，选官的主要途径是“察举制”。隋唐以后，封建统治者更加重视德礼在治国中的作用，从官员的选任到考绩到监察，都高度重视官员的个人修养状况。唐朝对官吏考绩的法定标准为“四善二十七最”。宋、元、明、清各朝在职官管理制度、对官员的道德品行要求等方面与唐有诸多相同或相似之处，并突出严法治吏。

君子要从养己延伸到万民之养。《彖传》中由“颐”卦的颐养之义引申至一个更高的境界：“天地养万物，圣人养贤以及万民。”君子通过养己完善自身的精神品质，在养贤、养人的过程中实践了推己及人的仁爱之道。翟玄曰：“天地以元气养万物，圣人以正道养贤及万民。”这是古代圣贤体现出的伟大政治理想，是一种极高的颐养之道。

元祐四年（1089），苏东坡刚到杭州时就遇到了严重的自然灾害，原来浙西一带在年初就已经遭到水灾，早稻无法下种。到了五六月份，晚稻刚刚插下，又遭到了旱灾，再加上当时的米价狂涨，百姓饥荒严重。了解详情以后，苏东坡马上投入到救灾工作中，他一面接连向朝廷上奏，希望马上拨出相当数量的粮食，来救济浙西的百姓，并且还请求朝廷免去秋税。另一面，苏东坡相信常平仓远远胜过饥荒之后的救济，所以他就不断购买谷子来存满粮仓，好应付荒年。同时，当地瘟疫的流行，更使百姓苦不堪言。为了使黎民百姓免受疾病之苦，苏东坡从公款里拨出二千缗，自己再捐出五十两黄金，在杭州城中心的众安桥建立了一家杭州历史上最早的公立医院——“安乐坊”。

“安乐坊”专门收纳穷苦病人，给他们施舍药剂、稀粥，并请名医庞安时来坐堂问诊。此外，苏东坡还另外分设了几个病坊，并经常派遣官员和医生去病坊给病人治病。三年之中，“安乐坊”就治疗了近千名病人，受到广大百姓的爱戴，也引起北宋朝廷的重视。

古语说得好“人之初，性本善”，为政之人更需要有一颗仁义之心，乐善好施，关心百姓，才能让百姓的生活过得越来越好。这种精神对我们今天构建民有所居、老有所养的和谐社会有很大的启示意义。

彖辞解读

《彖》曰：颐，贞吉，养正则吉也。观颐，观其所养也。自求口实，观其自养也。天地养万物，圣人养贤以及万民。颐之时大矣哉！

译文 《彖传》说：颐卦，坚守正道则可获得吉祥。观察万物养育的现象，来了解世间万物的生存之道。用自己的努力来果腹糊口。通过观察万物自我生存的方法，体悟自己的生存哲理。天地养育着万物，圣人以德养育着天下贤能之士和广大民众。颐卦随顺时势，真是伟大啊！

解读 我们往往能通过观察大自然，来体悟人生的哲理，“观颐”便是如此。通过观察自然万物的生存之道，我们可以体悟到颐养之大义。我们不仅要依靠自身的努力实现衣食、精神之养，而且要能制国用、明法度、坚守正道，实现万民之养。人类与自然界一般动物的区别，即在于这种人性道德光辉之升华。孔子曾说自己的志向是：“老者安之，朋友信之，少者怀之。”这是颐养之道在现实生活中的美好描述。在银色浪潮的老龄化社会，每一个人都能颐养天年，这是社会文明进步的标志。

大过

有失分寸，力求平衡

太公姓姜名尚，又名吕尚，是辅佐周文王、周武王灭商的功臣。他在没有得到文王重用的时候，隐居在陕西渭水边一个地方，常在溪旁垂钓。他卜了一卦，得“泽风大过”卦。他便知道自己一定能得到贤人的知遇，这是一个大器晚成的卦。

一般人钓鱼，都是用弯钩，上面接着有香味的饵食，然后把它沉在水里。姜太公的钓钩却是直的，上面不挂鱼饵，也不沉到水里，并且离水面三尺高。他一边高高举起钓竿，一边自言自语道：“不想活的鱼儿呀，你们愿意的话，就自己上钩吧！”

有人说：“老先生，像你这样钓鱼，一百年也钓不到一条鱼的！”

太公举了举钓竿，说：“我不是为了钓到鱼，而是为了钓到王侯！”

周文王听到姜尚这些传闻，知道这个钓者必是位贤才，便洗了澡换了衣服，带着厚礼，亲自去请他。80岁的姜尚就此出山，辅佐文王兴邦立国，帮助武王姬发建立了周朝。

卦名大过，过，形声字。从“辵”，表示与行走有关。《说文·辵部》中说：“过，度也。”“过”字的本义是走过、经过、度过。后来，“过”字引申为无意的犯法或作恶行为、错误。《说文解字》中说：“过，罪愆也。”《史记》：“补过拾遗。”《论语》中有“过则无惮改”的名句。“过”也引申指过度、超过的意思。

“大过”的卦画为䷛，上卦是“兑”卦，卦象是泽；下卦是“巽”卦，卦象是风。上兑下巽，泽本润木，但泽在树上，这就像泽水淹没木舟的样子，表示过甚。正所谓“水能载舟，亦能覆舟”，这样的卦象是很危险的。君子观此卦象，以舟重则覆为戒，领悟到守节不屈、清静淡泊的精神。

“大过”的卦辞曰：“大过。栋桡，利有攸往，亨。”意思是说，《大过》卦，栋梁弯曲，前往有利，亨通。大过是阳刚过盛的意思。阳刚虽然过盛却处于中部，柔顺、喜悦地前往是亨通的。

《象》曰：“择灭木，大过。君子以独立不惧，遁世无闷。”意为《象传》说：沼泽淹没了树木，这就是大过卦。君子由此领悟，要坚定不移而无所畏惧，避世隐居而毫无苦闷。

“大过”卦讲的是纠过之道。上卦为“颐”，说的是人们生活富裕了，会追求口腹之欲和过度享乐。怎样才能避免这种现象呢？唯一的途径是对自己的思想和行为有一个大的超越。为此，《序卦传》说：“不养则不可动，故受之以《大过》。”万物养而有成，成而后动，有动而后可能产生过。“过”有“大”“小”之分。这里的“大过”，便指大的过失。

大过源于分寸失度。“过”字从“辵”，是行走的意思，这里可以引申为人的言行。繁体字的“過”，内部的“咼”，有歪斜不正之义。从“过（過）”字的字形看，这表示行为不正、行动有偏差，这是造成过错的重要源头。“大过”卦的卦辞中说：“大过，栋桡。”彖辞解释说：“‘栋桡’，本末弱也。”意谓栋梁弯曲，就是因为横梁中部太粗，两头太细，不堪负荷——这便是因本末倒置、歪斜不正而造成的过错。

我们再看简体的“过”字，走之底的内部是一个“寸”。“寸”字的本义是手腕之间的部位，古代常常用作计量单位，进而引申表示分寸、尺度。由此可见，一个“过”字，不仅向我们解释了过错的来源，也向我们揭示了纠过之道——那便是控制尺度、把握分寸。

战国时期，有一次，楚威王问大臣子华：“从先君文王到我这一辈为止，真有不追求爵位俸禄而忧虑国家安危的大臣吗？”子华便为楚威王讲述了五位楚国历史上的贤臣。楚威王听后感慨道：“这些都是古人，现在还有这样的人吗？”

子华又说道：“从前，先帝灵王欣赏人有纤细的腰，于是楚国人为了拥有细腰，每天就只吃一顿饭，以致饿得头昏眼花，站都站不起来。那些坐在席子上的人要站起来，非要扶着墙壁不可；坐在马车上的人，则要借力于车轼才能挺起身来。其实每个人都很想吃美味的食物，但当时大家就是忍住不吃。为了拥有纤细的腰身，即使饿死了也心甘情愿。我又听说，君王喜欢射箭的，那他的臣子都会选择佩戴扳指和穿臂衣。大王您如果真心诚意地欣赏贤人，而不是像灵王那样有着不良嗜好，那自然能引导大家都争当贤人，楚国就不难再出现像五位前贤一样的能臣了。”楚威王听从了子华的建议，从此以身作则，立志做个高雅、贤能的君主。他礼贤下士，吸引了大批贤才。

正所谓“上有好者，下必甚焉”“风成于上，俗形于下”，过错往往源于分寸失度。子华细数了前代君王的失度之“过”，引起了楚威王的警醒。这番话同样值得当今为政者警醒。

防止过失关键是坚守中庸之道。“大过”卦的卦辞上说：“利有攸往，亨。”彖辞解释说：“刚过而中，巽而说行。”

意谓虽然阳刚过盛，但是像君子能得贞正之道，就像风儿一样，有谦逊而和悦的品德。正因为有这样的精神品质，所以虽有大过，但是依然能喜悦前往，前进亨通。

仔细观察“大过”卦的六爻，我们不难发现，此卦上“兑”下“巽”，最上、最下二爻都是阴爻，而中间的四爻都是阳爻，九二、九五之爻分居下卦、上卦之中位，阳刚之气充斥其中，而且位置非常中正，这也是“大过”卦虽然有过错，但是依然能够“亨”的原因。不偏不倚的中庸之道，正是防止过失、纠正过错的关键一步。

孔子是最早提出“中庸”这个哲学概念的人。《论语》：“子曰：‘中庸之为德也，其至矣乎！’”他将中庸之德奉为最高的行为道德准则。中庸，即要“致中和”，《礼记》：“喜怒哀乐之未发谓之中，发而皆中节谓之和。”宋代理学家则将中庸提高到了世界观的高度，程颐解“中庸”曰：“不偏之谓中，不易之谓庸。中者，天下之正道，庸者，天下之定理。”孔子“文质彬彬”的文艺思想、“和而不同”的政治思想，还有此节的“过犹不及”，都是自“中庸”的哲学思想而来。

孔子还把不偏不倚的“中庸”原则运用到他的美学上，“乐而不淫，哀而不伤”的提法，正是孔子“中庸”原则在美学批评上的运用。在孔子看来，真正美的、有益于人的艺术作品，情感的表现应是适度的。艺术所表现的情感应该是一种有节制的、社会性的情感，而不应是一种无节制的、动物性的情感。这个基本的思想使得中国艺术对情感的表现在绝大多数情况下都保持着一种理性的人道的控制特质，极少坠入卑下粗野的情欲发泄或神秘、狂热的情绪冲动。

孔子对于不偏不倚、中正刚直的精神品质的追求，是着眼于人类的基本存在及其健康发展，而与毁伤生命、违背理性、放任情欲或悲观厌世等思想相对立。待人处世要力求做到适中、适时、适度，防止片面化和走极端，恰到好处，就是一个最高的境界和智慧。

彖辞解读

《彖》曰：大过，大者过也。栋桡，本末弱也。刚过而中，巽而说行，利有攸往，乃亨。大过之时大矣哉！

译文 《彖传》说：大过，意思是大而过当。栋梁弯曲，就是因为横梁中部太粗，首尾两端太过于柔弱，不堪负荷。刚强过盛却能守中，行动顺利而和悦。秉此行事，有所往则必有利，所以说通泰。"大过"卦随顺时势真是伟大啊！

解读 "大过之时大矣哉。"这是对"大过"一卦极高的评价，因为它展现了中国传统智慧中的精髓——中庸之道。不偏不倚、恰到好处，这是一种哲学智慧，也是一种行为规范，它深刻影响了传统中国人的内在心理结构，影响了人们的思维和行为方式。程颐说："如立非常之大事，兴百世之大功，成绝俗之大德，皆'大过'之事也。"顺时守中，是大过卦告诉我们的道理。

坎

坚定刚毅，跨越险难

唐玄宗晚年慵于朝政。公元755年，安禄山与史思明发动叛乱，同中央政权争夺统治权，史称“安史之乱”。叛军突破潼关险隘，向长安逼进。唐玄宗与杨贵妃、杨国忠兄妹及部分大臣、皇子，连同禁军将士1000多人出禁苑之西延秋门，向蜀地逃窜。唐玄宗在避乱期间卜得“坎”卦，这意味着这一程将会困难重重。

后来，军队行至马嵬驿（在今陕西兴平境内），禁军哗变，杀宰相杨国忠，又逼迫唐玄宗缢死杨贵妃。叛乱直到763年才平息，历时七年多。虽然乱事最终得以平定，可是对中国后世政治、经济、文化、对外关系的发展等产生了巨大的伤害。

卦名坎，形声字。坎，从土，从欠，欠张口为凵，其形表示地穴。《说文·土部》中说：“坎，陷也。”《序卦传》：

"坎者，陷也。"所以，"坎"字的本义为地面低洼的地方，坑。如道路不平称为"坎"，喻指麻烦、变故；"坎坷"表示不平坦。遇险难而止称为"坎止"。由于"坎"字有艰险、困难之义。在《易经》中引申为表示水。

坎的卦画为䷜，"坎"卦是同卦相叠，下坎上坎。坎为水、为险，两坎相重，水向前波动碰到了土坎，产生了险阻。险上加险，更是危险重重。唯有"水"德才能冲破险阻，越是在艰险中越是要向前，退缩是没有出路的。

卦辞曰："习坎。有孚，维心亨，行有尚。""习"为重，"坎"为水。意为习坎卦。有诚信。只要心真诚就能通达，行动只要积极向上就会有功赏。

坎卦《象》辞曰："水洊至，习坎。君子以常德行，习教事。"象辞的意思是说，水流叠连而至，这就是习坎卦。君子由此领悟到，要不断修养德行，熟习政教之事。

坎卦是坎上坎下，水上加水，险而再险，内忧外患，险难重重。在事物发展过程中，不总一帆风顺的，有时会遇到困难和挫折，甚至陷入困境。但只要有诚心、有恒心、有信心，想办法克服困难，就能摆脱险境。人类从来是不怕艰难险阻的，正是在对大自然的斗争中，人类得到了成长、壮大并走向成熟。有困难、有险阻不要紧，关键是要有诚信，要保持良好的德行，就能感天动地，就能获得民心，也就跨越险阻而走向胜利和辉煌。由于事物的发展不可能总是一帆风顺，总会有坎坷阻挡，所以大过之后便是坎卦。《序卦传》说："物不可以终过，故受之以《坎》。"这一卦讲的是跨越艰险之道。

人生的路上有坎坷是生活的一种常态。"坎"字，从土，从欠，非常生动地表达了人生的道路充满坎坷。因此，"坎"卦的象辞中曰："习坎入坎，失道凶也。"置身于重重的艰险困难之中，假如迷失了正确的方向会落入到陷坑的最底下，造成凶祸。又有："来之坎坎，终无功也。"往来进退都处在重重陷坑之间，是说虽急于求得平安，结果是欲速则不达，最终还是不能摆脱危险，走出困境，徒劳无功。

人生的道路，总有各种不如意，我们在生活、工作、学习之中，总会遇到各种各样的困难。它们常常令人沮丧、使人不安，而无法一帆风顺地实现自己的既定目标。而从另一个角度看，这种种的磨难与考验，就像一块磨刀石，只要有积极向上的心态、顽强的意志，就能磨出一把锋利的刀来。从这个意义上看，“坎”何尝不是人生的一部分呢？又何尝不是一种财富与福气呢？

清朝康熙年间，浙江平湖人陆陇其寒窗苦读，乡亲们见他饥寒交迫，就劝他当以兴家为首，书可以以后再读。陆陇其说读书可以明事理，日子苦不能够影响自己的求知。于是他照样每日下地干活，晚上仍秉烛夜读，从不间断。

陆陇其从不为自己叫苦，在和乡亲们交流时，总是鼓励他们战胜困难，把心放宽。有一次有位乡亲说：“你说的虽然有道理，但是我们根本做不到啊。我们穷苦人有数不清的愁事，哪儿能快乐起来呢？”陆陇其劝解说：“整日忧愁也无法改变困境，只会使人陷得更深。人生下来就是为解决难题的，总不该被困难吓倒。我们现在虽然苦，但是只要努力肯干，以苦为乐，好光景一定会来。即使我们无法享受，也会惠及我们的子孙。”陆陇其的乐观精神感染了大家。自此以后每逢困难之事，他们总是会和陆陇其商量。乡亲们都夸奖说：“陆陇其的话总给人正面激励，做人就该像他那样。”

后来，陆陇其被任命为江南嘉定县知县。上任之初，他让妻子带上纺车、织布机，不忘本而不奢侈。上任不久，他就取消苛捐杂税，大力提倡勤俭之风。开明的政策使得当地的社会得到了发展，人民更加安居乐业。

即使处于不利的环境中，陆陇其也没有怨天尤人，而是更加发奋图强，勤奋向上。为官之后，他不忘本，依然以自己的积极心态影响百姓，使得当地人民过上幸福的生活。陆陇其告诉我们，人生的道路不可能一帆风顺，磨难是一种财富和考

坎卦故事

验；我们不妨以积极乐观的心态面对人生的困难，从中寻找更多的收获。

人生的坎坷大多源于自身德行的欠缺。“坎”字从“欠”，“欠”指欠缺，即欠缺德行、能力、智慧和机会。故《象》曰：“水洊至，习坎。君子以常德行，习教事。”“常德行”就是择善而固执之，以变化气质。

坎坷一方面是由于客观因素造成的，这是人为所不能抗拒的，如时运不佳、天灾人祸。如爱国诗人屈原、《富春山居图》的作者黄公望，可谓人生坎坷，历经磨难。

但是人生的坎坷更多的是由自身的欠缺造成的。有些人怨天尤人，或抱怨天不作美，或抱怨坏人当道，或抱怨机会不垂青，其实，更多的是由于自己的德行不足、能力不足、智慧不足造成的。一个人的命难以改变，但运却是可以改变的。在顺天应命的同时，也要通过自身的努力，改变自己的运势，这样，才能从坎坷走向坦途。

人生跨越坎坷，趋吉避凶全靠修养自身的德行。“坎”，指低陷不平的地方，是指坑与穴。从“坎”字的字形上看，“坎”的左部为“土”，有阻碍之义；右部为“欠”，表示欠缺、不足。是什么造成了这重重困难呢？当然是有所不足。这里的欠缺、不足，主要针对为人缺乏中正刚直之德行。“坎”为水，一阳居中，表示唯有“水德”才能冲破险阻，金石为开。坎卦强调，君子虽然身处逆境，但只要建立起守信、中正、闯险的水德，就能履险而安。水之道，守其信，不盈不流；柔外刚中，能胜万物；因势就形，避高而下；一往无前，冲破险阻；卑下无私，能利万物。

儒家很推崇水，孔子在《论语》中说“智者乐水”，对此西汉刘向在《说苑》里解释道：“夫水者，君子比德焉。遍予而无私，似德。所及者生，似仁。其流埤下，裾拘皆循其理，似义。浅者流行，深者不测，似智。其赴百仞之谷不疑，似勇。绵弱而微达，似察。受恶不让，似包。蒙不清以人，鲜洁以出，似善化。至量必平，似正。盈不求概，似度。其万折必东，似意。是君子见大水观焉尔也。”流水就像君子一般，有着崇高的美德!

孟子也推崇水德，他说：“原泉混混，不舍昼夜，盈科而后进，放乎四海。”意谓流水不舍昼夜地流动着，遇到坑洼时，要充满之后才继续向前流，直奔向大海。后来，人们用“盈科后进”的成语表示踏踏实实的学习态度。这其中的流水之美，被赋予了勤奋、踏实、有理想、有进取心的中华传统美德。水具有川流不息、周流无滞的中正之德。老子《道德经》：“上善若水。”因为水无色无味，在方而法方，在圆而法圆，无所滞碍，故道家认为修养的最高境界就像水的品性一样，泽被万物而不争名利。这在中华民族谦虚谨慎的传统美德中亦有所体现。

《彖辞》中说“水流而不盈。行险而不失其信”，水流陷穴不见盈满，行走在凶险之境而坚定地信守其不流不盈的本性。君子向水学习的，便是一种中正之德，这也是跨越险难的方法。

1944年冬天，第二次世界大战进入全面反攻阶段。一天，盟军总司令艾森豪威尔将军要从法国某地返回总部，参加一个重要的军事会议。

那天，天气恶劣，雪花飞舞，汽车在泥泞不堪的道路上艰难地前行。忽然，艾森豪威尔发现路边依偎着两个人，冻得瑟瑟发抖。他命令停车，亲自前往询问。原来，这是一对法国老夫妇，因汽车意外抛锚，又冷又饿，正不知如何是好。艾森豪威尔心生怜悯，一旁的参谋提醒道：“将军，我们还有重要的事要办，这种小事就通知当地警方处理吧。”艾森豪威尔说：“等警方赶来，他们早就冻死了！”说完，他扶着老夫妇上了车，并绕道将他们送到了家，才匆匆赶回总部。

事后，盟军情报部门得到的消息让他们惊诧不已——原来，那大希特勒获悉艾森豪威尔的行踪，并安排了一个周密的刺杀计划——挑选了枪法精准的狙击手埋伏在艾森豪威尔必经的路上。然而，刺杀计划落了空，希特勒大怒，责怪情报不准确。他哪里知道，只因为艾森豪威尔搭救一对落难的老夫妇，临时改变了原来的行车路线而已。

试想，如果艾森豪威尔将军欠缺善良、仁爱、正直之德，便会遇到险难，死于非命。艾森豪威尔将军一个小小的德行，不但救了一对老夫妇，也救了他自己一命。在某种意义上，这也是影响二战进程的一个小插曲吧。由此可见正直之德的重要性。

彖辞解读

《彖》曰：习坎，重险也。水流而不盈。行险而不失其信，维心亨，乃以刚中也。行有尚，往有功也。天险，不可升也。地险，山川丘陵也。王公设险，以守其国。险之时用大矣哉！

译文 《彖传》说：习坎，是重重艰险的意思。水流陷穴不见盈满，行走在凶险之境而不失信，因为内心真诚而通达，正是有了刚毅中正的德行，意志坚定而刚毅中正的行为，必然为人们所崇尚。这说明向前进发必可建功。天险，如日月天空不可得而升。地险，如山川丘陵。王公应效法天地之险来守卫自己的国家。坎卦的时势作用太伟大了。

解读 “坎”意味着行走的艰辛，而我们走过一个坎坷又一个坎坷的过程，也正是我们不断实践与开拓的伟大历程。大自然中有天险、地险，我们也效法天地，用智慧去保家卫国，这便是跨越险难的方法，是一种化险为夷、转危为安的智慧。人生的道路会遇到各种坎坷，只要刚毅中正就能跨越险阻，走向康庄大道。

离

有所附丽，柔顺中正

西汉的朱买臣从小便喜爱读书，但是家里很贫穷，40岁时仍然是个落魄儒生。他常常靠砍柴卖掉以后换回粮食维持生计，乡里人还在背后笑他是个书痴，当作笑料。

朱买臣的妻子崔氏非常不满，忿恨地说："像你这样的人，最后只能饿死在沟壑中，怎么能够富贵呢？"崔氏大哭大闹，并离家而去。朱买臣非常难过，为自己占卜，得"离"卦。于是，他坚定信念，知道自己一定能够变得富贵。

不久，朱买臣因才能惊动了汉武帝。汉武帝得知朱买臣赋闲在家之后，便封朱买臣为太守。崔氏得知这个消息，非常后悔，她蓬头垢面，赤着双足，跑到朱买臣面前，苦苦哀求他允许自己回到朱家。朱买臣若有所思，让人端来一盆清水泼在马前，说："你若能将泼在地上的水收回盆中，我就答应你回来。"崔氏闻言，知道缘分已尽，羞愧难当。"覆水难收"的成语，即出自于此。

朱买臣被妻子抛弃是分离的“离”，后天大富大贵是亮丽的“丽”，“离”与“丽”两字同出一源，预示着先分离而后华丽的结果。

卦名离，形声字。繁体字的“离（離）”，右部是一个“隹”，这是一只短尾鸟的形象，说明该字的本义与鸟类有关。在古文字中，“离”是“鹂”的本字，因而声符亦兼表字义。《说文·禸部》：“离，山神，兽也。”“离”即指黄鹂，古代也称仓庚，是一种鸣声清脆动听的小鸟。古人认为太阳便是一种神鸟，所以“离”也引申指日。又由于日光是光明的，温暖又发热的，离便有了光明、火、热的含义。由于鸟不能总是飞翔，经常会停落在某处，于是，“离”又表示附丽、附着。又由于黄鹂鸟总是成双成对地飞翔，所以离又有雌雄相依，阴阳相对的含义。“丽”繁体为“麗”，指的是雌雄两只鹿一同行走的样子，“丽”的本义是相依相伴的意思。

“离”卦的卦画是䷝，离为日，日为光，离上离下，光明接连升起悬附空中，即日附丽于天。离，象征附丽、附着、结合。但附丽的对象必须正当，具备柔顺的德行，才能获益。

卦辞曰：“离。利贞，亨；畜牝牛吉。”意思是说，离卦利于坚守正道，亨通。蓄养母牛，吉祥。

《象》曰：“明两作，离；大人以继明照于四方。”“明两作”，是作而又作，即火焰接连不断的意思。“大人”指具有道德学问的圣人君子，就政治地位说是天子诸侯。两重光明就是离卦的卦象。君子观“离”之象而受启发，要将前人的明德世世代代继承下来，发扬光大，并把它普照于天下四方。

我们知道，“离”字的本义是一种鸟，而在《易经》中，“离”代表火，古人认为太阳也是一种神鸟，所以，“离”也指日。在生产力尚不发达的远古社会，人们崇拜太阳，以太阳为图腾。在一些出土文物上，铜鼓有太阳浮雕，花山岩画中有太阳轮，古骆越地民间有祭祀太阳的习俗。太阳崇拜文化在古埃及、古希腊乃至玛雅文明中都存在。日依附于天，光明和美丽依附于日。“离”卦承上卦“坎”而来，跨越“坎”，便进入了“离”。《序卦传》说：“陷必有所丽，故受之以《离》。离者，丽也。”意为陷入坑里，肯定会依附在一处地方。跨越“坎”要有所依附，借助外力的作用。“离”这一卦，讲的便是依附之道。

离是善于依附。如今我们说“离”字，往往与离开、远离之义有关，而在《易经》中，其字义恰好相反，“离”，即“丽”，它是指依附、附着、结合。这个卦是同卦相叠，上下皆为“离”，从卦象上看，就如同两堆燃烧的火焰，互相照亮，互相竞争，看谁的火焰更光亮，看谁照射的时间更长；互相依附、互相凭借，共同发出耀眼的光辉。

《彖传》中解释：“日月丽乎天，百谷草木丽乎土。”在大自然之中，太阳、月亮依附于天空，百谷草木依附于土地，它们善于借助更有力量的事物来实现自身的价值，这种做事的方式方法，是非常值得我们学习借鉴的。

在中国传统文化心理结构中，历来以农耕生产为主的中华民族，非常注重对大地的依赖与崇拜，对于“百谷草木丽乎土”的思想，有着非常深刻的认知。

例如“离”卦六二爻便有：“黄离，元吉。”意谓有黄色附着，就可以获得大吉大利。在古人的审美观念中，黄是最美好的颜色，而这正是大地的颜色。《说文解字》：“黄，地之色也。”古代五色学说源于五行学说，其中，黄色为土，居正中。《白虎通义》中说：“黄者，中和之色，自然之性，万世不易。”黄色位居中央，是大自然中孕育万物的土的颜色，代表中和之美，被尊为高贵的颜色。

《象》辞曰：“六五之吉，离王公也。”意为五爻位之所以能获得吉祥，是附丽了王公，得到了的君主的庇护。俗话说：押对牌赢一局，跟对人赢一生。在现实生活中，人们渴望出人头地，可以说都是具有一定的禀赋和才能，但有的默默无闻，有的功成名就，其中原因之一是跟对人，得到贵人的提携。这就是“借力”。荀子说：“假舆马者，非利足也，而致千里；假舟楫者，非能水也，而绝江河。君子生非异也，善假于物也。”台湾巨富陈永泰深有感触地说：“聪明的人都是通过别人的力量去达成自己的目标。”一个人要想事业有成，首先是要自助、自强，然后是他助，再次是天助。他助，实际上就是附丽，有“贵人”的帮助，少走了弯路，找到了捷径。

依附的对象须中正，才能获得吉祥。依附需要方法，需要智慧。如何依附才是正确的呢？《彖辞》中说：“重明以丽乎正，乃化成天下。”意谓“离”卦上下二卦重叠，双重的火焰互相依附，共同燃烧起绚烂的色彩，这样才能照亮天地。《彖辞》中又说：“柔丽乎中正，故亨。” 宋代朱熹在《周易本义》中说：“阴丽于阳，其象为火，体阴而用阳也。物之所丽，贵乎得正。”在古人眼中，火焰象征着正大刚直之事物。两团火焰相重叠，便是互相依附于中正之气，所以能够亨通无忧。

我们在为人处世的过程中，应该把握好中正的原则，要善于依附有力量的事物，但也不可投机取巧。要附丽于中正之人，而非奸佞小人，否则，不但得不到好处，还会受到连累，跟着倒霉。依附不可乘人之危，采取胁迫的手段，以免招祸。依附强者，应柔顺中庸，时刻警觉，才能化险为夷。正如“离”卦的初九爻所说：“履错然，敬之，无咎。”意谓天下开始施行礼节然后修养敬爱之心，便没有灾难。

春秋时的齐景公，非常喜欢听别人说他的好话。一天，齐景公在宫内宴请一些文武大臣，酒足饭饱后，他又兴致勃勃地带领众人去靶场玩射击，想一展自己精妙的箭法。

结果，每当他射出一支箭后，站在他身边的大臣都会大声喝彩道：“好箭，好箭啊！”即使射不好，大臣还是不断地叫好。这让齐景公感觉有些不爽，觉得他们是故意在喝倒彩，自己竟然听不到一句真话，于是很不高兴地草草收场。

离卦故事

第二天，齐景公将昨天发生在靶场上的事情，说给了当时没有在场的臣子玄章听。玄章为人耿直，是少数不喜欢捧赞齐景公的人之一。玄章听后说道：“这事不能全怪他们哪！”“他们睁着眼睛说瞎话，不怪他们，难道怪我？”齐景公不高兴地回应道。“是的，怪大王你自己！”玄章毫不犹豫地直言道：“大臣们都是在上行下效啊，他们知道大王喜欢听好听的话，于是大王说喜欢吃什么，他们也就会说喜欢吃什么，大王说喜欢玩什么，他们便也就会说喜欢玩什么。大王喜欢被奉承，他们自然也就会想着法子处处奉承您哪！”

齐景公听完玄章的这番话后，虽然当时有些不高兴，但回来后反复想了想，觉得还真是这么个理。于是他派人给玄章送了一些赏赐，以嘉奖他敢说真话、提醒自己的勇气。但让齐景公没想到的是，这些赏赐玄章竟然全部原封不动地退了回来。

“难道你觉得这些赏赐给少了吗？”齐景公把玄章叫到跟前质问道。“当然不是，大王给的赏赐很丰厚，足以保我们全家两三年的开销！”玄章心不慌气不忙地回答道。“既然如此，那么你为什么不愿收下呢？”齐景公追问。玄章回答道：“那些奉承大王之所以不愿说真话的人，不正是想从您那里得到一些好处和赏赐吗？如果今天我接受了大王的这些赏赐，那岂不是跟他们一样了吗？”齐景公听后恍然大悟，立即决定收回那些赏赐，此后也改变了爱听好话的毛病。

依附于道德中正的人，才能获得进步；依附于偏邪的人，就会遭到伤害。齐景公重用正直、刚正的玄章，远离阿谀奉承的佞臣，齐国由此大治。齐景公、玄章二人就像“离”卦卦象中的两团火焰相重叠，共同发出光芒。齐景公最终成为一位有作为的君主。

彖辞解读

《彖》曰：离，丽也。日月丽于天，百谷草木丽乎土。重明以丽乎正，乃化成天下。柔丽乎中正，故亨。是以畜牝牛，吉也。

译文 《彖传》说：离，是附丽的意思。太阳、月亮附丽于天空，百谷草木附丽于土地。“离”卦的卦象是两团火焰相重叠，便是互相依附于中正，以此教化成就天下人。阴柔之气依附于中正，所以能够亨通无忧。所以“离”卦的卦辞中说：“畜牝牛，吉。”就像家里蓄养着大母牛，非常吉祥。

解读 “畜牝牛”是“离”卦卦辞中一个非常妙的譬喻，牝，即雌性的动物，象征着“柔”，牛是古代常见的畜类，象征着正大之物。这非常形象地体现了“柔丽乎中正”的精神境界。如何依附、依附于何，是非常讲究方法的。只有附丽中正、正义，才能坚守正道，获得通达与吉祥。“离”卦讲述了如何处理好主从关系，主子必须以光明照耀四方，施行德政，谨遵正道，而从属者也要选择中正之人作为依附的对象，追随而不丧失独立的人格。这为人们处世提供了一个哲学层面上的指导。

下经

咸

自然之心，阴阳感应

王昭君是中国古代“四大美女”之一，原为汉宫宫女。公元前54年，匈奴呼韩邪单于同西汉结好，后来向汉元帝请求和亲。皇帝答应了呼韩邪单于的请求。

当时的画工毛延寿负责给宫女画像，宫女们要贿赂他，他才会把人画得美。王昭君不满这种贪污勒索的行为，没给他金银，所以毛延寿就把美貌的王昭君画得很丑。

听说元帝要挑选一个宫女当公主嫁给呼韩邪单于，后宫里很多宫女都不愿意嫁到匈奴去，只有王昭君毅然表示愿意去匈奴和亲。临行前拜别，当汉元帝看到美丽的王昭君时，非常懊恼，他想留下王昭君，但是为时已晚。

王昭君出塞前往匈奴之前，为自己卜了一卦，得“泽山咸”卦。她因此伤心垂泪，知道自己这一去，便不会再回来了。王昭君到匈奴后，被封为“宁胡阏氏”，象征她将给匈奴带来和平、安宁和兴旺。后来呼韩邪单于在西汉的支持下控制了匈奴全境，从而使匈奴同汉朝和好达半个世纪。“昭君出塞”的故事成为中国民间传说的经典主题。

卦名咸，会意字。根据甲骨文的字形，“咸”字从戌，表示征战杀伐，从口，表示喊杀连天，为众口齐呼，以助威势之意。后来，“咸”引申为普遍、全部的意思。《说文·口部》中说：“咸，皆也。悉也。”“咸”本义为呼喊，引申指感应，感知，如《左传》：“窕则不咸。”阴阳相感、夫妇相和即是“咸感”。

“咸”卦的卦画是䷞，上卦为“兑”，象征泽，下卦为“艮”，象征着山。从“咸”卦的卦象看，山间有水泽，则更得水气的滋养；水泽在大山之间，则更显清澈自由。山泽通气，互相感应，就像男女之间互相爱慕，因心灵的感召而互相结合。山泽之象，是生机勃勃的景象，是人类繁衍生息、延续文明的象征。咸为无心之感，象征无心的感应，这是异性之间自然、必然的现象。男女共相感应而结成夫妻又获吉祥。

卦辞曰：“咸。亨，利贞；取女吉。”意思是说，此卦顺利，利于坚持下去，娶女吉利。

《象》曰：“山上有泽，咸；君子以虚受人。”意为山上有泽便是咸卦的卦象。君子由此领悟，要以谦虚的态度接纳别人。

我们知道，《易经》分为“上经”和“下经”。上经主要讲是天地万物的运行规律，下经则主要讲人道。程颐说：“天地万物之本，夫妇人伦之始，所以上经首乾坤，下经首咸，继以恒也。”“咸”卦是《易经》“下经”的第一卦，这是有其深刻内涵的，它与中国传统文化中“天人合一”的思想紧密联系在一起，主要阐述了“天人感应”之说。以“咸”为首，表示阴阳交感，化育万物。《序卦传》说：“有天地然后有万物，有万物然后有男女，有男女然后有夫妇，有夫妇然后有父子，有父子然后有君臣，有君臣然后有上下，有上下然后礼仪有所错。夫妇之道不可以不久也，故受之以《恒》。”所以，“咸”卦讲的便是男女阴阳感应之道，也即夫妇之道。

物为天地感应而生。古文字中的“咸”字与“感”字是同一个字，表示感应。“咸”卦亦是这个意思。《彖传》中这样解释此卦：“咸，感也。柔上而刚下，二气感应以相与。”从音韵学的角度看，“咸”“感”二字音韵相通，意义相近。

从“咸”卦的卦象看，它有一个阴爻居上位，两个阴爻下位，中间三爻为阳爻，这正是阴阳两气交相感应、两气相和的美好情景。这种天地感应之象，当然是“亨，利贞”的。

很久很久以前，天和地还没有分开，宇宙混沌一片。巨人盘古在这混沌之中睡了一万八千年。有一天，盘古突然醒了。他见周围一片漆黑，就抡起大斧头，朝眼前的黑暗猛劈过去。混沌渐渐分开了，轻而清的东西，缓缓上升，变成了天；重而浊的东西，慢慢下降，变成了地。盘古呼出的气息，变成了四季的风和飘动的云；他发出的声音，化作了隆隆的雷声。他的双眼变成了太阳和月亮；他的四肢，变成了大地上的东、西、南、北四极；他的肌肤，变成了辽阔的大地，他的血液，变成了奔流不息的江河，他的汗，变成了滋润万物的雨露……

天地开辟之初，大地上并没有人类，于是，女娲仿照自己抟泥土造人。她顺手从池边抓起一团黄泥，掺和了水，在手里揉捏着，成一个娃娃样的小东西。她把小东西放到地面上，小家伙马上就活了起来，这便是“人”。

为了造更多的小人儿，她想到了更好的办法：先从树林里找来一根藤条，然后把它放入泥潭里，浸上泥浆，一会儿之后再拿出来，向四处挥动。这样，泥点溅落的地方，就出现了许许多多小小的叫着跳着的小人儿，这些小人和先前用黄泥捏成的小人儿一模一样。她把那些小人儿分为男女，让男人和女人配合起来，叫他们自己去创造后代。这样，人类就世世代代绵延下来。

天地感应，有天地然后有万物，有万物然后有男女，有男女然后有夫妻……盘古开天地、女娲造人等神话传说向我们展示了古人朴素的生命哲学与宇宙观。

人为男女阴阳感应而生。阴阳感应缘于男女心灵相互爱慕，如男子以礼下求女子。所以“咸”卦的卦象中说：“亨利贞，取女，吉。”这说明“咸（感）”是男女之气的相互感应、相互结合。《彖》曰：“天地感而万物化生。”天地交相感应，因而引起天下万物变化生长。男女阴阳的感应而生，造就了世界的美丽多彩！

从人性的角度看，男女之间确实存在着极其强大的感应力，这种感应力往往会使男女双方产生一见钟情的心理，从而最终合为夫妇。“咸”讲的是阴阳相合、异性相吸的规律。

感应之“感”，强调人与人之间思想、感知、情感上的共鸣。心灵感应真实存在于爱侣、亲人或挚友之间，“第六感”让人们深切地体会到了“情感”的伟大力量。

父母子女、兄弟姐妹等有血缘关系的人们之间，都存在着一定的心灵感应，特别是双胞胎之间最为显著，其次是父女、母子之间比较明显。这可能是气场的感应现象，目前，科学也难以证明这种现象是如何产生的。

男女之间有阴阳感应，异性之间会互相吸引。相爱的两个恋人达到了默契的境界就会出现心灵感应。恋人间的心心相印，不管在多么遥远的地方，都会诚心相待，息息相通，两个人的心彼此为对方敞开。心与心的相应，没有假话，没有欺骗，没有二心，没有猜疑，没有冷漠，没有瞎想。两人的内心世界都是清澈见底，没有条件和理由，但都在彼此的空间视线内，这是因为用心在爱，这会产生心灵感应。

正所谓“同声相应，同气相求”，世间万物具有“各从其类”的特性，同样的声音能产生共鸣，同样的气味会相互融合。此语引申为志趣相同的人会自然地走到一起。同声相应，从物体因振动而发声的物理特性看，是因物体振动频率相同或相差一定倍数所发之声可使另一物体产生共振，这是一种物理的声学现象。早在汉代的《淮南子·览冥训》中对同声相应的现象就有形象的记载："今夫调弦者，叩宫宫应，弹角角动。此同声相和者也。"

情为心灵的感应而生。古人将"咸"训为"感"，二字意义相通。"咸"是无"心"之"感"，这是一个非常有意思的现象。由此可见，无心之感、自然之感，才是一种值得追求的价值。

"咸"卦分别有爻辞"咸其拇""咸其腓""咸其股""咸其脢""咸其辅颊舌"，是对性爱过程的描写，这是由外到内、由浅入深的相互感情交流过程。正如大自然中的阴阳相会、异性相吸，皆是自然而然的规律。如果一味人为强制，则失去了感召、感应之美。

在中国古代神话传说中，姜嫄履迹而孕的故事，便是"咸其拇"之感应，它向我们描绘了一种"天人感应"之美，展现了古代中国人的哲学观与历史观。

传说，在帝喾时代，有次姜嫄外出时踩到巨人足迹，回家后发现自己已有身孕。时间一久肚子越来越大，她感到奇怪，又厌恶这件事情；又是卜筮，又是向神祈求，最终将孩子生了下来。

她认为这孩子不吉祥，便把他扔到巷子里，牛羊都躲开孩子不踩。于是又将这个孩子放在平林里，后来伐平林的人为孩子铺上褥子、盖上被子。再后来，她又将孩子放在寒冰上，飞鸟便用翅膀覆盖掩护这个孩子。姜嫄感到很神奇，于是把孩子抱回家养育，起名叫"弃"。

姜嫄好清静，做事很专一，喜欢干田地里的活。等到弃长大了，姜嫄教他种树和桑麻。弃既聪明又仁义，也非常喜欢干农事，一学就会，在乡里逐渐有了名气。

于是，帝尧便让弃做了稷官（农事之官），以邰地为封国，号为"后稷"。尧驾崩后，帝舜即位，帝舜对弃说："弃，黎民百姓饥饿，你身为稷官，要按时播种百谷。"这以后，后稷的后代都当农事之官，后稷的后代繁衍生息，成为中华民族的重要一支。

姜嫄履迹而孕，便是一种心灵之感、自然之感，是人类与上天神明的一种精神沟通。后世尊称姜嫄为圣母。姜嫄履迹的神话在《诗经》《史记》中有记载。《诗经·鲁颂·閟宫》：“赫赫姜嫄，其德不回，上帝是依。”

彖辞解读

《彖》曰：咸，感也。柔上而刚下，二气感应以相与，止而说，男下女，是以“亨，利贞；取女吉”也。天地感而万物化生。圣人感人心而天下和平。观其所感，而天地万物之情可见矣！

译文 《彖传》说：咸，即感应的意思。当阴柔居上位而阳刚居下位时，阴阳两气交相感应、两气相和。阴阳感应缘于男女心灵相互爱慕，如男子以礼下求女子，所以“亨，利贞；取女吉”，意谓亨通顺利，利于坚守正道，娶妻吉祥。天地交相感应，天下万物得以变化生成，圣人感化人心，从而带来天下祥和太平。观察这一自然感应法则，就可发现天地万物之间的真实情况了。

解读 这里将“天地万物之情”推演出“男女”感应之情，继而升华为“圣人感人心”的大境界、大智慧。可以说，“咸”卦阐释了“天人合一”的传统哲学道理。中国文化多源自这样的传统思想。《易·系辞下》曰“有天道焉，有人道焉，有地道焉”，便指出了天、地、人三位一体的世界观。

自然界因阴阳交感而万物生，人类因男女相互交感而繁衍，由此推而广之，社会是上下融合，有德行的高层人物与下层千万人的心相互融合，才能形成天下的太平。这是自然和社会的规律。

恒

天地日月，恒常不变

战国时期，宋康王的舍人韩凭娶何氏为妻。宋康王见何氏貌美，不顾道义想占为己有。为此，他占卜得“雷风恒”卦。这象征着韩何二人的永恒爱情。

宋康王不以为意，还是把何氏夺走，把韩凭囚禁起来。韩凭心怀怨恨，在青陵台自杀了。韩妻何氏伤心不已，她暗中使自己的衣服朽烂。宋康王和何氏一起登上高台，何氏从台上往下跳自杀，宋康王的随从想拉住她，因为衣服已经朽烂，经不住手拉，何氏自杀而死。

宋康王很生气，命人埋葬韩凭夫妇，让他们的坟墓遥遥相望。后来，有两棵大梓树分别从两座坟墓的端头长出来，树干弯曲，互相靠近，根在地下相交，树枝在上面交错。又有一雌一雄两只鸳鸯，长时在树上栖息，早晚都不离开，交颈悲鸣，凄惨的声音令人感动。于是，人们称这种树为相思树，鸳鸯鸟就是韩凭夫妇精魂所化。韩凭夫妇坚贞不移的爱情故事至今依然广为流传。

卦名恒，会意字。从心，从亘。“亘”是“恒”的本字，表示天地宇宙、日月星辰，千古如斯，永续恒久。金文的“恒”字，左部是“心”，右部从“月”，从“二”。在中国人的传统观念中，“二”表示天地，具有宏大、永久的象征意义。因此，“恒”字的本义是永久、永恒。“恒”音通“衡”，表示天地万物保持平衡才有恒常。恒的本义为心如日月般永久不变。《说文·二部》中说：“恒，常也。”《易·序卦传》中说：“恒者，久也。”

“恒”卦的卦画是䷟，上卦是“震”卦，卦象是雷；下卦是“巽”卦，卦象是风。雷震则风发，二者相依相助恒常不变，为恒。这个卦象以“惊雷炸响于天，疾风穿行于地”，象征天地万物在相互感应中保持平衡。故有恒必然有成，所以亨通。

卦辞曰：“恒。亨，无咎，利贞，利有攸往。”意思是说，此卦顺利，没有灾难，适宜正固，利于有所前往。

《象》曰：“雷风，恒；君子以立不易方。”“恒”卦的卦象是巽（风）下震（雷）上，为风雷交加之象。君子由此领悟，要立身修德而不改变自己的志向。

从自然界看，风雷激荡之际，雷借风势，风助雷威，使宇宙常新。从社会上看，震为阳，巽为阴，阳上阴下，秩序井然，象征着永恒不变的文明法则。从家庭上看，上一卦“咸”讲男女之间的感应相合。男女结为夫妇，则有夫妇之道，更应天长地久、白头偕老。君子应该坚守恒道，树立恒心，立恒业，置恒产。不要心浮气躁，不要随意改变自己的志向，而应遵道守恒。所以，这一卦是讲恒久之道。

恒是像天地日月那样恒久。“恒”字的右部“亘”，上下两横代表着天与地；左部为“心”，代表着人心，是人的象征。由此可见，“恒”字其实展示了天地人“三才”合一之象。什么是永恒呢？人们往往以“天长地久”表达天地永恒无穷之存在。永恒，不仅是日升月落、天长地久，而且是文明精神的延续。“象”辞说：“天地之道，恒久而不已也。”天地运行是恒久不变的，又是“不已”的，即不会停止。

传说彭祖是世上最长寿的人，以享寿八百多岁著称于世。《神仙传》中说他“殷末已七百六十七岁，而不衰老。少好恬静，不恤世务，不营名誉，不饰车服，唯以养生活身为事”。唐代李贺有诗赞曰：“王母桃花千遍红，彭祖巫咸几回死。”对于彭祖的崇拜，反映了人们对于永恒之美的追求。

汉乐府民歌：“上邪！我欲与君相知，长命无绝衰。”这是忠贞爱情的自誓之词，主人公以永恒的时间来证明生死不渝的爱情。如何算是一种长久不断之时间呢？歌中写道：“山无陵，江水为竭。冬雷震震，夏雨雪。天地合。乃敢与君绝！”这一系列缺乏理智、夸张怪诞的奇想，为“长命无绝衰”的时间誓言作了一个真挚浓郁的注脚。

楚辞《离骚》：“长太息以掩涕兮，哀民生之多艰。”“长太息”描写了一声叹息的时间之长。正因为屈原有一种博大的情怀，关心民生疾苦，哀叹人们生活之艰难，所以心中的哀愁与愤懑才会显得如此冗长、难以断绝。又如宋玉“去白日之昭昭兮，袭长夜之悠悠”，以黑夜历时之长久，反映内心之孤独；陆机“迨及岁未暮，长歌乘我闲”，以长歌的姿态表达一种豁达的心境；杜甫“大江东流去，游子日月长”，写出了日月穿梭的历史恒久……

恒是事业成功的保证。“恒”，从“心”，指人心，象征着一种精神力量。有恒心是人取得成功的关键，而能否恒久，更在于人心。所以，“恒”卦的卦辞便说：“亨，无咎，利贞，利有攸往。”意思是说，有恒心则行事顺利，无所怪罪，利于坚持，利于有所前进。

“恒”卦的初六“象辞”对“恒”的内涵作了描述：“‘浚恒’之凶，始求深也。”意为深求恒久的凶险，是刚开始便追求深度的缘故。恒，其实是一个渐进的过程，积累的过程，一开始就想一步登天，那是有凶险的。“九二悔亡，能久中也。”九二爻没有忧悔，是能够持久于中庸之道的缘故。《象传》：“不恒其德，无所容也。”意为不能恒守德行的人，无处可以容纳也。“久非其位，安得禽也。”意为长时间不守在自己的位子上，怎么会捉到飞禽呢？“妇人贞吉，从一而终也。”意为女子正固吉祥，是因为追随一个男人白头偕老。“振恒在上，大无功也。”意为居上位者摇摆不定，完全无功劳可言。身居高位的人，如朝令夕改，下面的人必然无所适从，必然“大无功也”。《老子》中说：“治大国，若烹小鲜。”治理一个国家，就像烹饪小鱼小虾一样，不能随意翻来翻去，其结果必然把食物变成碎末。治国也要保持稳定和恒久，这样才能使社会和万民化育成长。简单一句话就是“不折腾”。

人生贵在一个“恒”字，要做到持之以恒，就不能急于求成，必须有顽强的意志，不怕坐十年冷板凳；以“十年磨一剑”的毅力，脚踏实地，走好脚下每一步。古今中外许多成功人士，由于持之以恒而能够取得成功的例子不胜枚举。

著名医学家李时珍用了二十多年的努力，写成了医学巨著《本草纲目》；西晋文学家左思不顾别人的嘲笑，花了十年的心血，完成了文学名著《三都赋》；清代文学家曹雪芹经历了“批阅十载，增删五次”之后，终于著成了举世闻名的文学巨著《红楼梦》，马克思花费了40年的心血，完成《资本论》的写作。正如德国著名诗人席勒所说：“有恒心才可以使你达到目的。”

汉末三国时期，有个人叫董遇，为人朴实敦厚，从小喜欢学习。兴平年间，关中李傕等人作乱，他与哥哥季中便投奔到段煨将军处。他们经常上山打柴背回卖钱维持生活，每次上山打柴时董遇都带着书，有空闲就拿出书诵读。哥哥讥笑他，但他照样坚持读书。

恒卦故事

董遇坚持学习的精神感染了周围的读书人。有人请董遇讲学，他对人家说："读书一定要先读百遍。"又说："书读百遍，其义自见。"请教的人说："只是苦于没有时间。"董遇说："应当用'三余'时间。"有人问"三余"是什么，董遇说："冬天没农活是一年里的空闲时间，夜间不便下地干活是一天里的空闲时间，阴雨天无法干活也是一种空闲时间。"

董遇对《老子》很有研究，为它作了注释；对《左氏传》也下过功夫，根据研究心得写成了《朱墨别异》。董遇就是充分利用"三余"时间坚持学习、收获知识，恒心为学使他成为一位学者。

天地人的恒久皆在一心。"恒"从"心"，由此可见，在人世之中，亘古不变的是"一心"，即人的精神。这种精神，指的是君子之德。"恒"卦的爻辞中有"不恒其德，或承之羞"，意谓不保持恒久的品德，也许会承受耻辱。《象传》曰："不恒其德，无所容也。"正所谓"君子以立不易方"，君子在修身的过程中，需要时时警惕，保持高尚的道德品质和人格精神。唯有如此，才能成就大道。

子曰："为政以德，譬如北辰，居其所而众星共之。"孔子说，用德行来治理国政，譬如天上的北极星，安居在一定的位置上，群星都围绕着它运行。"北辰"，即北极星，古人谓天的中心，亦称极星，是出现于天空北部的一颗亮星。它离北天极很近，差不多正对着地轴，从地球上看，其位置几乎不变，人们常靠它来辨别方向。一年四季，天体星座的移动，好像听北极星的指挥，跟着它，绕着它移动。

孔子此语的意思，朱熹解得很好："为政以德，则无为而天下归之。"就像"恒"卦的《彖辞》中所说的："圣人久于其道而天下化成。"圣人能够恒久地保持其品德，天下就能遵从其教化。这种不动而化、不言而信、无为而成的精神境界，正是"一心"的精神力量。此"一心"，是君子的仁德之心。

孔子的德政思想体现出政治伦理化、政治与伦理合一的特质。这一点，钱穆先生看得特别准，他阐述说：“孔门论学，最重人道……人事一本于人心。德者，心之最真实，最可凭，而又不可掩。故德虽蕴于一心，而实为一切人事之枢机，为政亦非例外。”儒家对仁德之“一心”的追求，影响了中国古代士大夫“为天地立心”的崇高精神格局。

彖辞解读

《彖》曰：恒，久也。刚上而柔下，雷风相与，巽而动，刚柔皆应，恒。“恒。亨，无咎，利贞”，久于其道也。天地之道，恒久而不已也。“利有攸往”，终则有始也。日月得天而能久照，四时变化而能久成，圣人久于其道而天下化成。观其所恒，而天地万物之情可见矣。

译文　《彖传》说：恒，是长久的意思。阳刚居上而阴柔处下，雷震风行交相配合，阳刚阴柔完全得以应合，这都是恒常持久的表现。恒卦，亨通顺利，没有灾难，利于坚守正道。坚守正道，故能长久。天地运行的法则，也是表现了恒久和永不停息的规律。利于出行，有所作为。说明事物发展循环不止，终而复始。日月遵循上天的法则而能永久照耀天下，四季的往复变化遵循上天的法则而能永久地化生万物，圣人之恒久地保持其品德，天下就能遵从其教化。观察这些恒常持久的现象，便可知道天地万物之情态。

解读　这里对“恒”卦表现了极大的赞美。它是天地日月运行的规律，也是人类精神文明的传承，是一种伟大的自然法则，更是一种积极向上的精神力量。恒久之道，是从“天道”引申至“人道”，是对中国传统“天人合一”思想的进一步阐发。一个人要取得成功也必须持之以恒，像太阳那样自强不息，战胜自我，耐心坚守。同时，人道也应守常能变，从细微之处分辨善恶，在常与变中实践而永不满足。

遁

以盾护身，适时而退

战国时期，齐国贵族孟尝君是“四公子”之一，他广招各国人才，门下有食客数千。

秦昭襄王求贤若渴，听说孟尝君的名气，便想将他招揽到秦国来，并任命他为相国。此举遭到秦国大臣的反对，他们认为孟尝君是齐国人，肯定会“先齐而后秦”。秦昭襄王不得已，罢免了孟尝君，并将其软禁起来。孟尝君为此卜了一卦，得“天山遁”卦，他坚信自己一定能够脱身逃走。

孟尝君托人找到秦昭襄王宠爱的妃子，希望她去说服秦昭襄王放自己回齐国。妃子听说孟尝君有一件价值千金的狐白裘，便提出以这件狐白裘作为交换。偏偏孟尝君到秦国时，已经将这件狐白裘献给了秦昭襄王。这时，一个门客自告奋勇，替君解难，他学狗打洞，钻进了秦昭襄王藏宝物的仓库，偷出了这件狐白裘。最终，秦昭襄王听从妃子的劝说，同意放孟尝君回国。

卦名遁，形声字。从“辵”。“辵”是走走停停的意思。“盾”既表音又具有一定的表意功能。《说文·辵部》中说：“遁，迁也。”本义为逃走。《广雅》中说：“遁，避也。”“遁”字的本义即逃避。“遁”有逃逸之义，逃跑也是“遁”。例如，古人避世隐居称为“遁隐”；逃遁天理、违背自然称为“遁天”；逃避世俗称为“遁俗”。遁的本义便是逃跑、逃避，引申为隐遁、躲避的意思。

“遁”卦，又写作“遯”卦，它的卦画是䷠，上卦是“乾”，卦象是天，具有阳刚的特质；下卦是“艮”，卦象是山，具有静止的特质。天若君子，山比小人，小人渐长，君子退避，若天远避山。遁，象征退避。退避之时，阴渐长而阳渐衰，君子退而顺利亨通，柔小者宜持正，不宜妄动以害阳刚，最终能获吉。孔颖达《周易正义》云：“遁者，隐退逃避之名”“小人方用，君子日消，君子当此之时，若不隐遁避世，即受其害。”

卦辞曰：“遁。亨，小利贞。”意思是说，顺利，小的一方适宜正固。

《象》曰：“天下有山，遁。君子以远小人，不恶而严。”《象》辞说：天下有山，百兽有居，万物可遁，这是《遁》之象。是以君子观之思何处不是用武之地，从而当远离小人，不露憎恶之情态，但要表现出尊严，矜持。

《序卦传》说：“物不可以久居其所，故受之以《遁》。遁者，退也。”其意思是说，任何事物都不会永远停留在一个位置上不变化，所以“恒”卦之后是“遁”卦。

仔细观察“遁”卦各爻可以发现，“遁”卦的上面四爻全部是阳爻，下部有两个阴爻。朱熹在《周易本义》中解释说：“遁，退避也。为卦二阴浸长，阳当退避，故为遁。”阴渐长而阳渐衰，君子适时而退可以顺利亨通，弱小者宜持正，不宜妄动以害阳。“遁”卦告诉我们，当处于不利之时，应权衡轻重，韬光养晦，以退为进，伺机而出。故遁是功成身退或急流勇退，以退为进。所以，这一卦是讲退避保全之道。

遁是退避。遁，从“辵”，表示人的行走，表示一种行为。遁者，“去也”“避也”“隐也”，这种行为往往需要大智慧和大勇气。“遁”卦的卦辞就说“亨，小利贞”，意谓退避、退隐的行为，往往能够使事情更加顺利，柔小之气有利于将事情坚持下去。

“遁”卦的爻辞中有“嘉遁”，意谓逃遁是应当赞许的。为什么呢？因为“遁”亦有道。君子之“遁”，应当是远离小人、拒绝不义。它体现了一种崇高的道德品质，当然是值得被赞许、称颂的行为。

东汉人管宁和华歆年轻的时候是好朋友，俩人经常在一起读书，交往甚密。

后来有一次，管宁和华歆在菜园里松土锄草，锄着锄着，忽然从泥土里锄出一块黄金。管宁目不斜视，把黄金当作瓦片石块一般，照常挥锄不止；华歆却动了心，拾起来看了看，才把它扔在一边。

又有一次， 管宁和华歆坐在席上读书。忽然，从外面传来一阵鼓乐之声。原来是一位权贵乘坐着漂亮的马车从门前经过。管宁好像没有听见鼓乐声一样，仍旧专心读书；华歆却扔掉书本，羡慕地跑到外面观看去了。

通过这几件小事，管宁发现华歆是一个权力欲和金钱欲很大的人，和自己的处世态度与道德观念完全不同，缺少作为好朋友的共同的思想基础。于是，当华歆在权贵走远后返回书房时，管宁就用刀子把席割开，郑重地对华歆说：“子非吾友也。”毅然断绝了他们的友谊。

后来，华歆果然热衷于追逐名利，成了曹丕手下的鹰犬；管宁则成了有名的学者，一直过着隐居生活。魏文帝几次请他出来做官，都被他回辞了。管宁用行动展现了君子远小人的高贵气节。

遁是自我保护的一种方式。“遁”，从“盾”，是古代用于防御的兵器，古人往往将“矛盾”合而言之，“盾”用以防止“矛”的伤害。由此可见，“遁”是一种防御的方式。

逃遁并不是一走了事，而是有许多方面必须考虑，运用智慧做足防御的功夫。“遁”卦的六条爻辞阐述了在事物发展不利时如何隐避的道理，其实也象征君子退避时的多方面的考虑。第一爻“遁尾，厉”，指出了逃遁必须抓紧时间，假如行动落后了，会有危险；第二爻“执之用黄牛之革”，意为被黄牛之革捆住不能挣脱。此时，什么事也不做，保全自己，以待时日；第三爻“系遁”，这是想联系他一起逃避，这样做很危险。第四、五、六爻分别是好遁、嘉遁、肥遁，都是光明正大之象，表示遁得自然而完美。“好遁”为决然隐退，与世无争而保全自己。“嘉遁”为退得嘉美，自然而又舒心。“肥遁”是超然离去。有的版本把“肥遁”作“正遁”，即飘然而去。第六爻“肥遁”。如何“遁”，也是一种智慧。

19世纪，中国瓷器大量出口欧洲。这些易碎品如何安然到达目的地呢？原来中国商人先在精雕细刻的檀木箱里填满茶叶，易碎的瓷器就埋在茶叶里，然后把大檀木箱和小檀木箱装在钉在船舱地板上的大木箱里，四周用次等的茶叶塞满。由于内外两层茶叶填充得非常紧密，木箱做得又结实，即使在海上遇到风浪，商家也可高枕无忧。更绝的是，货船到岸，商人把茶叶筛选分包，卖给茶商。小檀木箱当成首饰盒，卖到各地古玩店，大些的便卖给欧洲人当茶几、橱柜，最后卖的才是瓷器。檀木箱和茶叶的利润，有时甚至比瓷器还高。

古代中国商人运用了《易经》中“系遁”的智慧，注重事物之间的联系，不仅使瓷器的“易碎”的危险属性“遁”去了，而且还带来了“肥遁”——不仅出口瓷器赚钱了，檀木箱和茶叶也带来了利润。这便是善“遁”的表现！

放在如今的高科技时代，运输瓷器恐怕要用泡沫塑料层层包裹，用胶带牢牢固定，还要研制一个抗压防震的箱子。显然，经济效益不如几百年前，环保效益更差一截。可见，科学技术再发达，一颗善于思考的智慧头脑，仍然必不可少。

微子是商纣王的庶兄，他为人贤能，受民爱戴。纣王得嗣而立，行无道之政，微子多次进谏纣，知“纣终不可谏”。太师箕子说：“今诚得治国，国治身死不恨；为死，终不得治，不如去。”微子便逃到自己的封国“微”。

太师箕子是纣王的叔父，见纣王无道，进谏无用，于是披头散发佯狂装傻，被降为奴隶，却也躲过了纣王的迫害。

面对纣王无道，微子选择离开，以存宗祀；箕子选择屈身受辱，明哲保身。他们都被孔子称赞为“仁人”。中国历来的君子、士大夫的人生之途，总在步入官场和归隐山林之间摆动。中国传统文化中的“入世”思想与“隐逸”之道，便是由“遁”卦的哲学命题引申出来的。

遁要与时偕行。《彖辞》中说，“遁”卦“刚当位而应，与时行也”，意谓“遁”卦的阳刚正位与阴柔相应，在恰当时机退让避险，这是一种顺应自然规律的行为，是一种明智的处世之道。人的生存要依大环境、小环境而适时调整，何时该遁，何时不遁，如何而遁……这些行为都要把握好时机，依势而行。“与时行”，正体现了仁人君子之智慧。

孔子曾说：“天下有道则见，无道则隐。”见，犹现。此句意谓，天下有道就出来任职，天下无道就隐居不出。此句反映了孔子关于对于与时偕行之“遁”的理解。有道则见，是出仕是参政，行仁道于天下；无道则隐，是避世隐逸。君子在现实无道的时候，而去出仕参政，就容易受到辱没，受到影响，故而唯有隐居以求其志。这是古代君子、士大夫对个体精神意志的一种捍卫与维护。孔子之“遁”，既有对伦理纲常秩序的维护，又有对超出纲常秩序之外的人类基本价值的维护，绝不与践踏、毁弃这些基本价值的黑暗势力同流合污。

彖辞解读

《彖》曰："遁。亨"，遁而亨也。刚当位而应，与时行也。"小利贞"，浸而长也。遁之时义大矣哉！

译文 《彖传》说："遁"卦，说它"亨"，是说明退让可以获得顺利，说明阴柔之气逐渐萌动成长之势。"遁"卦的顺应时世意义太大了！

解读 遁之所以能亨，是因为这样的行为遵循着正确的道路，是符合正道的，而不是一味地逃离、盲目地后退。刚强者坐在恰当的位置上又有应和，是说要随时势而运行。小的一方适宜正固，要顺应时势。进是一种勇敢，退则是一种智慧和胸怀，进是获得，退则是放弃，世人大多寻求得到而不愿放弃，故进容易放弃难。"遁"卦教导我们先要"明哲保身"，后全身而退。只有遵循自然规律、社会法则，才能够"当位""与时行"，达到亨通吉祥的境界。

大壮

高大强健，坚贞自守

安禄山狡黠奸诈，骁勇过人，又长得肥头大耳，诙谐有趣，深得唐玄宗欢心。唐玄宗对他倍加宠待，封他为节度使。哪知安禄山恃宠而骄，最后发兵叛乱，率十五万大军南下，引发了著名的“安史之乱”。潼关失守，长安已无险可守，唐玄宗率部分朝官仓皇逃往成都。安禄山没想到玄宗会如此之快地逃离长安，以为大功告成，于是日夜纵酒，不再西出追击。

唐玄宗在西蜀一带避难，失望落魄，占卜得“雷天大壮”卦，这意味着不久将会亨通，他这才比较放心。后来，随着安禄山军队内部分裂，唐朝大将郭子仪、李光弼等率军攻击叛军，这才平息了叛乱。唐玄宗被重新迎回长安，但是唐王朝也从此由盛转衰了。

卦名大壮。壮，形声字。从士，爿声。士为雄性生殖器，象征男人，爿为筑墙板。表示男子已经可以参加建筑劳动，说明已经长大成人。《说文·士部》中说："壮，大也。"《广雅》中说："壮，健也。""壮"字的本义是指人体高大、肌肉壮实。中国古代称男子三十为"壮"，《乐府诗集》中便有名句："少壮不努力，老大徒伤悲。"

"大壮"卦的卦画是䷡，上卦是"震"，下卦是"乾"。震为雷，乾为天。乾刚震动，就像天空中鸣雷，云层滚滚，声势宏大。这种阳气盛壮的场景，有利于万物生长。大壮象征着强盛。君子壮大，当然亨通。然而，声势隆盛壮大，就必须严守纯正，否则，就有陷于横暴的可能。所以，必须坚守纯正，才能保吉祥。

卦辞曰："大壮。利贞。""大壮"卦象征十分强盛，坚守正道，将会非常有利。

《象》曰："雷在天上，大壮；君子以非礼弗履。""大壮卦"的卦象是乾（天）下震（雷）上，为震雷响彻天上之表象，象征着十分强盛。刚壮有力故曰"壮"，大而且壮，故名"大壮"。

上一卦"遁"为归隐保全，其实是积蓄实力，通过成长而变得强大，所以《序卦传》中说："物不可以终遁，故受之以《大壮》。""大壮"卦讲的便是强壮之道。

大壮必须经过时光的积蓄。中国古代称男子三十为"壮年"。经过成长，人在此时脱去了青少年阶段的稚嫩，变得相对成熟，在精力方面也达到了人生的顶峰。可以说，"壮年"是人生中非常重要的阶段，是时光积蓄的成果。

这里所说的"壮"，并非完全指体格、力量方面的强壮，也指人在思想方面的成熟。这便是《象传》中所说的："君子以非礼弗履。"君子通过实践的磨炼，不断地成长，终要学会"礼"，应该严格要求自己，不要越出准则和规律。

孔子谈到自己的修行过程，有这样一段名言："吾十有五而志于学，三十而立，四十而不惑，五十而知天命，六十而耳顺，七十而从心所欲，不逾矩。"

在孔子进学的第一阶段，他把自己的人生理想、人生目标设定在“学”上。而到了孔子壮年，变真正实现了“三十而立”——三十岁时能坚定自立。

“立”，就是站立，这里是“站得住”的意思，意指人格的成熟、自立。“三十而立”的“立”，是指立于礼。所谓立于礼，就是指认识了社会、人世与礼法而能在社会卓然立足。“三十而立”意谓三十岁时，为人处世之礼明白了，世界观、价值观确立了，不再改变了，遇事都有把握了，人格已然成熟，已经建立起了自我。

孔子之所以达到“三十而立”的境界，正是由于孔子通过青年时期的不断学习、不断积累，最终学有所成。经过十五年左右的不懈学习，孔子不仅贯通了“六艺”，而且对“诗”“书”“礼”“乐”“易”等文献典籍及其文化精神，都有了精深的掌握，学问有成，思想成熟。于是，三十之后，孔子授徒设教，开始了杏坛讲学的生涯。孔子培养的学生很多，据说有弟子三千，贤人七十二。这些学者逐渐形成儒家学派。

大壮必须有士人的刚毅、勇敢。“壮”字的左部是“爿”，是墙壁，是遮风挡雨、坚固耐用之物；“壮”字的右部是“士”，士指士兵，身强力大、身经百战之人。“士”在古代也指具有独立精神人格品质的士大夫。由此可见，真正的“壮”，并不仅仅指身体之强壮，更指精神人格之刚毅。中国传统的士人精神，是非常值得我们学习的。《彖》曰：“刚以动，故壮。”刚强而又能行动，所以壮盛。

《说文解字》说：“士，事也。”段玉裁解释说：“凡能事其事者称士。”最初的“士”乃是指具有劳动技能的男子。春秋时期，士是贵族最底层，后来随着士阶层的扩大，社会上出现了大批有学问有知识的士人，他们以“仕”为业，形成以知识分子为主的精英群体。士人对国家、社会有着深厚的关怀，有着高尚的道德品质和人格精神。

曾子曰："士不可以不弘毅，任重而道远。仁以为己任，不亦重乎？死而后已，不亦远乎？" 曾子说："作为士人，不可以不弘大强毅。他们责任重大而道路遥远。把实现仁德于天下作为自己的责任，不也是很重大的吗？不懈奋斗、到死方休，这个历程不也是很漫长的吗？"

士人把实现仁德作为自己的责任。作为社会的栋梁，士将支撑国家的大厦，如此庄严的使命，没有弘大刚毅的品格是不行的。要担负这样沉重的历史责任，要走这样奋进不止的漫漫长途，没有宽广的胸怀和恢宏的气魄，没有刚毅的精神和果敢的决断，是不行的。中国历史上出现了许多刚毅、勇敢士人，如上下求索，"虽九死犹未悔"的屈原；笑傲王侯，不愿摧眉折腰的李白；不惜杀身成仁，慷慨就义的谭嗣同……儒家对"士"之性格中理想主义终极关怀的贯注，对中国传统知识分子的精神世界产生了深刻的影响。

大壮必须持正大，要防止小人之壮。"大壮"卦的《彖传》中说："'大壮，利贞'，大者正也。"意思是说，大者强盛有利于坚守正道。反过来说，正是因为坚守正道，才能够实现成长，变得强壮。

我们需秉承中正之志，实现君子之"壮"，远离小人之"壮"。什么是小人之"壮"呢？"大壮"的九三爻说得好："小人用壮，君子用罔。" 小人靠的是力气，君子运用的是智慧。九三爻辞认为喜欢用武力征服别人的人，如一只公羊那样用角去撞，结果角被藩篱缠住，进退不得。显然，仅靠武力是解决不了问题的。由此可见，不同方法的背后，折射出了君子与小人不同的人生观和价值观。

清朝雍正年间有个白泰官，是当时八大武术家之一。他成亲后因故离家多年，一直浪迹江湖。有一次回乡途中，他恰巧遇到个小孩正对着一块大石头练功，掌到之处，火光四溅。

白泰官心想："我家乡竟有这样的小孩，现在武功就如此了得，长大后肯定超过我。"在强烈嫉妒心的驱使下，他竟一掌把孩子打死了。

在断气之前，孩子只说了一句："我爹爹白泰官一定会找你报仇！"白泰官一听，如五雷轰顶，方知杀的是自己的儿子，但悔之晚矣，造成的伤害永远无法弥补。他从此一蹶不振。

古代大德曾说，人分三种：下等者，见别人快乐，心生嫉妒；中等者，自己受苦时，只想自己尽快解脱；上等者，见他人快乐，自己就快乐，见他人受苦，如自己受苦。现在世上也存在这样的下等者，他们就像白泰官一样，见不得别人比自己好。看到人家拥有天资、财富、受用、美名、地位等，心里总是不平衡，总希望别人不如自己。当难以超越别人时，强烈的嫉妒心甚至会支配他的理智，让他不惜以伤害别人来成就自己。凡是认为自己武力高强，以强凌弱，不讲道义者，最终也会自取灭亡。

莎士比亚说过："你要留心嫉妒啊，那是一个绿眼的妖魔！"人一旦有了嫉妒心，真的像是着了魔一样，很多事情都不会去考虑。最终造成的伤害，不止是别人的，甚至可能会给自己带来灭顶之灾。

彖辞解读

《彖》曰：大壮，大者壮也。刚以动，故壮。“大壮，利贞”，大者正也。正大而天地之情可见矣！

译文 《彖传》说：“大壮”卦，“大”就是“壮”的意思。阳刚而强盛，刚健而有行动，所以称之“壮”。大壮“利贞”，意谓强盛有利于坚守正道。这是说，刚强者还必须端正守中。保持正直而刚强，这就体现了天地万物的情况了。

解读 “壮”的成长与收获，最终指向了“正大”的价值取向。“大壮”一卦，希望君子在自修的过程中，能够保持正直刚强的精神品质，并以这种气质立于天地万物之间。强大者是由于公正、守正的缘故。既能公正，又能艰难自守，才符合天地之情。大壮不能一味逞强，有勇更要有谋，用力更要用智，见义勇为，更要见义智为。事物的发展规律是“壮必尧”，只有顺着事物消长之势而功成身退，才能获得吉祥。

晋

日出地上，柔进上行

司马相如是西汉著名辞赋家。他早年很穷，家徒四壁。他为梁孝王宾客时，为梁王写了千古名篇《子虚赋》。无奈的是，司马相如的才华并没有得到汉景帝的赏识。

景帝去世后，汉武帝刘彻在位。汉武帝看到《子虚赋》后，非常喜欢，以为是古人之作。身边的侍奉杨得意对他说说："此赋是我的同乡司马相如所作。" 汉武帝惊喜之余，马上召司马相如进京。

司马相如为此卜得"火地晋"卦，非常吉利。他来到京城后，对汉武帝说："《子虚赋》写的只是诸侯王打猎的事，算不了什么，请允许我再作一篇天子打猎的赋。"

后来，他写出了继《子虚赋》后的又一名篇《上林赋》。《上林赋》歌颂了统一大帝国无可比拟的形象，开创了汉代大赋的一大主题。此赋一出，汉武帝非常喜欢，封司马相如为郎官。

卦名晋，会意字。繁体为晉，甲骨文为，金文为，篆书为，从日，从臸。臸，从二至，表示如矢般快地到来。从日，从臸，表示日出万物竞长。“晋”音通“进”，也表示万物长进。《说文·日部》：“晋，进也。日出万物进。”“晋”，意为万物随着太阳一起前进，生长。俗话说“万物生长靠太阳”，太阳出来了，植物开始向上生长，越来越高，越来越壮。因此，“晋”是晋升高迁的意思，如“晋级”“晋升”“加官晋爵”。

“晋”卦的卦画是䷢，上卦是“离”，卦象是火焰、太阳；下卦是“坤”，卦象是大地。太阳照亮万物、温暖了大地。日出大地，万物生长，就像臣子依附天子，得到晋升。

卦辞曰：“晋。康侯用锡马蕃庶，昼日三接。”康侯，指周武王之弟卫康叔，周武王为了让康侯发挥作用，赐了很多车马，并在一天之内三次接见他。

《象》曰：“明出地上，晋。君子以自昭明德。”《象》说：太阳升到地面上，象征上进。君子因此领悟到要发扬光明的美德。自省自照，消除身心的阴暗，彰显人性的光辉。

从“晋”卦的卦象看，沉寂的大地在阳光的照耀下充满生机——大地是被照亮的。由此可见，晋升也往往是被动的，不是自己要晋升就晋升，而往往是由客方来决定。《序卦传》中说：“物不可以终壮，故受之以《晋》。”意为事物不可能总是停留强壮的状态中，强壮之后必有所前进、发展，所以大壮卦的后面是晋卦。“晋”是好事，但最终不一定是好事。这一卦讲的便是晋升之道。

晋是柔进而上行。“晋”从“日”，指太阳。“晋”的本义与太阳有关。“晋，进也。日出万物进。”太阳出现在大地之上，瞬息给天地间美丽的光明，大地焕发出柔顺之气，草木生长，水汽上升，这是多么积极向上的场景啊！

值得注意的是，“晋”卦的主卦是“坤”，是大地，它由三个阴爻组成。大地在接受阳光照耀、不断“晋升”的过程中，更焕发出一种阴柔之美。这给我们很大的启发，一个人要寻求晋升，需要“阴柔”之术，要有善于迂回、疏导的做事方法，也要有包容、担当的精神品质。

任迪简，唐朝进士，京兆万年（今陕西西安）人。起初为天德军使李景略判官。景略去世后，由军卒推举为帅，后迁至易定节度使。在入朝拜太子宾客时去世。

《唐国史补》记载：任迪简任天德军判官时有一次赴宴迟到，按规矩该罚饮一大盅酒。倒酒的卫侍一时马虎，把醋壶误作酒壶，给任迪简斟了一大盅醋。任迪简一喝，酸不可耐，但他知道军使李景略将军治军极严，部下稍有过失便遭重咎。他担心此事声张出去，那个卫侍将被杀头，便咬牙把杯中醋一饮而尽，掩盖了进酒者的失误；并以酒淡为借口，告诉景略请另换一种酒。但是，他不久便吐血而归，严重伤身。

这件宽厚仁恕的事情传出后，军中的官兵，闻者都感动得流下了眼泪。全军的官兵，因而都对他特别尊敬、效力。任迪简日益受到官兵的拥戴，官职从卫佐累迁至节度使。后人崇敬他那与人为善的美德，誉之为“呷醋节帅”，《旧唐书》把他列为良吏作传。

有包容心的人，能获得晋升。作为军官，要想赢得下属的尊重与信任，除了具有非凡的才能之外，容人的气度、宽广的心胸更是不可少。任迪简最难得的是，他为了帮助犯了小过失的部下，独自暗忍痛苦，不惜损伤身体。这种有包容心、懂得为他人着想的军官，既受下属拥戴，深得人心，也是上司赏识、愿意提拔的人才。

晋要以自照明德为依托。“晋”卦的象辞就说：“明出地上，晋。君子以自昭明德。”意思是说，太阳升到地面上，象征上进。君子因此领悟到要显示自己光明磊落、自省自照的美德。

晋升，从客观上讲固然是好事，但是，凡事都要量力而行。孔子在《系辞》中说：“德薄而位尊，知小而谋大，力小而任重，鲜不及矣”。孔子在这里讲到一个人的职位如果缺乏德、知、力的支撑，很少有不拖累到自己的。正所谓“以德配位”“以才配位”，自己有多大能耐，就应胜任多高的职位。我们在晋升的过程中，也应时刻警惕、不断反省，了解自己的长处和短处，衡量职位需求与自己的能力是否相当，以避免德不配位，使晋升的好事变为坏事。

泰伯乃句吴国之始君王、吴文化之始祖。泰伯是个至德至圣的人。泰伯三让天下的故事受到后人的赞颂。

相传，泰伯、仲雍二人是亲兄弟，生父即周朝太王古公亶父。本来，按当时部落社会惯例，王位应传长子，泰伯是当然的继位人。泰伯兄弟在古公亶父去世后应该依次继承王位。但是他们看到父亲特别喜欢第三子季历的儿子姬昌（即后来的周文王）。姬昌从小聪颖异常，才华出众，人见人爱，长大后聪敏能干，有远见、具圣瑞、精易理，有开疆拓土的希望。他一表人才，是一个难得的好苗子。因此，他们决定主动把继承权让给季历。然后由季历传给姬昌。

后来，古公亶父等人接二连三地要他们继承王位，他们都坚辞不受。为了断绝别人拥立他们的念头，泰伯、仲雍假借采药之名，从陕西岐山周原居地率领部分周人向东南迁徙，来到远荒之裔的东吴荆蛮地区，最后定居于无锡东南梅里（今无锡梅村）一带。他们遵行当地部落的习惯，入乡随俗，断发文身。周部族的人们见他俩意志坚决，就只好拥立季历和姬昌。这便是历史上著名的“泰伯让王”的故事。

我们应了解自己的长处和短处，衡量位子与自己的能力是否相当，以避免德不配位。泰伯让王，正是因为泰伯清楚自身的能力，谦逊大度，执意让才能远甚于自己的姬昌继承王位，让后世永远记住了他的至德。这种谦让、举贤的至德，是一种高尚境界。

晋要以才华为支撑。“晋”字的字形非常有意思，甲骨文的“晋”字，上部就像两个指向上方的箭头，下部是“日”，

晋卦故事

我们可以将它理解为太阳向上而升，也可以理解为两支向上蹿起的“火箭”。意谓晋升就像坐火箭一样，快速而不可阻挡。为什么“晋”能够达到这样快速而精彩的程度呢？最关键，正在于下部的“日”，这是太阳、是火焰、是一种巨大的能量，我们可以将它喻作人的才华、德行。正是因为人有足够才华，才能够胜任足够高的职位，而不会出现才不配位的局面。有些人为了晋升，找靠山，拉帮派，自己没有真才实学，结果就出现“德不配位”“才不配位”的现象。由此可见，要实现晋升，必须不断磨砺自己，增强自身的综合素质，成为一个“腹有诗书气自华”的人才。

“晋”卦中有“晋如鼫鼠，贞厉”一爻，更是从反面论述了这一问题。此爻意谓：晋升了以后像鼫鼠，坚持下去形势严厉。鼫鼠，又名五技鼠，《周易译注》中说，这种鼫鼠“能飞不能过屋，能缘不能穷木，能游不能度谷，能穴不能掩身，能走不能先人”。“鼫鼠”形容一个人才华有限，即使通过偶然的机会实现了晋升，也很难适应晋升后的新岗位，而终将被社会所淘汰，更是危险。

晋惠帝司马衷，字正度，是晋武帝司马炎的次子，西晋的第二位皇帝。他为人痴呆不任事，从小便憨憨傻傻，长到十几岁竟然还不谙世事，就连鞋子都不会自己穿，还得需要奴仆帮他穿鞋子。这样的皇帝谈何当权执政的才能。

据说晋惠帝执政时期，有一年发生饥荒，百姓没有粮食吃，只有挖草根，食观音土，许多百姓因此活活饿死。消息被迅速报到了皇宫中，晋惠帝坐在高高的皇座上，听完了大臣的奏报后，大为不解。“善良”的晋惠帝很想为他的子民做点事情，经过冥思苦想后终于悟出了一个“解决方案”曰：“百姓无粟米充饥，何不食肉糜？”意思是百姓肚子饿没米饭吃，为什么不去吃肉粥呢？大臣见惠帝如此呆傻，便不再言语。这样一个昏弱的皇帝必然会使国家陷入混乱。

晋惠帝被推上皇位后，初由太傅杨骏辅政，后皇后贾南风杀害杨骏，掌握大权。在晋惠帝的统治期间发生了八王之乱，西晋走向灭亡。在八王之乱中，惠帝的叔祖赵王司马伦篡夺了惠帝的帝位，并以惠帝为太上皇，囚禁于金墉城。惠帝后又由诸王辗转挟持，形同傀儡，受尽凌辱，后来在洛阳死去，相传被司马越毒死。

晋惠帝自身能力有限，德不配位。他无法成为一个称职的皇帝，甚至把国家推入混乱的深渊，最后被历史所淘汰，在乱世中葬送了自己的性命。

彖辞解读

《彖》曰：晋，进也。明出地上，顺而丽乎大明。柔进而上行，是以“康侯用锡马蕃庶，昼日三接”也。

译文　《彖传》说：“晋”，是上进、长进的意思，犹如太阳升出地面，大地万物顺从并依附于太阳那般。大地循着柔顺之道不断向上发展。这就是“康侯用锡马蕃庶，昼日三接”的原因。德才兼备的诸侯能够得到天子的赏识，不仅赐予他许多车马，并在一天之内多次接见他。

解读　“晋”卦的卦辞引用了历史典故，说：“康侯用锡马蕃庶，昼日三接。”“康侯”在《易经》是一个象征性的符号，他依靠自己的德行、才华获得了他人的尊重，从而实现晋升。晋要柔进上行，气度恢宏、光明磊落，与人珠联璧合，相映生辉。柔进是拾级而上，这是一个历练和体验，是才能的积累过程。有些人“坐火箭”晋升，往往都是德才不配位，结果难以胜任，害人害己。这是“晋”卦告诉我们的晋升的道理。

明夷

内明外柔，韬光养晦

商纣王无道之时，周文王姬昌还是商朝的一个方伯。他勤于政事，重视发展农业生产，礼贤下士，广罗人才，诸侯都把他看成是以取代商纣的“受命之君”。为此，商纣王便将姬昌抓起来，把姬昌囚禁在羑里。

姬昌被囚禁了七年的时间，他虽身陷囹圄，但胸怀宽宏，自强不息，总结夏商两代以来伏羲八卦发展形成的精华，将伏羲八卦演绎成六十四卦、三百八十四爻，每卦有卦辞、爻有爻辞，遂成《周易》。他没有见到自己的儿子姬发，非常担心，于是卜了一卦，得“地火明夷”。于是，他明白自己的儿子虽然有难，但无生命之虞。

后来，姬昌被释，在他和儿子姬发的领导下，周邦成为了一个强大而文明的国家。周武王姬发最终征讨商朝，打败了商纣王，建立了统一的周王朝，成就了一番伟业。

卦名明夷。明，会意字。“明”字由“日”“月”构成，在甲骨文、金文等字形中显得更加形象。太阳、月亮等发光之物，即表示明亮。小篆的“明”从“囧”，取窗牖之明亮。《说文解字》中说：“明，照也。”《左传》：“照临四方曰明。”“明”字的本义即清晰明亮。

夷，会意字。《说文·大部》中说：“夷，平也。从大，从弓。东方之人也。”意谓“夷”字的字形就像一个身上带着弓箭的东方少数民族。“夷”字的本义即东方之人，是我国古代对东部各民族的统称。后来，“夷”字引申出夷毁、受伤、平坦、铲除、消灭之义。明夷是指光明受损受伤之意。

“明夷”卦的卦画是䷣，上卦为“坤”，下卦为“离”。老子说：“视之不见名曰夷。”“明夷”即指太阳沉没于地平线之下了。暗主在上，明臣在下，不敢置其明智。面对艰难的局势，唯有刻苦忍耐、韬光养晦以自保。明夷喻黑暗的来临，也代表小人得势，光明受伤。明夷象征光明损伤，天下昏暗，唯一的生存之道是韬光养晦以自保。

“明夷”卦的卦辞说：“明夷。利艰贞。”意思是利于在艰难中守正道。“明夷”表示处境艰难。程颐说：“《晋》者明盛之卦，明君在上，群贤并进之时也。《明夷》昏暗之卦，暗君在上，明者见伤之时也。”明夷与晋卦为正覆卦，其处境正好相反。

《象》曰：“明入地中，明夷。君子以莅众，用晦而明。”意思是说：太阳落入地中，便是明夷。君子从中领悟到，在治理众人时，要隐晦明智，做到外愚内智。

“明夷”卦的卦象为上“坤”下“离”，“坤”代表大地，“离”代表火，象征着太阳、光明。太阳沉入地底，光明变为黑暗，前途不明，环境困难，因此，君子一定要善于遵时养晦，坚守正道，外愚内慧，韬光养晦。《序卦传》中说：“进必有所伤，故受之以《明夷》。”上一卦“晋”主要讲晋升之道，但是，就像太阳不可能永远在天空中，也有日落的时候，故接演“明夷”卦，便是太阳光芒暗淡之象。这一卦便是讲韬光养晦之道。

明夷为光明熄灭。“明”从“日”“月”，代表天地之间的光明之物，“夷”是夷毁、受伤的意思。“明夷”的意思就是光明熄灭。“明夷”卦为上“坤”下“离”，离为明，坤为顺；离为日，坤为地。象曰：“明入地中，明夷。”这里的太阳、光明是一种象征，它象征着正义、公平、和谐、自由，象征着一种积极向上的正能量。

无奈的是，在“明夷”卦中，这种正能量遭到了毁灭性的打击。光明熄灭，这比喻整个社会环境陷入了一种不健康的状态。这样的社会环境，有利于钻营苟且的小人，却不利于正直刚毅的君子。

夏朝最后一个君主夏桀，是历史上有名的暴君，他在位期间暴虐无道，筑倾宫、饰瑶台，还从各地搜寻美女，藏于后宫，日夜与妹喜及宫女饮酒作乐。据说酒池修造得很大，可以航船，醉而溺死的事情时常发生。这些荒唐无稽之事，常使妹喜欢笑不已。

夏桀狂妄自大。他以太阳自比，说：“天之有日，犹吾之有民。日有亡哉？日亡吾亦亡矣。”意思是说，天占有支配着太阳，就好像我夏桀统治着人民百姓。被天占有支配的太阳会灭亡吗？如果会的话，那么我的统治就会灭亡。人民恨透了他，诅咒说：“时日曷丧，予及汝皆亡。”意思是说，什么时候你这个太阳才灭亡啊，我们宁愿和你同归于尽！

太史令终古看到夏桀这样荒淫奢侈，便进宫哭泣进谏。夏桀斥责终古。终古明白夏一定要灭亡的，就投奔了商汤。关龙逄几次劝谏夏桀，反被夏桀杀死。

夏桀暴虐无道，正如“明夷”卦中的光明熄灭。他把自己比喻成太阳，但是太阳也有落山的时候，光明也有暗淡的时候。随着夏桀的倒行逆施，夏朝朝政更加腐败，夏桀也日益失去人心，众叛亲离了。后来，商汤伐夏，在鸣条之战中打败夏桀，最终平定了中国，建立了商朝。

明夷为贤者见抑。“夷”字的本义是指东方之人，即我国古代对东部各民族的统称，旧时往往用以称呼外国人或外邦人。中国自古以来注重“夷夏之辨”“君子小人之辨”，因此，“名夷”卦所展示的光明熄灭的背后，讲述的是君子贤人遭受排挤，以夷变夏，中华文明摇摇欲坠的危局。

“明夷”卦初九爻：“明夷于飞，垂其翼；君子于行，三日不食。”意思是说，鸟儿在飞行中失意，垂下了翅膀；君子在行走，三天没有吃东西。又如六二爻：“夷于左股，用拯马壮。”意思是说，左大腿受伤，希望有强壮的马来救助。爻辞中用飞翔的鸟儿、受伤的身体等，譬喻小人当世、贤者见抑的黑暗环境。

有一次，商纣王让工匠定制了一双非常精致的象牙筷子。太师箕子见了，十分恐惧。他心想：大王既然制作了象牙筷子，那象牙筷子一定不会用在陶土烧制的菜碗上，肯定得配以犀角或宝玉制作的杯盘；而象牙筷子和犀角宝玉杯盘一定不会用来装盛豆叶熬煮的汤汁，肯定得配以牦牛、大象、豹子胚胎这样的珍馐；既然吃牦牛、大象、豹子胚胎这样的珍馐，一定不会穿粗布麻衣，住柴门茅屋；肯定得配以九重锦衣、广室高台……

箕子越想越害怕，经过劝谏自觉回天乏术之后，他干脆披头散发，装疯卖傻。后来，他被商纣王降为奴隶，囚禁起来。果然，没过几年，商纣王真的过起了“酒池肉林”的奢靡生活，商王朝也因奢而亡，而箕子因佯狂装傻而躲过了纣王的迫害。武王建立周王朝后，命召公释放了箕子，并对他进行了分封。

“明夷”卦中的六五爻便谈到了这个故事：“箕子之明夷，利贞。”箕子一直忠于纣王，但纣王却不听从箕子的劝告。箕子预感到商朝的灭亡已不可避免。于是他披头散发，开始装疯。纣王见箕子疯了，为了防止他胡说八道，便把箕子囚禁起来。后来武王灭掉了商朝后，箕子才被释放。箕子佯狂之时，常常弹奏乐曲《箕子操》，以抒发自己郁郁不得志的苦闷心情。爻辞以箕子作形象比喻，说明贤者见抑的无奈与失意，但箕子装疯避祸，保全了生命。

明夷为晦藏其明。《象》曰："明入地中，明夷。内文明而外柔顺，以蒙大难，文王以之。'利艰贞'，晦其明也。""晦"即昏暗不明，与"明"相反。这里说"用晦而明"，其实是为君子指明了一条韬光养晦的道路——在世道黑暗的环境中，要像太阳隐藏在地下那样，把文采光明埋藏起来，又像大地那样外表显得柔顺。这在险恶的环境下，是合时宜的。君子既要善于保护自己，也要善于坚持正道，等到光明的复苏。

黄宗羲是明末著名的思想家。1645年，当清兵大举南下时，黄宗羲愤而毁家纾难，和浙东人民团结在一起，展开轰轰烈烈的抗清运动。他组织起一支抗清的"世忠营"，又联合了太湖一带的豪杰，抗拒清兵达半年之久。复国活动失败后，黄宗羲遂改名换姓回到故乡，聚众讲学，著书立说。黄宗羲在他54岁时，写下了划时代的著作——《明夷待访录》。

《明夷待访录》中的"明夷"便是《周易》中的这一卦，其初九爻辞为："明夷于飞，垂其翼；君子于行，三日不食。有攸往，主人有言。"所谓"明夷"是指有智慧的人处在患难地位。"待访"，等待后代明君来采访、采纳。黄宗羲认为，自己是一位韬光养晦的君子，潜伏于黑暗之中；用思想智慧照亮自己，写下这部著作来等待明君、期待光明！

《明夷待访录》是中国政治思想史上一部具有启蒙性质的批判君主专制的名著。通过对历史的深刻反思，总结了秦汉以来，特别是明代的历史教训，批判了封建君主专制制度，并提出了"天下为主，君为客"等一系列比前人更进一步的民主观念，具有鲜明的启蒙性质和民主色彩。

后来，当清朝洋务运动随着甲午战争的失败而破产后，人们开始关注西方的近代民主制度及其思想，把黄宗羲的《明夷待访录》作为引入西学的桥梁，其政治思想也随之转向维新。《明夷待访录》被梁启超称为"人类文化之一高贵产品"。

彖辞解读

《彖》曰：明入地中，明夷。内文明而外柔顺，以蒙大难，文王以之。“利艰贞”，晦其明也。内难而能正其志，箕子以之。

译文　《彖传》说：光明如同火种潜伏在大地之下，象征了光明的隐退，这就是“明夷”。圣人内守文明的美德，外显柔顺的情态，这样可以承受各种大灾大难。历史上的周文王被囚禁时，便凭此度过危难。在艰难时期能够洁身自好、坚守正道。这说明，君子要隐藏才能的锋芒。在身陷艰难之境而能秉正不屈、坚定志向，历史上的箕子就效法这种精神。

解读　这里提到了历史上两位著名的人物：周文王、箕子，他们的故事为“明夷”卦做了一个特别的注脚。在邪道正盛、正义力量太弱小的时候，则应选择退隐自守，而不是妥协投降。用一种更加稳忍的方式去传承文明、等待光明，显然内心痛苦却志向坚定。既有文化修养，又有明辨之智，这是乱世中的保全之道。

家人

相亲相爱，各正其位

汉代有一位青年人名叫董永，他的家里很贫穷。父亲死后没有钱入葬，但他是个孝子，于是只好卖身借钱，以安葬父亲。他为自己卜了一卦，得“风火家人”。

董永卖身葬父，在去财主家做工抵债的途中，在槐荫遇到了一位仙女，仙女为他的孝行所感动。于是，二人结为夫妇。他们夫妇一同到了财主家。仙女以一月时间织成三百匹锦缎，为董永抵债赎身。在回家的路上，夫妇二人行至槐荫，女子告诉董永自己是天帝之女，奉命帮助董永还债。言毕凌空而去。

董永与仙女的故事被传为佳话，成为“二十四孝”之一。“槐荫”后来改称为“孝感”，即现在的孝感市，意谓因孝行而感动上天。传统黄梅戏《天仙配》也演绎了孝子董永的故事。

二十四孝之卖身葬父

卦名家人。家，会意字。甲骨文为，从“宀”（棚屋）表示猪在屋中，金文大致相同。小篆为。远古的人类开始是择穴而居，后来学会了盖房子。因为猪是最早驯养的动物，故人畜同居。这种现象在改革开放初期一些农村还存在。后来，出于卫生的要求，人畜才分居。

《说文解字》中说：“家，居也。”“家”字的上部是“宀”，其甲骨文字形非常形象，是一个覆盖下方的屋檐。“家”字的下部是“豕”，即猪，或亦表意。古代生产力低下，人们多在屋子里养猪，所以房子里有猪就成了人家的标志。“家”字的本义即屋内、住所。

“家人”卦的卦画是䷤，上卦是“巽”卦，下卦是“离”卦。巽为风，离为火，内火外风，风自火出，似家事自内影响至外，象征一家人。这卦画中，阴柔居内卦，象征女子主内，阳刚居外卦，象征男子主外。家道之事，女子为主要因素，为此，女子应以正持家。

卦辞曰：“家人。利女贞。”意思是说，家人卦有利于像女人守正道。卦辞强调“女贞”，这不是说只有妇女才能用这个卦，才能坚持，而是用“女”作形象，表示婉转、冷静、耐心、细致地处理人际关系。

《象》曰："风自火出，家人。君子以言有物而行有恒。" "家人"卦的卦象是上"巽"下"离"，"巽"表示风，"离"表示火。离卦代表光明而依附，如家长操劳家务而依赖全家人员配合；巽卦代表有力而顺从，如家庭成员顺从家长。君子观此卦象，从而省悟到齐家之道，必须言辞有物才不至于空洞，德行须持之以恒才能充沛。

上卦"明夷"表示君子受毁伤而不得志，人受伤，则需回到家中养伤。家是人生的港湾，是疗伤之地。故"明夷"之后为"家人"。《序卦传》曰："伤于外者必反于家，故受之以《家人》。"孔颖达《周易正义》称："明家内之道，正一家之人，故谓之家人。"这一卦是讲齐家之道。

家为人生提供了一个遮风挡雨的地方。家从"宀"，"宀"是个象形字，即象交覆深屋之形状。古代的房屋，东西南北四方有柱，外有堂，内有室。田艺衡说："古者穴居野处，未有宫室，先有宀，而后有穴。宀，当象上阜高凸……室家宫宁之制，皆因之。"这样既大而深的房屋，即称为"宀"。

"宀"部的字大都与房屋建筑有关，如"宫""家""宗"，另外"安"等字也从"宀"，由此可见，"宀"表现出人在高屋覆蔽之下安全、稳定的生活状态。"家"更有避难之所的寓意。家给人们提供了一个挡风遮雨的地方，也是人们疗伤解忧的地方。特别是男人，到外面闯世界，去拼搏，家是他的大后方，既是加油站，又是庇护站。疲惫时，家给予安慰；寒冰时，家给予温暖；无助时，家给予帮助。

"家人"卦的初九爻曰："闲有家，悔亡。"意谓在家中做好防范，悔恨消失。六四爻曰："富家，大吉。"家庭富裕，大吉大利。"家"都是人生中的一个重要场所，家是一个给自己遮风挡雨的地方，是属于自己的私人空间。在传统中国，农耕生产深刻影响了中国人的民族意识。以农耕为主的生存环境使人们追求稳定安乐，崇尚安身立命，安土重迁。

历代为政者亦重视使民安其居，如新加坡的"屋村计划”，我国的安居工程，对房地产暴利的整治等。这也是民生之计。唐代诗人杜甫在《茅屋为秋风所破歌》中喊出“安得广厦千万间，大庇天下寒士俱欢颜，风雨不动安如山”的句子，即是从个人、家庭之“家”到国家、民族之“家”的一种崇高美的情感迁移。

这在传统艺术上也有所体现。中国画中，专有以宫室、楼台、屋宇等建筑物为题材的绘画。画家一般需要用界尺引笔，使所画之线横平竖直，表现出楼宇的方正严整，所以通常称之为“界画”。敦煌壁画和唐代墓葬壁画中已有描绘大型楼台的作品。宋代郭忠恕的《明皇避暑宫图》《雪霁江行图》，堪称界画的经典之作。这些艺术作品形象、科学地记录了古代建筑之盛，可谓是中国人对遮风挡雨的房屋的安全感，乃至对家庭情感的认可和浓厚表达。

端午节裹角黍

齐家要各正其位。“家人”卦的九三爻说：“家人嗃嗃，悔厉，吉；妇子嘻嘻，终吝。”意思是说，家长态度严厉，严加管教，吉利；女人、孩子嘻嘻哈哈，放肆嬉笑，最终会有忧患。这里描述了一个不太愉快的家庭环境，家长严肃、子女自由散漫，夫妻离心，不能共同维持家庭秩序。这正是由于家庭中的各个成员没有各正其位的缘故。家长没有尽到家长的责任，儿女没有做到儿女该做的，夫妻之间不能互相扶持帮助，自然无法完成“齐家”之事。

《彖传》中将这种家庭关系说得非常明了：“男女正，天地之大义也。家人有严君焉，父母之谓也。父父，子子，兄兄，弟弟，夫夫，妇妇，而家道正。正家，而天下定矣。”父亲有其责，孩子有其责，兄长有其责，兄弟有其责，男人有丈夫的职责，女人有妻子的妇道，各尽其职，团结互助。中国传统对于家庭各成员的互助互爱品德要求，在今天对我们依然有很大的借鉴意义。

古时候，有一位勤劳聪明的农夫，家里有三个儿子。这三个儿子经常为了一点小事吵嘴、打架，平时好吃懒做；除了自己，他们谁也瞧不起，每个人都认为自己最有本事。当两个儿子打架时，另一个儿子不仅不劝架，还在旁边看热闹。家里被他们搞得乱七八糟，日子也越来越艰难。农夫常常摇头叹息道：“真是作孽哟，养了三个儿子，不争气，只顾自管自，这样下去日子可怎么过哟！”后来，农夫想到一个方法来教育他们。

有一天，农夫叫儿子们去拿一捆筷子来。农夫先叫三个儿子每人折断一根筷子，兄弟三人轻轻一折就断了。农夫又叫他们每人折断一捆筷子，兄弟三人用尽全身力气，怎么折也折不断。农夫说：“你们好好想一想，为什么一根筷子一折就断了，一捆筷子怎么折也折不断？”三个儿子沉默了。

农夫意味深长地说：“孩子们，你们要像筷子一样，团结一致，齐心协力。你们三兄弟，谁也离不开谁，大家团结起来，就好比一捆筷子，合起来谁也折不断。如果你们都自以为了不起，那就什么本事也没有。只有团结起来，才不会被敌人征服。可你们互相争斗不休，便很容易被敌人打垮。”

兄弟三人恍然大悟，为自己之前的愚蠢行为懊恼不已。从此他们团结友爱、互相帮助、共同劳动，日子过得很幸福。

每个人都有自己的才能与责任，只要各尽本分，团结互助，必然会形成不可征服的强大力量，让家庭和谐，让社会安定。正如大家常说的“人心齐，泰山移”“众人拾柴火焰高”“团结就是力量”。

齐家要严字当头。“家人”卦的上九爻中说：“有孚威如，终吉。”意思是说，有了信任就像有了权威，最终吉利。“孚”是诚信的意思，“有孚”可以解释成家长谨慎、严格，取得家庭中各成员的信任、服从。这是对家庭中的主导者——家长提出了齐家方法上的要求，家长在“爱家”的同时，更要善于严格治家。唯有如此，才能匡正家风。这是非常有利于建立良好家庭关系，帮助子女健康成长的。“家人卦”强调治家要“严”字当头。易学家王弼说：“以阳居阳，刚严者也。处下体之极，为一家之长。行与其慢也，宁过乎恭；家与其渎也，宁过乎严。是以家虽‘嗃嗃，悔，厉’犹得其吉也。”

当然，长辈之严厉，是建立在家庭各成员之间交相爱的基础上。只有亲人之间互敬互爱，才能共同建立起一个父严母慈、兄亲弟敬的和谐家庭。

著名翻译家傅雷对儿子傅聪的教育非常严格，他深知一个人的行为习惯是其品德形成的基础，因此才把对孩子良好习惯的养成教育寓于立身行事、待人接物的家庭生活之中。

为让傅聪学钢琴，傅雷把他从小学领回家。语文自己教，并拟定课程计划。傅雷从孔孟、先秦诸子、《战国策》……上选教材，给孩子制订日课，亲自监督，严格执行。傅聪按照父亲的规定，每天上午下午，几小时几小时地练习弹琴，有时弹得十分困倦，手指酸痛，也不敢松弛一下。

傅雷爱儿子，甚至诸如穿衣、吃饭、站立、行动、说话这样的生活小事，他都提出了严格的要求，教导儿子在生活中形成文明高雅的规范行为。家中吃饭时，要求孩子食不语，不许随意讲话，咀嚼食物嘴里不许发出声响、舀汤时不许滴洒在餐桌上，饭后要记住把餐凳放入餐桌下。家里的物品用完后，要有规矩地放回去，特别是书，不可以随意乱放；对人客气，尤其是师长或老年人，说话时态度要谦和。手要垂直放在身体旁边，人要站直，即或坚持真理也必须注意讲话的方式、态度、语气、声调等。

齐家要“严”字当头。今天，我们虽然不主张体罚制度，但在教育方面提出严格要求，是有利于孩子的成长的。正是这样严格的家教，使傅聪从小就举止端庄，严格自律，直至成为世界一流的钢琴演奏家。傅雷与傅聪父子二人，在中国音乐史上留下了一段父子情深的佳话。

彖辞解读

《彖》曰：家人，女正位乎内，男正位乎外。男女正，天地之大义也。家人有严君焉，父母之谓也。父父，子子，兄兄，弟弟，夫夫，妇妇，而家道正。正家而天下定矣。

译文 《彖传》说：家庭成员之间，女主人居正之位在内，男主人居正之位在外，这样男女主人在家庭内外各有其正当的地位，这是天地之间人们必须遵循的道理。家庭中应该有严厉正派的长辈，这就是父母。父亲有其责，孩子有其责，兄长有其责，兄弟有其责，男人有丈夫的职责，女人有妻子的妇道，各尽其职，各尽所能，那么家风自然就端正了。家道端正，天下也就安定了。

解读 《彖传》非常强调家庭中男女各成员各正其位的重要性，这种齐家理念，是与中国传统儒家思想一脉相承的。曾子曰："君子思不出其位。"《礼记》云："君子素其位而行，不愿乎其外。""在上位不陵下，在下位不援上。"它强调了一种严肃的人伦秩序，是中国传统家庭观、政治观的重要体现。在一个家庭中，每一个成员各正其位，各负其责，遵守规矩，必然家庭和谐。家是社会的一个细胞，家风影响着民风，家正而天下定。

睽

双眼相悖，乖离之象

武则天是中国历史上唯一一个女皇帝，掌权时间长，也是继位时年龄最大的皇帝（67岁继位），又是寿命较长的皇帝之一，终年82岁。

武则天足智多谋，兼涉文史。在执政期间，她继续推行法治，开创殿试，创武举、自举、试官，亲自考试贡士；修《姓氏录》，列武氏为一等；重视农业，抵抗吐蕃的攻扰。在位期间，社会经济有所发展，但由于大修庙宇，人民负担加重。武则天执政时期，上承“贞观之治”，下启“开元盛世”，史家称她的统治有贞观遗风。

武则天取得皇权之后，千方百计地想把李唐的天下据为己有。她聘请了懂得巫术的尚贾为她卜卦，得到了渐行渐远，背道而驰的“火泽卦”。她最终不能如愿，将皇权归还李唐。

卦名睽，形声字。金文为，小篆为，从目，从癸。癸为古代最早的测量工具。

《说文·目部》中说："睽，目不相视也。"目不相视，即二目不能集中视线同视一物。《玉篇》中说："睽，目少精也。""睽"字的本义即斜视，两眼不看一地方。后来，"睽"字引申为分离、背离不合。《易·序卦》中说："睽者，乖也。"如分离隔断称为"睽（暌）违""睽（暌）离"，离别阻隔称为"睽（暌）隔""睽（暌）阻"等。

"睽"卦的卦画是䷥，上卦为"离"，表示火，下卦为"兑"，表示泽。火焰向上烧，泽水向下浸，两性相背，故睽，为乖，即两目相背，不和谐。睽象征睽异、离散。显然存在相互违背的现象，但也有同一性的存在，故应细心寻求可合之处，努力转离为合，变冲突为和谐。

卦辞曰："睽。小事吉。"意谓做小事吉利。主方谨慎小心，只能做些小事，保护自己的利益，避免与客方发生冲突，所以说小事吉，与此同时也暗示做大事不一定吉利。

象曰："上火下泽，睽；君子以同而异。"意思是说，"睽"卦的卦象是离（火）上兑（泽）下，为水火相遇之表象，象征对立。所以君子应该在求大同的前提下，保留彼此的差别，变摩擦为和谐。

这一卦是讲求同存异之道。"睽"卦的上一卦为"家人"，一家人同居一屋，必然会出现某些矛盾、摩擦。《序卦传》曰："家道穷必乖，故受之以《睽》。"家中变得穷困了，便会产生思想和行为上的离异，家庭关系不和睦、不齐心的现象就会出现了。"睽"卦旨在告诉我们，有差异则不衡，不平衡则产生矛盾。阴阳不调，事理不顺，甚至背道而驰的怪异现象会层出不穷。我们为人处世应怀着心平气和的态度，加强团结，求同存异，才能促进家庭、事业的发展。如果人与人之间相互猜疑，纠纷不断，则必然引起灾祸。

睽，源于志向不同。"睽"字从"目"，它表示人的眼睛所看的目标不一致，引申而言，即表示家庭成员之间不和睦、不齐心。“睽”卦的《彖辞》便举了一个反面例子：“二女同居，其志不同行。”意思是说，两个女子同居一室，因志向不同而行为各异，于是便势同水火。同居一家而志向不同，必然会产生矛盾，影响家庭和谐。

曹植是三国时期曹魏著名文学家，建安文学的代表人物。后人因其文学上的造诣而将他与曹操、曹丕合称为“三曹”。

曹植是曹操的儿子，从小就才华出众，他思路敏捷，谈锋健锐，再加之性情坦率自然，不讲究庄重的仪容，车马服饰不追求华艳、富丽，很受到父亲的疼爱。曹植身上充满浪漫主义的气息，有一颗立功垂名的心。但是曹植文人气、才子气太浓，常常任性而行，不注意修饰约束自己，饮起酒来毫无节制；做出几件让曹操很是失望的事，最后曹操不再重用他。

曹操死后，曹植野心勃勃的哥哥曹丕如愿当上了魏国的皇帝。无法成为曹操继承人的曹植，还天真地以为上位者能既往不咎，还相信兄弟情深。而曹丕是一个忌妒心很重的人，他担心弟弟会威胁自己的皇位，就想害死他。他让曹植在七步之内作出一首诗，以证明他写诗的才华。如果他写不出，就等于是在欺骗皇上，要把他处死。

曹植才华横溢、出口成章，很快就作了一首诗：“煮豆燃豆萁，豆在釜中泣，本是同根生，相煎何太急？”诗中用了一个比喻：豆子被放在锅里煮，而用来煮豆的是豆秆，所以豆子在锅里哭泣：“我们本为同根所生，何必要急于相残？”以此来影射曹丕的狠心。

不同的性格，不同的理想抱负，即使是至亲，家人、兄弟姐妹之间，也难免陷入产生矛盾，互相敌对，甚至手足相残的境地。若想活得快乐自在，唯一的方法就是要懂做人的原则，进退有度。

睽虽形态相违，其理却同。“睽”表示乖离、相对。《彖》曰：“天地睽而其事同也，男女睽而其志通也。”天与

曹植七步诗
曹植

地，一个在上，一个在下，但是天阳地阴、阴阳交感而生万物。男与女，一为阴，一为阳，秉性不同，但男女相慕而成眷属。

由此可见，所谓的“睽”，并非一味的分离、相对，而是在乖离相对之间寻求某种精神上的契合。有对立面才有统一体，对立统一是自然宇宙运动的基本原理。

以中国古代诗歌为例。南朝梁诗人王籍传世的唯一一首古诗《入若耶溪》，是盛唐诗歌出现之前水平极高的诗篇之一。其中的“蝉噪林逾静，鸟鸣山更幽”二句是千古传诵的名句，被誉为“文外独绝”，历来为人所称道。

这两句诗用以动显静的手法来渲染山林的幽静。“蝉噪”“鸟鸣”使笼罩着若耶的山林的寂静显得更为深沉。诗人描写林静，不直接从“静”入手，而是从其反面“噪”下笔，用蝉的噪声反衬林之静；描写山幽，不直接从“幽”入手，而是从其反面“鸣”下笔，有鸟的鸣叫反衬山之幽。噪与静、鸣与幽形成鲜明的对比，又构成和谐的统一，意境高远，富含哲理。若用“寂静无声”“了无人迹”等词语来描写林静山幽，则过于直白，毫无诗意可言。据说，北宋的王安石也很欣赏这句诗，但在《钟山绝句》中将“鸟鸣山更幽”改为“一鸟不鸣山更幽”，友人黄庭坚看后大笑不止，评说道：“此点金成铁之手也。”

有对立，才有统一。像唐代王维的“倚杖柴门外，临风听暮蝉”，杜甫的“春山无伴独相求，伐木丁丁山更幽”，都是用声响来衬托一种静的境界。静与动是一对矛盾，是相互对立的，然而又是统一、不可分割的。任何事物都包含矛盾，矛盾和事物密不可分。

古代明哲君子通过观察“睽”的卦象体悟到，水泽与火焰固然都能有利于人的生活，但是它们“润下”和“炎上”的性质终究不同，难免分隔背离。所以，我们凡事必须求大同、存小异。在人际合作中，我们不仅要异中求同，和衷共济，而且要善于同中求异，保持自己的主见。这便是儒家所强调的“君子和而不同”。同时，要化解矛盾、解决冲突，需要我们通过一些柔顺的方式，寻求到矛盾双方的可合之处，变冲突为和谐。特别要在不合的时候，当做一些有差异的小事，互利互惠，化解矛盾于无形之中。

相传舜的家世甚为寒微，父亲瞽叟是个盲人，母亲很早去世。瞽叟续娶，继母生弟名叫象。舜生活在“父顽、母嚣、弟傲”的家庭环境里，父亲心术不正，继母两面三刀，弟弟桀骜不驯。几个人串通一气，必欲置舜于死地而后快。

然而，舜对父母不失子道，十分孝顺，与弟弟十分友善，多年如一日，没有丝毫懈怠。舜在家里人要加害于他的时候，及时逃避；稍有需求，他又马上回到他们身边，尽可能给予帮助。舜因此为人称扬。

尧帝有意让舜作为继任人选，他发现舜卓越的才干和高尚的人格力量，非常高兴，便赐予舜絺衣（细葛布衣）和琴，赐予牛羊，还为他修筑了仓房。

瞽叟和象见舜得到赏赐，就想杀掉舜，霸占这些财物。瞽叟让舜修补仓房的屋顶，却在下面纵火焚烧仓房。舜靠两只斗笠作翼，从房上跳下，幸免于难。后来瞽叟又让舜掘井，井挖得很深了，瞽叟和象却在上面填土，要把井堵上，将舜活埋在里面。幸亏舜事先有所警觉，在井筒旁边挖了一条通道，从通道穿出，躲了一段时间。

瞽叟和象以为阴谋得逞，于是开始瓜分琴、牛羊和房子等物。象住进了舜的房子，弹奏起舜的琴。这时，舜出现了，象大吃一惊，非常尴尬。舜也不放在心上，一如既往，孝顺父母，友于兄弟，而且比以前更加诚恳谨慎。舜的父母和弟弟都感到很惭愧，善待舜，从此，一家和睦相处。

舜善于化解矛盾，以柔顺之德寻求与家人的可合之处，从而处理好家庭关系，这舜表现出非凡的品德。他的人格形象成为儒家伦理学说的典范。

彖辞解读

《彖》曰：睽，火动而上，泽动而下；二女同居，其志不同行。说而丽乎明，柔进而上行，得中而应乎刚，是以“小事吉”。天地睽而其事同也，男女睽而其志通也，万物睽而其事类也。睽之时用大矣哉！

译文　《彖传》说：“睽”卦就像燃烧的火焰总是往上飘行，流动的水泽总是往下渗入。又好像两个女子同居一室，因志向不同而行为各异。和悦附丽着光明。阴柔顺进向上直行，得居中正地位而与阳刚者呼应，因此说“小事吉”。天和地相互乖离与相对，天下万物的所为情理却都相同无异；世间的男女所为各不一样，但交感求和的心志却也相同。“睽”卦配合时势的运用方式太伟大了！

解读　“睽”，即乖离与相对，这里指出了大自然中两种常见的乖离相对之貌——天地、男女。二者阴阳禀赋各异，形态不同，但是却能够互补、相互生发，使天地万物井然有序，人类文明生生不息。这是一种极具哲学深度的宇宙观与人生观。世间万物都是有差异的，有差异就会有矛盾，矛盾是普遍存在的；但对立面经过转化，而成统一，让矛盾趋同。为此，我们要学会由异向同的转化，求同存异，和而不同，这是一种明智的方式。

蹇

跛脚行走，充满艰难

钟离眛是楚汉之际项羽麾下将领，多次在正面对峙时给刘邦以沉重打击。公元前202年，项羽在垓下败死，刘邦称帝，楚汉战争结束。钟离眛投奔到旧友韩信的帐下。他给自己卜了一卦，得“水山蹇”，他知道自己接下来的道路必定很艰难。

刘邦一直耿耿于怀，十分痛恨钟离眛。韩信得知此事，非常害怕，便要把钟离眛交给刘邦处置。钟离眛知道事已至此，自己已在劫难逃。他对韩信说：“汉之所以不敢贸然击楚，还不是因为我在你这里。你如果把我抓起来，献媚刘邦，我今日死，你明天就会亡！”并十分遗憾地说：“看来你也不是一个有情有义靠得住的人啊！”说完他拔刀自刭了。

韩信将钟离眛的首级交给刘邦，刘邦却认为韩信意图反汉，命人把韩信抓起来。韩信如梦方醒，想起了钟离眛的预言，悔之已晚，说道：“果然是‘狡兔死，走狗烹；飞鸟尽，良弓藏；敌国破，谋臣亡’。天下已定，我辈当灭！”五年之后，韩信终因功高盖主被处死了。

蹇，形声字。“蹇”字从足，寒省声。寒象征着冰天雪地，蹇表示人如履冰雪一样跛行。《说文·足部》中说：“蹇，跛也。”“蹇”的本义即跛足，指步履艰难。《素问》：“蹇膝伸不屈、易蹇、往蹇来连。”后来，人们常常用以形容路途艰难，如称不能急走的跛脚兔“蹇兔”，比喻弱小者；又如成语“蹇人上天”，意谓跛子登天，比喻不可能的事。

“蹇”卦的卦画是䷦，上卦为坎，下卦为艮，坎为水，艮为山，山上有水。山路本来就充满艰险，水积山上，行路更难。此卦象征艰难困苦之象。蹇卦寓意：君子要见险知止，做时而动；要内部团结共济时艰；追随贵人，绝处逢生；要坚持正义，勇往直前。

卦辞曰：“蹇。利西南，不利东北。利见大人，贞吉。”意思是说，蹇卦，象征陷入困境，难以前进；面对这种情况，利于向西南行动，不利于向东北行动。此时利于出现大人物，只要能够坚守正道，始终如一，就一定可以获得吉祥。为什么说“利西南，不利东北”呢？由于西南为坤方，坤为地，地平坦，所以西南之行是行于正道；而东北为艮方，艮为山，山险峻，东北之行，则困穷不通。

《象》曰：“山上有水，蹇；君子以反身修德。”“蹇”卦的卦象，就像高山之上有积水，它象征艰难险阻，行动困难。面对这种情况，君子应该时刻反省自己，提高自己的品德修养，以通过自己不断努力度过困境。

“蹇”卦的讲的是避难之道。上一卦是“睽”卦，如果家庭关系不和谐，则会导致家道衰落，正所谓“家贫百事哀”，这难免导致百事不顺、行动艰难的境地。因此，“睽”卦而后的“蹇”卦，是启示人们如何避难，如何在困境中成长、前进。

蹇表示只有修炼自己，才能突破困境。《说文解字》中说："蹇，跛也。" 蹇形象地描绘了一拐一跛走路的方式，象征着步履维艰，时运不济，行事不顺利。另外，从字形上看，"蹇"从"足"，"寒"省声，人因脚寒冷而导致步伐失去控制，难以平衡，亦造成了行动艰难。一种逆路受阻、诸事不顺的消极境地被一个"蹇"字非常形象地表达出来了。"蹇"卦的爻辞中多次谈到"往蹇"，意即前进陷于危难。

巴雷尼小时候因病导致残疾，他的母亲来到巴雷尼的病床前，拉着他的手说："孩子，妈妈相信你是个有志气的人，希望你能用自己的双腿，在人生的道路上勇敢地走下去！"所有的痛苦、委屈、疑惑瞬间被母亲的鼓励消融。巴雷尼决定努力地站起来，勇敢地走下去。

从那以后，巴雷尼练习走路，做体操，常常累得满头大汗。体育锻炼弥补了由于残疾给巴雷尼带来的不便。他学会忍耐，学会坚持，学会努力向上。他终于经受住了命运给他的严酷打击。在锻炼之余，他也刻苦学习。最后，巴雷尼以优异的成绩考进了维也纳大学医学院。大学毕业后，巴雷尼以全部精力致力于耳科神经学的研究，最终登上了诺贝尔生理学和医学奖的领奖台。

西班牙哲学家乌纳穆诺说："受苦是生命的实体，也是人格的根源；因为唯有受苦，才能使我们成为真正的人。"人生是一种品味痛苦、消除痛苦、寻找快乐的过程，在这个过程中不断修炼自己，从而抵达圆融、自在的境地。

人生难免会遇到逆路受阻、诸事不顺的境地。正确对待苦难，理性看待挫折，苦中求乐，也体现了一种生命的价值。我们可以从逆路不顺的过程感受生命之律动、生活之精彩！

摆脱蹇境要依靠贤人的帮助。当我们遇到困难时，难免由于深陷其中，不能从客观的角度查看问题，寻找解决问题的关键点。因此，我们往往需要别人的帮助。

"蹇"卦九五爻中说："大蹇，朋来。"意谓处境极为艰难时，却有众多的人来协助他解决问题，度过危难。

有一个小男孩，他认为自己是世界上最不幸的孩子，因为患脊髓灰质炎而留下了瘸腿和参差不齐且突出的牙齿。他很少与同学们游戏或玩耍，老师叫他回答问题时，他也总是低着头一言不发。

在一个平常的春天，小男孩的父亲从邻居家讨了一些树苗，让他的孩子们每人栽一棵。父亲对孩子们说，谁栽的树苗长得最好，就给谁买一件最喜欢的礼物。小男孩也想得到父亲的礼物。看到兄妹们蹦蹦跳跳提水浇树的身影，他却希望自己栽的那棵树早点死去。因此浇过一两次水后，再也没去搭理它。

几天后，小男孩再去看他种的那棵树时，惊奇地发现它不仅没有枯萎，而且还长出了几片新叶子；与兄妹们种的树相比，显得更嫩绿、更有生气。父亲兑现了他的诺言，为小男孩买了一件他最喜欢的礼物，并对他说，他长大后一定能成为一名出色的植物学家。从那以后，小男孩慢慢变得乐观向上起来。

一天晚上，小男孩躺在床上睡不着，他忽然想起生物老师曾说过的话“植物一般都在晚上生长”，何不去看看自己种的那棵小树。当他轻手轻脚来到院子里时，却看见父亲用勺子在向自己栽种的那棵树下泼洒着什么。顿时，一切他都明白了，原来父亲一直在偷偷地为自己栽种的那棵小树施肥！

几十年过去了，那位瘸腿的小男孩虽然没有成为一名植物学家，但他却成为了美国总统，他的名字叫富兰克林·罗斯福。

遇到困难的时候，我们需要依靠别人的帮助。人不会永远处于低谷。身边那些默默的爱给予的帮助，可以使生命之树重新焕发生机，茁壮成长，终有一天长成参天大树。

摆脱蹇境，要坚持正道，反身修德。“蹇”卦告诉我们，只有坚持走正道、走大道，才不至于陷入险境。在行走的过程中遇到困难，首先要省察自己，看看困境是否出自己造成的，思考化解之法。孟子说：“行有不得者，皆反求诸己，其身正而天下归之。”又说：“仁者如射，射者正己而后发。发而不中，不怨胜己者，反求诸己而已矣。”摆脱困境的根本方法是“反身修德”。《象》曰：“‘大蹇朋来’，以中节也。”为什么君子在处境极为艰难的时候，还有众多人愿意来帮助他呢？正是因为君子能够坚守正道，行为合乎正道，具有强大的影响力与号召力！

“蹇”从“足”，强调人之行动，人的足迹。因此，人选择走什么样的路，选择如何走路，就变得非常关键。《论语》中记载了曾子的故事，可以为这个“足”字做一个注脚。

曾子得了重病，将要去世了，他把他的学生叫到跟前来，说道：“启予足！启予手！《诗》云‘战战兢兢，如临深渊，如履薄冰’。而今而后，吾知免夫！小子！”曾子对他的门人说：“掀开被子看看我的脚！看看我的手！《诗》说：‘战战兢兢，如临深渊，如履薄冰。’从今以后，我知道我的身体会免于损害了！弟子们！”

这三句诗引自《诗经·小雅·小旻》，曾子用以形容自己整个一生都小心谨慎，生怕出问题，生怕犯毛病，生怕自己的身体有所损伤，亦即生怕自己违犯了孝道。如今自己快要死了，而自己也终于身体发肤完整无损地过了一辈子，可以没有遗憾地离开人世了。

曾子是儒家圣贤，他所坚持的正道，即“孝”。《孝经》中说：“身体发肤，受之父母，不敢毁伤，孝之始也。”为什么曾子要学生来看他的手和脚呢？这里表明曾子病情严重，卧床而不能动，身体已然瘫痪，病得快要死了；故才把弟子们叫到面前来，教学生们掀开被子，看看他的手的脚，让学生明白自己是如何守孝道。

曾子让学生“启予足”，实际上是用行动在教育学生——自己走的是什么样的道路，坚守的是什么样的正道！

彖辞解读

《彖》曰：蹇，难也，险在前也。见险而能止，知矣哉！“蹇，利西南”，往得中也。“不利东北”，其道穷也。“利见大人”，往有功也。当位贞吉，以正邦也。蹇之时用大矣哉！

译文 《彖传》说：蹇是艰难的意思，表示有险在前，所以为难。看到危险而能停止，真是明智啊。蹇卦谓利于西南行，由于西南为坤方，坤为地，地平坦，西南之行可以取得中位。不利于东北行，由于东北为艮方，艮为山，山险峻，东北之行则困穷不通。适宜见到大人，是因为所往有功。身当其位而正固吉祥，是为了导正邦国。是“贞吉”，像君臣各正其位，各持中正祥和之德。“蹇”卦的时势意义真是太大了！

解读 君子何去何从，决定着一个人的品行和德操。面对险难，《易经》强调要“得中”，而不能“道穷”。也就是说，只要坚持行正道，就会有“利”；如不行正道，行为畏缩，道义不明，则相去千里矣。君子以天下为己任，通过“蹇”卦的精神来治理天下，正天下之邦，进止得时，那么邦国就不会陷入危难之中。彖传忠告我们，在险难中要时刻反省自己，时刻对自己的错误行为和错误选择加以修正，只有这样才能最终脱离险境。

解

刚柔相济，纾解艰难

在楚汉战争中，楚汉两军在垓下（今安徽灵璧东南沱河北岸）进行了一场决战。

项羽的军队在垓下安营扎寨，士兵越来越少，粮食也吃没了，刘邦的汉军又层层包围上来。夜晚，听到汉军的四周都在唱着楚地的歌谣，项羽大惊失色地说："汉军把楚地都占领了吗？不然，为什么汉军中楚人这么多呢？"项羽与帐中美人虞姬饮酒，慷慨悲歌："力拔山兮气盖世，时不利兮骓不逝。骓不逝兮可奈何，虞兮虞兮奈若何！"他卜得"雷水解"卦，心知自己已经是穷途末路了。果然，楚军士气涣散。

于是项羽跨上战马，部下壮士八百多人骑马跟随，当晚从南面突出重围，纵马奔逃。项羽大声呼喝向下直冲，汉军都溃败逃散。项羽来到乌江边，乌江的亭长撑船靠岸等待他东渡。项羽感慨道："我项羽当初带领江东的子弟八千人渡过乌江向西挺进，现在无一人生还。即使江东的父老兄弟怜爱我而拥我为王，我又有什么脸见他们呢？”于是拔出宝剑，自刎而死。

卦名解，会意字。《说文·角部》中说：“解，判也，从刀，判牛角。”本义为屠宰分割牛。《广雅》中说：“解，散也。”“解”字的本义即分解牛，后泛指剖开。最有名的是成语“庖丁解牛”，梁惠王时有位厨师善宰牛，且技巧极为熟练。后比喻对事物了解透彻，做事能得心应手，运用自如。“解”通懈，是解脱、宽松、缓解、释放的意思，象征舒缓、舒解。

“解”的卦画是䷧。上卦为震、下卦为坎，震为雷，坎为雨，雷雨兴起，万物当春，纷纷舒发生机，故解为缓，象征着舒缓、解散。舒解险难，应当用柔，与民生息，才能获得吉祥。

卦辞曰：“解。利西南；无所往，其来复吉；有攸往，夙吉。”意为对西南方向有利；无路可走的时候，沿着来的路返回吉利；有路可走的时候，早到吉利。周文王的时候，周国在西南方，因此，“西南”指主方。

《象》曰：“雷雨作，解。君子以赦过宥罪。”“解”卦的卦象是上震下坎，震表示雷，坎表示水，雷雨发生就是解卦。君子从“解”的卦象中得到启示，要赦免过错，宽待罪犯。

“解”卦是与“蹇”卦形象上下相反的卦象，困难必须解除，获得解放，但解除后又容易耽于安乐，产生困难。《序卦传》中说：“物不可以终难，故受之以《解》；解者缓也。”意思是事物不可能一味险难到终了，所以在表示险难的“蹇”卦之后接着是“解”卦，意思是险难缓解。由此可见，困难与解决之道是相反而相成。“解”卦是讲化解之道，阐释的是解除困难的法则。

纾解艰难必须复治正道。《象》曰：“刚柔之际，义无咎也。”意谓刚柔相济，合乎道义所以没有灾难。“九二贞吉，得中道也。”意谓九二爻守正道吉祥，是因为处于中正之道。这里强调刚柔相济和走正道。“庖丁解牛”的故事告诉我们，必须遵循规律，找到科学的方法，才能化难为易。“解”卦之道也是如此，只有遵循正道，才能使艰难困苦得到更快、更好地舒解。

《庄子》中记载了“庖丁解牛”的故事。梁惠王看到庖丁正在分割一头牛，但见他手起刀落，既快又好。凡是他手碰到的地方，肩靠到的地方，脚踩到的地方，膝盖顶着的地方，都发出淅沥沥、哗啦啦和谐的响声。只见他挥刀一刺，哗的一声，骨肉便分开了。一切声响，都和音乐的节奏一样，姿势优美。

看到这里，梁惠王拍手称赞：“啊，太好了！太好了！技术怎么能达到如此神奇的境地呢？”

庖丁放下刀子回答说：“我所以能干得这样，主要是因为我已经熟悉了牛的全部生理结构。开始，我眼中看到的，都是一头一头全牛；现在，我看到的却没有一头全牛了。哪里是关节，哪里有经络，从哪里下刀，需要用多大的力，全都心中有数。”

庖丁见梁惠王大惑不解的样子，又接着解释道：“在肢解牛体时，要顺着牛体的自然生理结构。牛的骨节之间是有空隙的，刀锋却薄得几乎没有厚度，把这样的刀锋插入有空隙的骨缝中去是宽宽绰绰的，舞动刀子也有回旋的余地。十九年过去了，我的刀子还是这样的锋利。不过，如果碰到错综复杂的结构，我还是兢兢业业，不敢怠慢；动作很慢，下刀很轻，聚精会神，小心翼翼。”

庖丁善于“解”，他告诉我们，遵循规律才能化难为易。听到这里，梁惠王说：“太妙了！有幸听您的这番话，我从中悟出了养生的大道理啊！”

纾解艰难必须有勇气。“解”字从“角”。在古代，“角”一般指牛、羊等动物的角，它尖锐锋利，往往用作武器或生活工具，是社会生产生活中必不可少的利器。因此，我们不妨把“角”比喻成一种技能、一种正义和勇气。要有敢于面对困难的勇气、能够解决困难的技能，才能够使困难得到纾解。

“解”卦的六五爻便说：“君子维有解，吉；有孚于小人。”意思是说，君子的困难被化解，吉利，受到普通人的信任。君子是正道的代表，君子势长，则小人必然势消。《象》曰：“君子有解，小人退也。”我们一定要有坚持正道的勇气，要敢于与不正义的小人作斗争，唯有如此，才能收获“吉”。

明朝嘉靖年间，社会风气败坏。一些官员根本不把民众疾苦放在心上，百姓生活十分困苦。若有达官贵人或朝廷重臣经过州县，除了摆宴招待之外，还要送上厚礼，在礼贴上写“白米”或“黄米”。其实指的都是白银和黄金。这样的社会风气在江南一带蔓延开来。

一天，总督胡宗宪的儿子带着一队人马来到淳安，驿站官员不知道来者身份，接待上稍有些粗略，谁料竟招致胡公子恼羞成怒，当场命人把驿吏用绳子捆起来反吊在树上，用皮鞭狠狠抽打。当时在淳安任知县不久的海瑞听到此事后，顿时义愤填膺，立即赶到驿站。面对胡公子的猖狂之为，他大声呵斥，命手下为驿吏松绑。

胡公子的手下便把海瑞围了起来，威吓说：“狗官，你瞎了眼，这是胡总督的公子！”海瑞一听，便冷笑一声说：“哼，以往胡大人来此巡查，命令所有地方一律不得铺张，今天看你们如此行装威盛，胡作非为，显然不是什么胡大人的公子，定是假冒！”说完海瑞示意下属将胡公子捉住，把他沿途勒索的金银财物统统充公，并驱逐出城。事后，海瑞马上给胡宗宪写了一封信，说：“有人自称胡家公子沿途仗势欺民，海瑞想胡总督必无此子，定是假冒。为免其败坏总督名声，我已没收其金银，并将其驱逐出境。”其实胡宗宪收到信后，心里明白自己的儿子所为，但他为人正直，明白事理，所以并没有怪罪海瑞。

事后，海瑞在当地立下规矩，无论是什么达官贵人来到淳安，若是嚣张生事，欺压百姓，都要按朝廷法规处理。当地的百姓从此称他为“海青天”。“海青天”有坚持正道的勇气，敢于与小人作斗争，造福一方人民，是百姓口耳相传的“善吏”典型代表，在历史上留下了不可磨灭的功绩。

纾解艰难必须正纲纪、明法度。“解”从“刀”，刀是古代的利器，往往用作武器，亦是生产生活中常用的工具。刀在中国传统文化中还代表正平、正义、秉直无私，是公堂刑典的象征。自古以来，人们向往赏罚分明的和谐社会，要求为政者正纲纪、明法度。《象》曰：“公用射隼，以解悖也。”王公射大鹰，是为了解除悖逆者。“解”卦喻示治理天下要文治武备，要严纲纪，正守度，这才是治本之策。

唐太宗李世民在他的一生中不断自我反省、严于律己。贞观八年（634），他在朝堂议政时对大臣们说：“每当我无事静坐的时候，就会自我反省。常常害怕对上不能使上天称心如意，对下又为百姓所怨恨。只想得到正直忠诚的人匡救劝谏，好让我的视听能和外边相通，使下面没有积怨。”

当年，时任广州都督党仁弘被弹劾大肆收受贿赂。这是贪贿枉法重罪，依律当死。但唐太宗虑及此人已近70岁，并曾立下赫赫战功，且是秦王府旧部，不忍心让其白首受戮，于是就免去了他的死罪。

虽然事情这样处理了，可唐太宗心里并不轻松。他深知自己这样做，是带头破坏了大唐律法的威严，定会在臣民中造成很坏的影响。于是，唐太宗决定当众检讨，立即召见了五品以上的所有在京官员，说：“我因私情而赦党仁弘之死，是自乱其法，上负于天。为此，我欲席稿于南郊，每日只进一餐蔬食，以谢罪于天三日。”

三天后，唐太宗不顾群臣再三劝谏，毅然下达了《罪己诏》，对处理党仁弘一事做了书面检讨，发至各州各县，布告天下。其中一段写道："处置广州都督党仁弘贪贿一案，朕有三罪：知人不明，用人不当，一也；以情免死，以私乱法，二也；善善未赏，恶恶未罚，三也。"

为政者要解决困难，就要赏罚分明、正纲纪、明法度。唐太宗勤于反思、敢于改过的做法，让大臣以及天下百姓内心无不佩服，并对治理全国贪污受贿案起到了警示作用。

纾解艰难必须有股牛劲儿。"解"从"牛"，"解"字的本义与剖牛有关。当然，"牛"本身亦有特殊的象征意义。在中国传统农耕社会中，牛是非常受人喜爱的动物，"牛劲儿"也是人们津津乐道的一种精神品质。牛力气大，而秉性温纯，既不轻易伤害人，也不乏钻牛角尖儿的认真劲儿。人如果有"牛劲儿"，必定有助于解决生活学习中的许多困难。

"运交华盖欲何求，未敢翻身已碰头。破帽遮颜过闹市，漏船载酒泛中流。横眉冷对千夫指，俯首甘为孺子牛。躲进小楼成一统，管他冬夏与春秋。"

鲁迅的《自嘲》是一首为人们熟知并传诵的名诗。"孺子牛"出自《左传·哀公六年》，原意是表示父母对子女的过分疼爱。毛泽东同志在《在延安文艺座谈会上的讲话》中说："鲁迅的两句诗'横眉冷对千夫指，俯首甘为孺子牛'，应该成为我们的座右铭。'千夫'在这里就是说敌人，对于无论什么凶恶的敌人我们决不屈服。'孺子'，在这里就是说无产阶级和人民大众。一切共产党员，一切革命家，一切革命的文艺工作者，都应该学习鲁迅的榜样，做无产阶级和人民大众的'牛'，鞠躬尽瘁，死而后已。"他极其精当地阐述了诗中这一联的正面意蕴，也画龙点睛地揭示了全诗的主题。

彖辞解读

《彖》曰：解，险以动，动而免乎险，解。“解，利西南”，往得众也。“其来复吉”，乃得中也。“有攸往，夙吉”，往有功也。天地解而雷雨作，雷雨作而百果草木皆甲坼。解之时，大矣哉。

译文 《彖传》说：解卦，象征在险难中行动，一行动就脱离了险难，这就是解卦。解卦对西南方有利，可以得到众人的支持。无所前往，返回来就吉祥，因为这样符合中庸之道。若前往提早则吉祥，是因为前往可以建功立业。天地解冻后就会发生雷雨，雷雨发生后，百果草木都破壳而出。“解”卦的时势意义真是太大了！

解读 彖传根据上震下坎的“解”卦，用生动的语言描绘了其卦象：天地解而雷雨作，雷雨作而百果草木皆甲坼。它说明，大自然的运动、万物的变化往往互相联系着。天地的运动带来了雷雨天气，对大自然的草木带来了纾缓、解放之气。归根到底，化解之道，正在于“动”。一个人的智慧开发，在于解开思维的定势。一个社会的发展在于打破思想的桎梏，只有解放人的思想，才能释放无穷的活力。我们不但要化解社会的对立面，更要注意化解自身的心结，既要促进人与人之间的和谐，也要促进人的身心的和谐，这才是具有决定意义的化解之道。

损

损益盈虚，与时偕行

薛仁贵是唐代初年的名将，他随唐王征战数十年，曾大败九姓铁勒，降服高句丽，击破突厥，功勋卓著，封平阳郡公。

乾封元年（666），高句丽发生政乱。唐高宗李治任命李绩出任辽东前线最高指挥官，薛仁贵也参与了此次东征。东征之前，薛仁贵卜了一卦，得“山泽损”卦。这一卦是“损下益上”，预示着能取得胜利。

唐军进至金山，交战不利，高句丽趁胜进攻。薛仁贵引兵迎击，将高句丽军截为两段，大破高句丽军，斩首五万余级，并乘胜攻破南苏、木底、苍岩三城。对此，李治亲自给薛仁贵写信说：“金山的战事，贼兵非常多，你冲在士兵前面，奋力杀敌，不顾自己的性命，左冲右击，所向无敌，各部军队非常有勇气，才使得这次战役很快就取得了胜利。你应该好好地建功立业，成全这美名啊！”于是，薛仁贵率军出征，他身先士卒，攻城拔寨，唐军一时声威大振，四十余城纷纷望风降服。

卦名损，形声字。从手，陨省。陨，陨石。以“陨石坠落”作为隐喻参照，表示物减灭。内为损，外为毁。《说文·手部》中说：“损，减也。”《墨子》：“损，偏去也。”“损”字的本义是减少，与“益”相对。如人短报年岁、寿命减少称为“损年”；对人书札的敬辞，是说对方不惜贬抑身份写信给自己，称为“损书”。《论语》中有名言“益者三友，损者三友”，有害的朋友称为“损友”。

“损”卦的卦画是䷨，上卦为艮，下卦为兑。兑为泽，艮为山，泽在山下，泽卑山高，以泽之自损为增山高，所以损象征减损。减损之时，只要心存诚信，即使奉献微薄之物，也能获取吉祥。

卦辞曰：“损。有孚，元吉，无咎，可贞，利有攸往。曷之用？二簋可用享。”“孚”是信用，是为人所信赖的意思。“簋”是古代盛食物的器具，圆口，两耳。卦辞的意思是说，有了诚信，非常吉利，没有灾难，可守正道，有利于往前发展。怎么作享祀？用二簋盛食物即可作享祀。

《象》曰：“山下有泽，损。君子以惩忿窒欲。”“损”山下有泽，大泽浸蚀山根，便会产生损害。君子要克制自己的愤怒不要发火，克制自己的欲望。应损则损，但必量力、适度。更进一步讲，对于为政者来说，损下益上，则不利于治理国家，过度损耗会毁坏国基。

这一卦讲的是减损之道。上卦“解”卦表示缓解，虽然解除了危险，但亦难免会带来损失，难免为此付出代价。在这样的情况下，懂得减损之道就显得更加重要。《序卦传》说：“缓必有所失，故受之以《损》”。解卦在缓和了困难之后，一定会因松懈而造成损失，所以“解”卦的下卦是“损”。《杂卦传》说：“《损》《益》，盛衰之始也。”这体现了《周易》中的辩证思维，往往事物都是物极必反，不断变化。

“损”表现为人员和财物的减少。“损”字的右部是“员”，是声部，亦有表意。即表示人员。“损”字右下部为“贝”，即财物。对于一个团队、一个家庭乃至一个国家来讲，最直观的损耗，譬如“损”卦中的爻辞“三人行则损一人”“或益之十朋之龟，弗克违”，即阐述了人员、财物等方面损益衡量之事。

宋徽宗政和初年，宋汝霖出知莱州掖县。当时，户部命提举司购买牛黄以制药用。使者们催逼得急如星火，逼迫州县的老百姓杀牛取牛黄。老百姓们很无奈，但迫于官家的压力，不得不竞相杀牛，寻找牛黄。但朝廷要求购买的牛黄量大，而老百姓的牛数量有限，一时根本无法满足需求。

宋汝霖听闻此事，心急如焚，因为耕牛是老百姓赖以生存的生产工具，如果杀牛太多，耕牛数量大损，必然影响老百姓的正常生产。宋汝霖决定制止此事。但是这项工作是朝廷下达的命令，是公事，哪有那么容易被叫停呢？

宋汝霖向提举司上疏说：“牛要遇到疫年，才多病（胆结石）生出牛黄。如今长期过太平日子，融和之气充塞天地之间，本县境内的牛一个个膘肥体壮，没有牛黄可以提取。”提举司的使者，竟无法反诘。宋汝霖这几句话有的放矢、切中要害——如果还要继续在掖县杀牛，寻找牛黄，那便是指责朝廷“不太平”，提举司的使者当然万万不敢这么做。

因此，提举司只好停止行动，掖县从此免缴牛黄，全县百姓无不佩服宋汝霖的聪明才智，对他感恩戴德。宋汝霖运用自己的聪明才智帮助老百姓止损，保障掖县的正常生产生活，可谓功德无量。

损表现为损益相成。其实，“损”并不是孤立而存在的，损失、减少往往与增益、收获紧密联系在一起的。“损”卦的彖辞便谈到了“损下益上”“损刚益柔”“损益盈虚”等。损益之间的关系，便如同下上、刚柔、盈虚等关系，是天地大道赋予的大智慧。

有一位父亲是数学老师。那天，父亲带回了些糖果给孩子，孩子拿出一颗正要剥开来吃，父亲叫住了他；让他把剩余的17颗糖果分成三份，第一份是桌上糖果的1／2，第二份是1／3，第三份是1／9。这下可把孩子难坏了。17不能被2、3和9整除，怎么也不可能按父亲的要求分开。孩子急得抓耳挠腮，还是无计可施。父亲见状，在一旁叹了一口气说："要是有18颗糖果就好分了。"孩子一听这话，知道是父亲在提醒自己，赶紧把那颗还没来得及吃的糖果拿出来，凑成了18颗，难题迎刃而解。父亲说："孩子，这下你应该知道了吧，解这道题的关键是你必须舍得。你要是舍不得把手里的糖果拿出来，你就永远不可能解开这道题的；你要是舍得，你就很容易地解开这道题。解题是如此，与人相处何尝不是如此呢？孩子，你要记住，人生也是一道题，时时处处你都必须舍得。"

正所谓"损益相成"，"损"与"益"是辩证统一的。有舍必有得，通常只有放弃眼前的利益，才能得到更加长远的利益。"损益相成"体现了中国人极高的人生智慧。

止损在于与时偕行。当损减之势在所难免时，如何止损便成为非常重要的命题。而《周易》告诉我们，止损之道并不在于一个"止"字，更不在于一个"损"字，关键在于与时偕行，恰到好处。

"损"卦的彖辞结合卦辞中的"二簋"之说，解释道："二簋应有时，损刚益柔有时。损益盈虚，与时偕行。"意思是说，使用两簋祭享应当遵循时序，因为天气大道减损阳刚、增益阴柔也是遵循时序。减损增益、盈满亏虚，都是伴随着时序运行的。《说苑·敬慎篇》记载了这样一段对话。孔子曰："持满之道，挹而损之。"子路曰："损之有道乎？"。孔子曰："高而能下，满而能虚，富而能俭，贵而能卑，智而能愚，勇而能怯，辩而能讷，博而能浅，明而能暗，是谓损而不极。能行此道，惟至德者及之。"从哲学角度讲，世界上的一切事物都是不断运动和变化的，思想、行动要跟上时代发展，不能僵化退后，要与时偕行、与时俱进。

减损之道，其实告诉我们要善于做减法，即减少多余的东西，达到平衡的状态。我们家里有很多用品，其实日常使用的并不多，我们用的手机有很多功能，常用的也就几个。我们现在的饮食，不是营养不够，而是过量，导致出现“富贵病”。正如去登山，背上沉重的包袱，必然会越爬越慢。我们要走得远，走得稳，必须适时做减法，学会减损私欲，学会简约的处治方式，轻松地前行，达到人生的巅峰。

彖辞解读

《彖》曰：损，损下益上，其道上行。损而“有孚，元吉，无咎，可贞。利有攸往。曷之用？二簋可用享”。二簋应有时，损刚益柔有时。损益盈虚，与时偕行。

译文　《彖传》说，“损”卦是减损下边增益上边，运行之道是向上走。损卦有诚信，最为吉祥，没有灾难，可以正固，有利于往前发展。怎么作享祀？用二簋盛食物即可作享祀。使用两簋祭享应当遵循时序，因为天气大道减损阳刚、增益阴柔也是遵循时序。减损增益、盈满亏虚，都是伴随着时序运行的。

解读　这里谈“损”，实则是将损益二字合而言之。有损减则有增益，有增益则有减损，这些都是大自然运行的规则。因此，我们不必因为一时的损害而过度苦恼，也不必因一时的收获而太过喜悦。重要的是做到“与时偕行”，尊重大自然的规律，该损则损，该益则益。

益

如水四溢，损上益下

冉伯牛是孔子的学生，为人厚道正直，在孔门中是一个有德之人，可惜英年早逝了。

伯牛得了恶疾，孔子去探问冉伯牛，冉伯牛卜得“风雷益”卦，知道自己怠慢了老师，有很大的过错。但是，伯牛得了有传染性的恶疾，不愿见人，因此孔子只能从南面的窗子外伸手去拉他的手。孔子非常惋惜，感慨道：“要失掉这个人了，这真是命啊！这样的人，竟会得这样的病！”

卦名益，会意字。“益”字从“皿”从“水”，“皿”为器皿，“水”指溢出来的水。《说文·皿部》中说：“益，饶也。”它的本字是“溢”，本义为水满溢出。“益”字的小篆字形，像器皿中有水漫出。后来，“水”发生隶变，变成现在“益”字上部的字形。“益”字也引申为在体积、数量、程度等方面的增加，指增加、增益、增强，与“损”相对。《易经》中说："《损》《益》，盛衰之始也。"

"益"卦的卦画是䷩。上卦为巽，下卦为震，风烈则雷迅，雷激则风怒，即风雷相益。益象征着增益。损上益下，象征统治者减损财富，使人民增益。

卦辞曰："益。利有攸往，利涉大川。"意为益卦，有利于前往，利于涉越大川。这是一个非常吉祥的卦。

《象》曰："风雷，益；君子以见善则迁，有过则改。"风顺雷声，雷助风势，雷风相互增益威势。意为风与雷组合在一起，便是益卦的卦象。君子从"益"卦的卦象中得到启示，看见善行就倾心向往，有了过失就迅速改正。正因如此，才能得到增益、有所获益，这就是君子的修养方法：迁善当如风之速，改过当如雷之勇。

"益"卦的阴阳六爻与"损"卦正好颠倒过来了，形成完全相反的两个卦象。由此可见，损与益是相对而言的。不停地减损，会出现损极而反的增益，正如《序卦传》所说："损而不已，必益。"这反映了损益相依的辩证法。这一卦是讲增益之道。

损上益下是为国之益。"益"卦的彖辞曰："益，损上益下，民说无疆；自上下下，其道大光。"意思是说，减省于上而增于下，民众就会无限欣喜；从上方施利于下，其道义必能大放光芒。如果统治者愿意减损自己的财富，使人民增益，则能惠及万方，受到老百姓的支持和爱戴。《易经》所说的"益"，更强调了人民群众之"益"，它体现了一种崇高的社会责任担当和君子人格精神。

东汉时期，有位名臣叫刘宽，他是刘邦的后人，属于汉室宗亲，因而身居高位。但他为人十分温和仁厚，对待寻常百姓也非常友善，从不因自己的高贵身份而欺压他人。有一次，刘宽驾着牛车外出巡游，途遇一人指责他偷牛。然而奇怪的是，刘宽竟丝毫不争辩就下了车，并把自己的牛给了那个人，然后就默默地在自己的牛车旁等待着。过了没多久，那失牛的人把

益卦故事

自己的牛寻着了，这才发现是误认了刘宽驾车的牛。于是赶紧把刘宽的牛送回来，并把牛车重新装好。他向刘宽谢罪说道："我很惭愧，实在对不住你啊！我任你处置吧！"然而刘宽却说道："世间万物，东西总有很相像的，事情也总会有错误的。既然你已经把牛送还我了，又何必谢罪呢？"当时那个地方的人，听了这件事后，都很佩服刘宽的宽容厚道。

刘宽在治理政事的时候，一直认为通过严酷的刑罚来治理国家，百姓虽然不触犯刑罚，但总是还会有失误的时候。所以他几乎不曾重罚他人，就算手下的人做事出现差错也只是轻罚一下。而且他每到一处都要和当地的文人学子一起讲学，交流学问，还经常慰问当地父老乡亲，因此受到了当时很多老百姓的敬重。刘宽为官多年受到了很多的好评，以至于去世的时候还受到了汉灵帝的追赠，可谓是德高望重。

刘宽被贫民误会，他是朝廷大臣，又本是自己在理，却能设身处地为他人着想；不仗着自己高贵的身份去压制低下的贫民，而愿意通过减损自己的财富来化解矛盾，实在难能可贵。为政者要学习刘宽，放下高高在上的姿态，惠及万方，则受老百姓的支持和爱戴，更利于和谐社会的构建。

见善则迁，有改则改，能够使己受益。"见善则迁，有改则改"之语见"益"卦的《象传》。这种良好的人格品质在其爻辞中亦有体现，如"有孚惠心"，即有真诚地施惠天下之心。又如卦辞"莫益之，或击之；立心勿恒，凶"。意谓不要使他得益，要打击它，如果下的决心不坚定，就会有凶险。君子如能做到这两点，便一定能够使自己获益。这一卦辩证地讲了损与益的关系。君子所"损"的是自己的过错，所增"益"的是自己的美善、道德。只有这样，君子才能完善自己的人格，成为众人拥戴的对象。

唐太宗李世民非常重视纳谏。有一天，唐太宗将自己所保存的、认为最好的"良弓"，拿出来让工匠鉴赏。工匠说："这些都不是好弓箭。"唐太宗迷惑不解地问："为什么？"

工匠说："木心不正，脉理就不准，弓力虽然刚劲，而射出的箭不是直的。"唐太宗将信将疑，马上拿起自己的弓，同工匠所制的弓一起校射，果然不如工匠所制的弓着靶准确。

唐太宗大为感慨地说："我用弓箭定天下，想不到并不真正懂得弓箭，何况天下的事，我怎么能都懂呢。一人耳目有限，思虑难尽，非集思广益，难以求治。"当他知道自己不是无所不知，无所不能，也就有了纳谏的自觉性。用现在的话说，就是注意听取各种不同意见或批评建议。

唐太宗提出"君臣共理"的治国方略，即"君臣上下，各尽至公，共相切磋，以成治道"。意思是说，作为君主，要广泛地听取臣下的种种治国方略，作为臣下，应能够提出各种有见解的方针大计；君臣上下，各尽职守，共同围绕治国安邦大业，商量研究，择善而行，这是治理国家的正确道路。

唐太宗见善则迁，有改则改，所以能使国家获益。唐太宗对隋朝的灭亡进行了深刻的反思，他意识到人有所短，只有多听取各种声音，才能让自己保持清醒的头脑，做出最有利于黎民百姓的决策，使国家走向繁荣昌盛。这正是唐太宗执政23年取得许多巨大成就的一个重要因素。

凡益之道，与时偕行。这句话出自"益"卦的彖辞。天地相合，化生万物，其中的道理千条万条，数也数不清，但是，我们遵循大自然的规律，与时序相偕共进，则是大道真、善、美的体现。在"损"卦中，同样强调了"与时偕行"的重要性。我们将它合而言之，可以说，损益之道，最重要的就在于懂得"与时偕行"。

1997年秋天，中国百名志愿者组成了一支团队穿越新疆罗布泊地带。一位志愿者参加了这个活动，回来以后写了一篇文章叫《永远的罗布泊》。

文章中谈到，罗布泊是不毛之地，沙漠之地。穿越的人每天限水，基本上一瓶到两瓶；简单地带一些东西，见不到城市的繁荣，听不见人流的喧嚷，没有名利的诱惑，没有权利的纷争。

作为荒漠的匆匆过客，大家的需求就是能有解渴的清水，能有充饥的干粮。大家的目标就是不掉队，不迷向，奔向下一个营地。

简单的生活使人感到回归自然，置身于广阔的天地之中，生活是那么平静，心灵是那么安静，欲望是那么清纯、那么质朴。随地而居，是那么逍遥自在；随遇而安，是那么豁达大度。大家素昧无束，无忧无虑，其乐融融，充分感受着大自然的鬼斧神工，领略着大自然的美。

在罗布泊地带，志愿者的生活条件非常的差，按理说应该是“损”的。但是，他们用一种乐观、平和的心态来对待，回归自然，把自然作为自己的精神家园，便将“损”转化为“益”。他们尊重大自然的安排，得益于万物，得益于四时，体悟到了大自然的真味！

彖辞解读

《彖》曰：益，损上益下，民说无疆，自上下下，其道大光。“利有攸往”，中正有庆。“利涉大川”，木道乃行。益动而巽，日进无疆。天施地生，其益无方。凡益之道，与时偕行。

译文 《彖传》说，减损于上而增于下，民众就会无限欣喜；从上方施利于下，其道义必能大放光芒。适量有所前往，这是因为居中守正而有吉庆。利于涉越大的河川，这是因为有木舟渡水而行。“益”卦善于变动而柔顺，日日增进而无穷。天施阳气、地生万物，使它获得的能量无穷无尽。凡增益之道，最重要的是与时并行。

解读 这里主要从为政者施政行政的角度来讲，强调了“损上益下，民说无疆”之社会大益。益下主要是轻徭薄赋，这是国富民强之策，也是治国方略。所谓“与时偕行”，即尊重天地自然的规律，同时也是尊重人民群众的根本利益，唯有如此，才能将获益程度最大化，实现社会之大治。

夬

清除小人，刚毅决断

秦朝灭亡后，刘邦被封到了非常偏僻的蜀地，很多大臣、士兵都纷纷离开了，其中包括在刘邦军中当兵的韩信。刘邦帐下的谋臣萧何听说此事，赶紧连夜出城，追回了韩信。

汉王刘邦以为萧何也跑了，非常生气。后来见萧何又回来了，汉王道："你为什么也逃跑了！"萧何答道："我不敢逃跑，我是追逃跑的韩信。"汉王骂道："军官跑掉那么多人，你都没有追，为什么倒去追韩信？"萧何说："像韩信这样的人才，天下找不出第二个来！如果大王要打回东方去，就要重用韩信。"刘邦将信将疑，占了一卦，得"泽天夬"卦。他便知道，韩信是个难得的大将之才。

刘邦拣了个好日子，事先斋戒，搭起一座高坛，举行仪式拜韩信做大将。汉军由此军心大振。后来，韩信率军出陈仓、定三秦、擒魏、破代、灭赵、降燕、伐齐，直至垓下全歼楚军，无一败绩，帮助刘邦奠定了汉朝基业。

卦名夬，会意字。“夬”为“决”省。“决”是大水冲破堤岸或溢出。《说文·又部》中说：“夬，分决也。”指射箭时套在手指上用以钩弦的扳指。“夬”也通“抉”。作为六十四卦之一，表示明法决断。《彖》曰：“夬，决也，刚决柔也。”

“夬”卦的卦画是䷪，兑为上卦，乾为下卦，天上水气腾腾，欲降成雨，为夬，夬为决断、果决。表示对邪恶的清除必须坚决。君子制裁小人时，应光明正大，告诫人们引以为戒。

卦辞曰：“夬。扬于王庭，孚号有厉；告自邑，不利即戎；利有攸往。”意思是说，从朝廷上发出诚恳的号令，以诚心疾呼有危厉，告诫自己封邑内的人，不宜立即动武，利于有所前往。这一卦乃论述君王如何平服将帅叛乱之卦。强调双方诚恳相处，不相互攻击，而做到互利共赢。

《象》曰：“泽上于天，夬；君子以施禄及下，居德则忌。” “夬”卦的卦象是湖水化气升腾于天，即将化为雨倾注而下之表象，以此象征决断。君子从中得到启迪：应该自觉地向下层民众广施恩德。并以自居其德为忌讳。不但要“施禄于下”，而且不能自居有德。便如把施禄作为猎取名节的手段，其境界就太低了，谈不上有修养。

上卦“益”讲受益，但不断受益，则会益极而成“溢”——满溢而出，就像河中的水一样，积蓄过多会溢出河床，泛滥而造成水灾。此时就需要“夬”，即打开缺口，让河水分流，疏通水流，避免灾难。《序卦传》：“益而不已必决，故受之以《夬》。夬者，决也。”特别是在清除邪恶时，更需要有果断决策的勇气和能力。这一卦是讲决断之道。

夬要有决断，危急关头不能犹豫不决。“夬”卦的彖辞说：“夬，决也。刚决柔也。健而说，决而和。”这里的“说”，是“悦”的意思。此句的意思是说，夬有决断之意，表示刚决，这种刚决是柔和，刚健而令人不畏栗，果决而令人感到和畅。一“刚”一“柔”，体现了儒家思想中的中庸之道、中和之美。“刚”“健”“决”要求我们要在危急关头当机立断、毫不含糊；“柔”“说（悦）”“和”则告诉我们，在做决断时要理性对待、善用方法，切不可“拍脑袋”行事。

楚汉战争中，韩信率1万新招募的汉军越过太行山，向东攻打项羽的附属国赵国。赵王和大将陈余集中20万兵力迎战，占据咽喉要地井陉口。井陉口以西有一条长约百里的狭道，是韩信的必经之地。赵军谋士李左车献计，正面避而不击，派兵绕到后面切断韩信的粮道，把韩信困死在井陉狭道中。陈余不听，说：“韩信只有几千人，千里袭远，如果我们避而不击，岂不让诸侯看笑话？”

韩信探知消息后，当机立断，迅速率领汉军进入井陉狭道。半夜，韩信派两千轻骑，每人带一面汉军旗帜，到赵军大营的后方埋伏。韩信告诫说：“交战时，赵军见我军败逃，一定会倾巢出动追赶我军。你们火速冲进赵军的营垒，拔掉赵军的旗帜，竖起我军的红旗。”其余汉军马上向井陉口进发，大军背对着河流列下阵势，高处的赵军远远见了，都笑话韩信。

天亮后，韩信率众出井陉口。陈余果然率轻骑精锐蜂拥而出，要生擒韩信。韩信假装抛旗弃鼓，逃回河边的阵地。陈余下令赵军全营出击，直逼汉军阵地。汉军因无路可退，个个奋勇争先。双方厮杀半日，赵军无法获胜。这时赵军想要退回营垒，却发现自己大营里全是汉军旗帜，队伍立时大乱。韩信趁势反击，赵军大败。

韩信在毫无兵力优势、身处困境时临危不乱，率领汉军背水一战，最终以弱胜强，这是因为他在危急关头能够理智果敢，当机立断。

夬要快速。“夬”为“决”的意思，从“夬”。从“夬”的字大都与分离、分别有关，如水分流为“决”、分物为“抉”、器之裂口为“缺”、玉璧有缺口者叫“玦”、心情愉悦为“快”，后来，“快”引申为快速、迅速之意。决断之道，亦需要快速反应、及时行动。

《北齐书·文宣帝纪》："高祖尝试观诸子意识，各使治乱丝，帝独抽刀斩之，曰：'乱者须斩！'"

高欢是南北朝时期东魏孝静帝的丞相。他一共有六个儿子。

有一天，他想考查一下哪个儿子最聪明，就把六个儿子都叫到跟前。他对儿子们说："我这里有一大堆乱麻。现在发给你们每人一把，你们各自整理一下，看谁理得最快最好。"

比赛开始了，孩子们手忙脚乱的，十分紧张。他们都赶快把乱麻一根根抽出来，然后再一根根理齐。

这种方法速度很慢，有的孩子一着急，还把麻结成了疙瘩。孩子们一个个都急得满头大汗。

二儿子高洋则与众不同。他找来一把快刀，把那些相互缠绕的乱麻狠狠地几刀斩断，然后再加以整理，这样很快就理好了。

高欢见高洋这样做，很是惊奇，就问："你怎么想到用这个办法？"

高洋答道："乱者须斩！"

高欢听了十分高兴，认为这孩子的思路开阔，思想方法不同一般，将来必定大有作为。

后来，高洋果然夺取了东魏皇帝的王位，建立了北齐政权，自己做了文宣皇帝。

根据这个故事，引申出"快刀斩乱麻"这个谚语，用以比喻采取果断措施，解决复杂棘手的问题。遇到突发问题，除了需要冷静地应对之外，迅速决断、快速行动，才是解决问题的最好方法。

夬要善于抉择，趋利避害，权衡利弊，择优避劣。"夬"卦的爻辞中就提到了战役的情境，面临是进是退的抉择。如"壮于前趾，往不胜为咎"，意谓士兵的前足趾强壮，往前进不胜。那么是否应该前进呢？这取决于军队将领的决断。又如

“君子夬夬，独行遇雨，若濡有愠”，意谓聪明的人做事果断，独行遇雨，淋湿了有些恼怒。面对突如其来的大雨，他将如何选择去留呢？又如“臀无肤，其行次且”，意谓臀部没有皮肤，其行为犹豫不定。我们的人生面临无数次判断与抉择，我们在权衡利弊、择优避劣的过程中不断成长，收获进步。

善于抉择、趋利避害是一种智慧。“弃车保帅”原本是象棋中的专业术语，字面上的意思是舍弃“车”来保住“帅”，比喻牺牲重要的东西来保住更重要的东西。两军对峙，敌优我劣或势均力敌的情况是很多的。如果指挥者善于决断，指导正确，常可变劣势为优势。

孙膑赛马的故事为大家所熟知，他在田忌的马总体上不如对方的情况下，使田忌仍以二比一获胜。但是，运用此法也不可生搬硬套。战国时齐魏桂陵之战，魏军左军最强，中军次之，右军最弱。齐将田忌准备按孙膑赛马之计如法炮制，孙膑却认为不可。他说，这次作战不是争个二胜一负，而应大量消灭敌人。于是用下军对敌人最强的左军，以中军对势均力敌的中军，以力量最强的部队迅速消灭敌人最弱的右军。齐军虽有局部失利，但敌方左军、中军已被钳制住，右军很快败退。田忌迅即指挥己方上军乘胜与中军合力，力克敌方中军，得手后，三军合击，一起攻破敌方最强的左军。这样，齐军在全局上形成了优势，终于取胜。

古人云：“两利相权从其重，两害相衡趋其轻。”孙膑就是这样一个善于抉择，趋利避害的优秀军事家。他明白，要歼敌首先得保住自己，关键的时刻必须要有“壮士断腕”的勇气和魄力，得有大局观；目光长远，懂得趋利避害，才能立于不败之地。

当然，抉择还要把握机会，做到“不悲过去，不贪未来，心系当下”，抓住眼前的好时机，作出正确的选择。

彖辞解读

《彖》曰：夬，决也。刚决柔也。健而说，决而和。扬于王庭，柔乘五刚也。“孚号有厉”，其危乃光也。“告自邑，不利即戎”，所尚乃穷也。“利有攸往”，刚长乃终也。

译文 《彖传》说：夬有决断之意，表示刚决，这种刚决是阴柔，刚健而令人不畏栗、果决而令人感到和畅。君王从朝廷上发出诚恳的号令，是因为柔爻登乘在五个阳爻之上。心怀诚信哭号有危险，是说明这种危险已经很明显了，告诫自己封邑内的人，不宜立即动武。这是因为所崇尚的武力已是穷途末路。与对方建立交往有利，这是因为阳刚增长最终制胜阴柔。

解读 这里主要阐释了“夬”卦中的卦辞，借以阐述君子的决断之道。在八卦六爻的变化中，来到“夬”卦，已经生长为五个阳爻，阳刚之气的盛长之势已逼近极限了。正所谓物极必反，决断的背后，即是一种充满智慧的反抗、回击。果敢地决断，体现了一个人的胆识和气魄。俗话说：“该断不断，反受其乱。”优柔寡断，往往会错失良机。果敢地决断，不仅只是使用武力，有时怀柔也是一种选择。进与退的选择要顺时而变，权衡利弊。

姤

意外相遇，秉持中正

吕雉是汉高祖刘邦的皇后，也称为吕后。刘邦去世后，吕后开始独掌大权。后来，吕后自己临朝称制，行使皇帝职权。她为此卜了一卦，得“天风姤”卦。“天风姤”为“不期而遇，非意所望”。预示着吕后的愿望始终不能实现。

吕后为了强化自己的统治，首先打击诸侯王和政治上的反对派，重用其宠臣，布置党羽，大封诸吕为王侯。吕雉先追封他已故的两个哥哥，大哥吕侯为悼武王，吕释之为赵昭王，并先后分封吕氏家族十几人为王为侯。这些做法遭到刘氏宗室和大臣的激烈反对。

吕太后去世后，汉统治阶级内部矛盾骤然激化，祖刘之军蜂起。齐王刘襄发难于外，陈平、周勃响应于内，刘氏诸王遂群起而杀诸吕，吕氏外戚集团遭到毁灭。功臣及宗室迎立当时封为代王的刘恒继承帝位，是为汉文帝。

姤，形声字。“姤”字古同“遘”，即男女之间的遘遇，遘合。《说文·辵部》中说：“遘，遇也。”《广雅》曰：“姤，遇也。”“姤”字的本义即相遇、邂逅。它亦多用于表示男女之事，表示交互为婚姻，亲上加亲。

“姤”卦的卦画是䷫，上卦为乾，下卦为巽。乾为天，巽为风。风行天下，无物不遇。姤为邂逅，意外相遇。本卦一阴爻周旋在五阳爻之间，疑此女不守贞节，而且性欲强烈，相遇不可娶其为妻。

卦辞曰：“姤。女壮，勿用取女。”意谓此女强壮，不要娶她。这是根据“姤”卦的卦象所作的比喻，其六爻五阳一阴，较不平衡，处于最下位置的阴爻，隐隐然有向上侵犯的趋势，象征一个女人在五个男子之间周旋。一心系五男，其心不正。因此君子娶妻以温和柔顺为首选。

《象》曰：“天下有风，姤。后以施命诰四方。”“姤”卦表示天下有风，吹遍大地，阴阳交合，万物茂盛。古文字中，“姤”即“遘”，是相遇、相交的意思，表示阴阳相遇。这如同天下刮起的风一样，在任何地方都可以相遇。君王观“姤”卦德卦象，从而效法于风之吹拂万物，施教化于天下，昭告四方。

“姤”卦是讲婚娶之道。“姤”，为邂逅之意，指意外相遇、偶然相逢。“姤”卦的上卦为“夬”，人生有许多抉择，包括学业、职业、婚姻等抉择。男女之间某一个偶然的相遇、情人之间的某一个邂逅，往往会影响我们对婚姻的抉择，影响我们后半生的发展轨迹。故《序卦传》曰：“决必有所遇，故受之以《姤》。姤者，遇也。”婚姻要阴阳相济，守正合德，在多种诱惑面前保持清醒头脑。

爱情源于某一个邂逅。没有约定的相遇，即“邂逅”。初六爻有：“系于金柅。贞吉。”意谓细柔之线牵附于黄铜梎子之上，这是吉祥的征兆。这便是俗语所说的“千里姻缘一线牵”， 夫妻婚配是命中注定，由月下老人暗中用一红线牵连而成。大千世界、芸芸众生，一对男女能够走到一起，是一种冥冥中的定数，也是阴阳运动的必然结果。

春秋时期，秦穆公有个女儿叫弄玉，她长得非常漂亮，而且很喜欢音乐，是一个吹箫高手。弄玉回房睡觉，做了一个梦。梦中一个英俊少年，吹着箫，骑着一只彩凤翩翩飞来。少年对弄玉说："我叫箫史，住在华山。我很喜欢吹箫，因为听到你的吹奏，特地来这里和你交个朋友。"说完，他就开始吹箫，箫声悠扬，听得弄玉芳心暗动，于是也拿出箫合奏。他们吹了一曲又一曲，非常开心。这是一个多甜美的梦呀！弄玉醒来后，不禁一再回想梦中的情景，对那位俊美少年再也不能忘怀。

秦穆公知道女儿的心事，就派人到华山去寻找这位梦中人。没想到果真找到一位名叫箫史的少年，而且他也真会吹箫。等弄玉见到箫史，她真是太高兴了，因为箫史就是她梦里的少年啊！箫史、弄玉结婚后，非常恩爱，两人经常一起吹箫，秦国的山林、溪边、蓝天、夜空，几乎时时可以听到他们的合奏。

后来，箫史和弄玉躲到一个别人找不到的地方，过上了隐居生活。也有人将箫史和弄玉说成是仙人下凡。有一天当他们夫妇正在合奏时，忽然天外飞来一对龙和凤，载着他们一路吹箫，飞到华山明星崖。

正所谓"千里姻缘一线牵"，箫史、弄玉在梦中邂逅，他们都被对方的音乐所吸引，并最终走到了一起，成就了一段美丽的姻缘。爱情，说不清也道不明，也似冥冥中已经注定，每个人都期待遇到一个对的人，来陪伴自己的一生。

一个失败的男人往往背后有一个彪悍的女人。"姤"从"女""后"。"女"表示女性、女人；"后"在古代表示皇后，指有地位的人。"姤"卦卦辞中的"女壮"，即指男人有一个像皇后的妻子，是柔胜刚，不适宜，不可长。"女壮"，有一说是指性欲过强，其主要应指女性性格过于强悍，有损"阴柔"之德，打破了家庭、国家关系中的阴阳平衡。对于男女双方，都带来了不良的影响。

在家庭关系中，要求男女之间互敬互爱，互相协调、刚柔相济。如果女性的性格过于彪悍、性欲强盛，则不利于男人。同样的，男性如果“阳刚”过之，也不利于和谐的家庭关系。在中国传统政治社会中，皇后的“母仪”之德，更为人所重视。

北宋宰相陈执中，极其宠爱其小妾张氏，但张氏生性骄横，暴戾恣睢，性格强悍。某日，侍女迎儿顶撞了她几句，她便命人剥光侍女的衣服，捆绑双手，将其关进小屋，断其饮食。时值隆冬，没几天迎儿便因冻饿而死。相府中的另外两名侍女站出来为迎儿鸣不平，对张氏的凶恶残暴表示不满。此举又激怒了张氏，她命令手下恶奴殴打两位侍女，极尽侮辱。两位侍女不堪其辱，之后自缢身亡。当时的右谏议大夫赵抃上书指斥陈执中“家不克正，而又伤害无辜”，请求皇帝罢其相位。最后，陈执中终于被罢了官。

这个例子说明，一个失败的男人背后必然有一个强悍的女人，这个霸道不讲理的“内助”，会把丈夫带入万丈深渊。

一个成功的男往往背后是一个贤惠的女人。简体字的“姤”，可以看做是一个“女”人站在“后”面，就像女人在丈夫的身后，支持、帮助丈夫的事业。在家庭关系中，女人贤惠能干，能够给予丈夫更多的引导和帮助。男子与居中守正的女子媾合，则抱负大行天下。同样的，男人身体健康、积极努力，也能够给予妻子和家庭更多的幸福感。需要注意的是，这并不是提倡“男尊女卑”的旧观念，而是强调男女平等，注重男女之间的协作共赢。

这里强调女性的中正之德。彖辞中说：“刚遇中正，天下大行也。”“姤”卦卦象中的九二阳爻、九五阳爻分别居于下卦、上卦之中位，就像君臣、夫妻之间分居其位，秉行中正之道，因而正道大行于天下。这对我们今天的夫妻和谐关系，依然有很大的启发。

东汉开国皇帝刘秀在历史上被称为“牛背上的开国皇帝”，他的第二任皇后是阴丽华。阴丽华据说是春秋名相管仲的后人，容貌十分美丽，后来成了刘秀的原配妻子。刘秀称帝以后，作为原配的阴丽华本来是要被立为皇后的，但当时刘秀在外征战时由于形势所迫不得不又娶了郭氏为妻，加上朝中大臣的反对和郭氏身后势力的干涉，刘秀要想立阴丽华为后，实在困难重重。

阴丽华虽然独得刘秀宠爱，但也是识大体、头脑聪慧之人。她深知刘秀的处境之艰，因此极力推脱要立她为后这件事，劝诫皇上要以大局为重，应立郭氏为后。刘秀也因此对这位结发妻子更加宠爱，以至后来行军打仗时不愿忍受跟阴丽华离别之苦，即便当时阴丽华有孕在身，也执意要带她一起。而阴丽华，也在刘秀的征战生涯中给了他许多精神上的支持和鼓励，成为了这位有着雄心大志的男子坚实的后盾和内心深处最柔软疼爱的存在。

后来时局渐稳，刘秀大权在握，便废了郭氏，把原配阴丽华立为皇后。阴丽华当上皇后之后，并没有恃宠而骄。她生性恭谨节俭，不喜欢古玩珍品、奢侈物件，性格仁慈温和，心胸开阔，深得百姓爱戴和喜欢。

刘秀去世之后，阴丽华被尊为皇太后，在这期间她还做了一件颇有建树的事情，就是给皇帝刘庄册立了朝中一位功臣的小女儿做皇后。而这位皇后，就是历史上被尊称为贤后典范的明德皇后，可以说是东汉一朝两贤后了。可以说，刘秀的成功背后，离不开一个中正、善于辅助的阴丽华。

彖辞解读

《彖》曰：姤，遇也，柔遇刚也，“勿用取女”，不可与长也。天地相遇，品物咸章也。刚遇中正，天下大行也。姤之时义大矣哉！

译文 《彖传》说：姤，就是相遇的意思，是柔顺者遇到刚强者。不利于娶女，因为阴阳不平衡，是不能长久相处的。天地相构，阴阳交流，万种物类成长壮大。刚强者遇到居中守正的机会，因而正道大行于天下。“姤”卦的现实意义是十分重大的。

解读 “姤”卦的卦象非常特殊，由最下一阴爻与五阳爻组成。这是一种阴阳之气不平衡的运动状态。正是这种不平衡，带来了“邂逅”，带来了“机遇”，带来了“爱情”。天地宇宙之间阴阳交流，合乎时宜，循乎时序，是一种中正之道。遇会是一种缘分，或许会是一见钟情，心有灵犀，但也要理性，全面考虑相貌、才华、性格等方面是否合适。情感和理智的结合，就是“逅”卦告诉我们的道理。

萃

草木茂集，安和乐利

韩信是西汉的开国功臣。汉朝建立后，他被刘邦解除兵权，徙为楚王，后又被人告发谋反，贬为淮阴侯。韩信深知高祖刘邦畏惧他的才能，所以从此常常装病不参加朝见或跟随出行，在家中闷闷不乐。他为自己卜得“泽地萃”卦。这一卦预示韩信赴“聚合”而死，可惜韩信不明其意。

汉十年（前 197），陈豨反叛。刘邦亲自率领兵马平叛，韩信托病没有随从。他暗中派人到陈豨处说：“只管起兵，我在这里协助您。”他的一位家臣得罪了韩信，韩信把他囚禁起来，打算杀掉他。他的弟弟上书告变，向吕后告发了韩信准备反叛的情况。有人劝韩信起兵造反，但被韩信拒绝，他自信刘邦不会杀他。

吕后便和萧何谋划，对韩信谎称刘邦平叛归来，陈豨已被俘获处死，列侯群臣都来祝贺。吕后命令武士把韩信捆起来，在长乐宫的钟室杀掉，并诛杀了韩信三族。

萃，形声字。“萃”字从“艸”，“卒”声。《说文·艸部》中说：“萃，草貌。”《集韵》中说：“萃，草盛貌。”“萃”字的本义是指草丛生的样子，后来引申为聚集、聚拢之义。聚集、聚积的样子称为“荟萃”“萃止”“萃萃”，汇总并按次序编列称为“萃次”。

“萃”卦的卦画是䷬，上卦为兑，下卦为坤，兑为泽，性悦。坤为地，性顺。泽居地上，即水在地上聚集成泽，滋润万物，为萃，故萃象征天下会聚，顺利亨通。德高望重者主持祭祀活动会吉祥，聚集使物资丰富，民心一致，则可成就大事业。

卦辞曰：“萃。亨，王假有庙，利见大人，亨利贞；用大牲吉，利有攸往。”意思是说，此卦表示顺利，君王来到宗庙里，适宜拜见大人而通达，利于坚持下去；用大牲畜祭祀，利于有所前进。

《象》曰：“泽上于地，萃；君子以除戎器，戒不虞。”沼泽高出大地之上，淹没大地，这就是“萃”卦。就像人众多相互斗争，危机必四伏，务必顺天任贤，未雨绸缪，柔顺而又和悦，彼此相得益彰，才能安居乐业。君子由“萃”卦领悟到政治之道，要修治兵器，警戒意外状况。

孔颖达《周易正义》：“萃，聚也，聚集之义也。”“萃”卦的上一卦是“姤”，《序卦传》：“物相遇而后聚，故受之以《萃》。”姤卦讲的是阴柔与阳刚相遇，相遇必然会聚集在一起。古人的聚集以宗庙祭祀最为隆重，这是人们宣示信仰的地方。人们聚集时最需要用宗教的力量安顿自己的心灵，形成强大的凝聚力。因此，“萃”卦讲的是会聚之道。

情性相同是聚会的基础。“萃”字下部的“卒”，是古时的军事单位，百人为一卒，表示数量多，聚集。“萃”则表示草木生长茂盛的样子，引申指人或物按照不同的类别而聚集。《易经·系辞上》中讲到会聚之道时说：“方以类聚，物以群分。”比喻同类的东西常聚在一起，门当户对，志同道合的人相聚成群。或聚或散，最能表现天地万物之真情。萃卦爻辞描写了萃的情状，曰号，曰笑，曰咨，曰涕洟，欢欣悲戚，都是真情的流露。

战国时期，齐国有一位著名的学者名叫淳于髡。他博学多才，能言善辩，被任命为齐国的大夫。他经常利用寓言故事、民间传说、山野轶闻来劝谏，令齐宣王信服。齐宣王喜欢招贤纳士，于是让淳于髡举荐人才。于是，淳于髡在一天之内，竟然接连向齐宣王推荐了七位贤能之士。

齐宣王很惊讶，就问淳于髡："寡人听说，人才是很难得的，如果一千年之内能找到一位贤人，那贤人就好像多得像肩并肩站着一样；如果一百年能出现一个圣人，那圣人就像脚跟挨着脚跟来到一样，多么难得啊！现在，你一天之内就推荐了七个贤士，这贤士，是不是太多了？"

淳于髡回答："不能这样说。要知道，同类的鸟儿总聚在一起飞翔，同类的野兽总是聚在一起行动。人们要寻找柴胡、桔梗这类药材，如果到水泽洼地去找，恐怕永远也找不到；要是到梁文山的背面去找，那就可以成车地找到。这是因为天下同类的事物，总是要相聚在一起的。我淳于髡大概也算个贤士，所以让我举荐贤士，就如同在黄河里取水，在燧石中取火一样容易。我还要给您再推荐一些贤士，何止这七个！"

齐宣王听了，非常高兴，重用了这七位贤能之士。齐国变得更加强盛。"方以类聚，物以群分"，志同道合的人一起工作，往往能够事半功倍！

内心柔顺、外表喜悦是相聚的表现。"萃"卦的《彖传》中说："顺以说，刚中而应，故聚也。""萃"卦为下坤上兑，坤代表大地，有柔顺包容之德；兑为泽，表示泽水。它的卦象中有一个阳刚之爻，故称"刚中而应"。因此，"萃"卦的卦象表示顺从并且喜悦，刚强者居中而有应合，所以聚集起来。

由此可见，人与人之间的相聚、相处、相亲是需要方法的。一个人内心柔顺、外表喜悦，就更容易提高的宜人性，使自己更加受人尊敬、令人亲近。“顺以说（悦），刚中而应”是君子为人处世的好方法。

聚气必须防止动乱。“萃”字的下部是“卒”，表示士兵，是古代军队中的基本单位。众多的兵卒聚集在一起，则容易产生是非，甚至发生兵变、叛乱。因此“萃”卦的象辞中强调要“除戎器，戒不虞”，即修治兵器，警戒意外状况。为政者要善于对聚集民众的引导、加强对群众的管理，这样才能保障社会的和谐稳定。

古代遭遇自然灾害，会给百姓生活带来巨大打击，容易引发社会动乱，所以要竭尽所能抗灾救灾，尽力疏导灾民，才能保障社会的和谐稳定。

宋朝范仲淹主管浙西路，时遇大旱，饿殍遍野。范仲淹和别的地区的官员一样，发放朝廷的救济粮。但死水怕勺舀，不能让那么多灾民成天等着朝廷救济，况且，使人心安定者，不在每天能发放多少钱粮，而在使其安居有事做，通过做事获得收入。如果长期不劳而获，等外面救济，则容易成为“幸民”，久而久之，就会变成社会的动乱因素。

范仲淹知道，救灾的首要问题和目的，在于稳定人心。他体察民情，知道当地喜欢赛龙舟、做佛事，就鼓动寺院搞建筑，还神秘兮兮地对方丈们说：“你们赶紧抓紧时间修，正是时候！等大旱过去，物价工钱都会上涨，现在多便宜啊！”于是寺院搞新建筑，招募了很多劳动力，拉动了地方内需，增加了就业机会。

范仲淹还策划举行龙舟比赛，让富户商家冠名赞助，将当地营造得很热闹。自己每天坐着游览船，喝酒游玩，向民众打招呼。范仲淹示民众以安详，让当地人安心恢复生产和文体活动。

后来，范仲淹被监察部门弹劾腐败。经调查朝廷很认可他的这种做法，认为他不是机械地、简单地赈灾，而是随机应变，运用智慧，化解社会不稳定因素。范仲淹的防乱之道，体现了为政者担当的勇气和胸襟。

彖辞解读

《彖》曰：萃，聚也。顺以说，刚中而应，故聚也。“王假有庙”，致孝享也，“利见大人，亨”，聚以正也。“用大牲，吉，利有攸往”，顺天命也。观其所聚，而天地万物之情可见矣。

译文 《彖传》说：萃卦，就是聚集的意思。柔顺而喜悦，刚强者居中而有应合，所以聚集起来。君王来到宗庙，是要尽孝心祭祀祖先。适宜见到大人而通达，是因为以正道来聚集。用大牲去祭祀吉祥，并且适宜有所前往，是因为顺应天命。观察它如何聚集，就可以见到天地万物的真实情况了。

解读 当天下聚合、民丰物阜之时，君王以至诚美德感激祖宗、先人和神灵，以慎修追远凝聚人心，而长保其宗庙祭祀，长保家国基业长青。大德之人固守正道而行，便能聚集民心，万事亨通。说到底，聚集之道，即是守仁心、行正道！物聚的规律是同。“情同而后乃聚，气合而后乃群。”聚要顺应天命，处中正之位，这就是萃聚之道。

升

如日东升，积小以高

房玄龄是隋末唐初齐州人，房彦谦之子。隋朝末年天下大乱，李渊率兵入关，房玄龄在渭北投秦王李世民。他为李世民出谋划策，是李世民得力的谋士之一。

传说房玄龄曾入蓬莱仙山采药。蓬莱仙山是神仙居住的地方，自古便是修道之人求仙访药之处，其上物色皆白，黄金白银为宫阙，珠轩之树皆丛生，华实皆有滋味，吃了能长生不老。房玄龄入蓬莱仙山采药之时，卜得“地风升”卦，便知李世民不会因此而怪罪自己。

果然，李世民非常信任房玄龄，还写诗赞道：“太液仙舟迥，西园隐上才。”太液池是大明宫里的一个湖，中有蓬莱山，象征着海外仙山。李世民回忆二人同舟泛太液池的乐事，称赞房玄龄是隐逸的高才。后来，房玄龄协助李世民经营四方，削平群雄，参与玄武门之变，帮助李世民谋得帝王之位。

李世民称赞他有“筹谋帷幄，定社稷之功”。

升，象形字。古文字的“升”，是斗的象形，就像一个容器，是古代常用的计量单位。《说文·斗部》中说：“升，十龠（合）也。从斗，亦象形。”古代以十合为一升，十升为一斗。公制一升为1000毫升，合一市升。今公制与市制相同。如“升合”指一升一合，“升勺”指一升、一勺之量，都比喻数量很少。“升”的异体字为“昇”，从日，从升，表示日出。《广韵》中说：“昇，日上。本亦作升。”“升”又作“陞”，表示升高台阶。

“升”卦的卦画是䷭，上卦为坤，下卦为巽。坤为地，为应，为顺；巽为木，为高，为风，为逊。地中生木，长而愈高，象征万物向阳上升。升卦寓意：求升是人的本性。参天大树非一朝一夕长成，要顺势而长，渐次成材。君子当志存高远，积德修能，循序渐进；要以柔顺之德适时上升，以刚强中正的品德积卑而高；人的升迁，不仅是职位的晋升，更应该是道德和才智的增长。

卦辞曰：“升。元亨，用见大人，勿恤。南征吉。”意思是说，此卦表示非常亨通，有利于会见王公贵族，不用担忧。出征南方吉祥。

《象》曰：“地中生木，升。君子以顺德，积小以高大。”意为地下有木，木生于地下，渐渐成长，日渐高大成材，这就是“升”卦的卦象。坤地又为顺，巽木又为谦，这是谦逊而顺从的美德。君子观此卦象而领悟，要顺势修善德行，以微小累积为高大。

“升”的异体字为“昇”，从“日”，表示太阳。“升”的含义，如日东升、日日高升，也象征如日高悬、明辨是非，即爻辞所说的“升阶”之义。“升”卦的卦辞中有“南征吉”、爻辞中有“升虚邑”等语，说明此卦也与用兵侵伐之事有关。“升”是“萃”的综卦，《序卦传》中说：“聚而上者谓之升，故受之以《升》。”也就是说，堆积物不断地向上聚集，越来越高，就叫作升。“升”卦是讲上升之道。

升，如太阳一样生机勃发，节节上升。“升（昇）”字从“日”、从“升”，寓意太阳徐徐升上，阳光照满大地，这是一种不断向上、不断成长的状态。“升”卦的第一爻便说：“允升，大吉。”由信赖而长进升起，大为吉利。第五爻说：“贞吉，升阶。”坚持下去吉利，顺着阶梯步步上升。这种积极向上的状态充满正能量，给人以前进的动力。

西晋时期，皇族内部互相倾轧，争权夺利，各少数民族首领乘机起兵作乱，国家处在风雨飘摇之中。当时的祖逖只有24岁，他胸怀大志，希望建功立业，复兴晋国。祖逖和幼时的好友刘琨一起担任司州主簿。他与刘琨感情深厚，二人都有着共同的远大理想，他们白天在一起供职，晚上常常同床而卧，同被而眠。

一天半夜，祖逖被远处传来的鸡叫声惊醒，他便把刘琨踢醒，说：“你听到鸡叫声了吗？”刘琨侧耳细听了一会，说：“是啊，是鸡在啼叫。不过，半夜的鸡叫声是恶声啊！”祖逖一边起身，一面反对说：“这不是恶声，而是催促我们快起床锻炼的叫声。”刘琨听了，也跟着穿衣起床。两人来到院子里，拔出剑来对舞。

“雄鸡一唱天下白”。祖逖和刘琨二人积极向上的精神，就像早上刚刚升起的太阳一样，生机勃发，节节上升。伴随着曙光初露，二人剑光飞舞，剑声铿锵……

祖逖和刘琨每天闻鸡起舞，听到鸡叫后就起床练剑，如此春去冬来，寒来暑往，从不间断。功夫不负有心人，经过长期的学习与训练，祖逖和刘琨终成大才。祖逖被封为镇西将军，充分发挥了文才武略；刘琨做了征北中郎将，兼管并、冀、幽三州的军事，成就一番功业。

升，如日高悬，为百姓带来光明和温暖。“升（昇）”字从“日”，彖辞中说此卦“刚中而应”，意谓此卦的阳爻居于中位，有所呼应，就像阳刚博大的太阳在天空的中央，照耀大地，天地万物都依靠它而生存，都因它而焕发出勃勃生机。为官之道也是如此，为官要如太阳一样光明正大，如日高悬，照耀万方，才能为百姓带来光明和温暖。

据《西京杂记》载，刘邦攻入秦都咸阳，进入咸阳宫，巡视秦王室存放珍宝的仓库，只见其中金银珠宝，不可胜数。但是其中最令刘邦惊异的，却是一面长方形的镜子。它宽四尺，长五尺九寸，反正两面都能照人。如果用手捂着心口走近它，就能照出人的五脏六腑。如果有人心术不正，照出来的胆子就特别大，心脏跳动也异于常人。据说秦始皇怕人怀有异心不忠于他，所以经常让宫中的人照这面镜子，发现谁的胆特别大，就杀掉谁。

在古典小说《三侠五义》里，包公小时候得到一面镜子，能照出世间魑魅魍魉之人。后来，包大人就凭这块宝镜，夜断阴，日断阳，明察秋毫，查清了无数疑案，为老百姓伸张正义。传说包公临死时，怕后任贪赃枉法、残害良民，就命人把宝镜悬挂在开封府的正堂之上，这才放心离开。

后来，人们常用“明镜高悬”“日月高悬”等词，形容为官、为政公正廉明。这对今天打造“阳光政府”、廉政建设依然有很大的启示。“阳光之下无新事”，党和政府没有自己的私利，所有的工作都是围绕着为人民服务展开的，都是为了维护最广大人民群众的根本利益，为此，各级政府正在努力推进政务公开，主动接受群众的监督。就像这样站在阳光下，只有如此，才看得清楚、看得明白，为百姓带来实实在在的温暖。

升，要脚路实地，才能根深叶茂。“升”卦的卦象是地下有木，木生于地下，渐渐成长，日渐高大成材。“升”卦的象辞中说，“升”卦是“君子以顺德，积小以高大”。由此可见，升高、成长的过程，并不是一蹴而就的，而需要从细小起步，不断积累，不断提高。正所谓“不积跬步，无以至千里；不积小流，无以成江海”。做事情不脚踏实地、点滴积累，就无法达成目的、实现上升。

孟子的母亲仉氏在丈夫死后，和儿子孟轲生活在一起，非常注重对孩子的教育。《三字经》中就有“昔孟母，择邻处，子不学，断机杼”的记载。“孟母断机”的故事与“孟母三迁”齐名。孟母为了使孩子拥有一个真正良好的教育环境，煞费苦心，曾三迁居地。随着孟轲逐渐长大，孟轲便到学堂读书了。孟轲的成长、成才告诉我们，只有脚踏实地地为学，才能使自己的精神世界根深叶茂。

彖辞解读

《彖》曰：柔以时升，巽而顺，刚中而应，是以大亨，“用见大人，勿恤”，有庆也。“南征吉”，志行也。

译文 《彖传》说：柔顺者依循时势而升进，既顺利又和顺，刚强者居中而有应和，因此非常通达。宜于会见大人，不必担忧，是因为会有喜庆。往南方出征吉祥，是因为心意可以实现。

解读 上升之道，归根到底是君子人格品质的升华。“升”卦告诉我们，君子为人处世，内有谦逊的美德，外抱柔顺的态度。有德就会有人相助，有能就能把握形势，有志就会如意畅行。一个人的晋升，既要志向高远，又要积德修能，以柔顺之德适时上升，不可急于求成。柔升的特点是以时升，以时升则必从容渐进，顺势而行，故为吉祥。

困

穷厄所围，徐图突破

李德，又名李贤，是唐高宗李治的第六子，也是武则天的第二子。他生于其父母前往昭陵祭拜唐太宗的途中，才出生不久便被封为王。李德年幼时便有读书过目不忘的能力，高宗曾在李绩前面赞叹自己儿子天生聪敏。李德长大以后，仪容举止端庄稳重，颇得其父宠爱。在其兄死后，李德被封为太子。

李德为太子期间与武后关系紧张，他有意罢黜当时的宰相，为此卜了一卦，得"泽水困"卦。他既忧虑又恐惧，知道自己性命堪忧。

调露二年（680），武后派人揭发太子阴谋。高宗想要宽恕他，但武后却说："为人子心怀谋逆，应该大义灭亲，不能赦免罪行。"李德未能洗清罪责，被废为庶人，幽禁在长安。后来，李德被迫自杀，年仅二十九岁。

困，会意字。甲骨文的"困"字字形，外面的"口"象房子的四壁，为“围”的古字；里面是“木”，就像破败的房子里边生长着树木。《说文·口部》中说：“困，故庐也。”以故庐倒塌无力修治表示穷厄。“困”字的本义为穷守故庐。后来，“困”引申为形容穷、贫困。《广雅》中说：“困，穷也。”《论语》有“四海困穷，天禄永终”。困也泛指困难、苦难、疲倦、危难等。

“困”卦的卦画是䷮，上卦为兑，下卦为坎，兑为泽，坎为水，以“泽处上方，水向下流失而干涸”表示穷困。困卦寓意：君子处困，或困于环境、困于能力、困于修养、困于人际等。故解困之道在于困而后学，困而奋发，困而修身。只有持正、仁德者才能获得吉祥无灾难。

卦辞曰：“困。亨。贞大人吉，无咎。有言不信。”意思是说，此卦通泰。卜问王公贵族之事吉祥，没有灾难。不要听信流言蜚语。

《象》曰：“泽无水，困。君子以致命遂志。”水渗泽底，泽中干涸，是“困”卦的卦象。君子观此卦象，以处境艰难自励，穷且益坚，不惜舍身捐命，去实现自己的夙愿。

“困”从“口”，表示环绕、包围。“木”在“口”中，表示树木受到包围、受到束缚，在这样的空间里难以生长。房子里长满树木和杂草，肯定穷困破败、没人居住。俗话说：“花无百日红，月无三日圆。”上升前进之路，不会没有穷尽，我们难免会遇到困难、陷入困境。因此《序卦传》说：“升而不已必困，故受之以《困》。身处困境，是对人的精神、品格的考验。只要不改志向，奋发坚毅，便有转向通达的契机。“困”卦讲的便是脱困之道。

困，是不自由。“困”字从“口”，“木”在“口”中，便受到了束缚，不得自由，难以生长。“困”卦的爻辞中亦有“臀困于株木，入于幽谷”“困于石，据于蒺藜”等譬喻，说明身体受困，行动不自由的痛苦状态。

“困”卦的爻辞中还讲到了许多“困”处，如“困于酒食”，意谓经济条件有限，没有酒饮，没有饭吃，物质匮乏带来了生活之困难。又如“困于赤绂”，意谓困于红色的官印下，这是因权势、权力而带来的不自由。更进一步讲，这样的“困”不单是指身体之不自由，而且更指精神之不自由。当今社会，依然有许多人困于名利，不能自拔。

一介平民，会为班组长的认可或几分钱的利益，而绞尽脑汁苦苦追求；一个普通职员，会因为手中的一点权利，在接受“当事者”一次宴请或几条香烟的贿赂或几句廉价的恭维中，视为人生的“成功”而沾沾自喜；一位鄙视权力和金钱的学者，也许会为一篇学术论文的署名而犹豫不决；一位权倾一方的执政者，因为没能实现心目中更为远大的“目标”而郁郁寡欢；一位“富可敌县”的商人，为早一天完成“富可敌省”的理想而疲于奔命……

人因对名利的欲望和追求，心便生挂碍，人便会变得目光短浅，心胸狭窄。甚至为了名利会作出伤害他人的事情，抛弃做人的自尊和底线，最终害人害己，坠入万劫不复的深渊。

古人云：“非淡泊无以明志。”淡泊是名利的敌人，是内心超脱尘世的豁达。不为名利所累，有着面对一切的从容和冷静，富有远见卓识，而不俯仰随人。淡泊名利是人们在追求至真、至善、至美的境界中，最能展现人格魅力的高贵品质。

君子虽陷于穷困，但不失其所。“困”卦的彖辞中说“困而不失其所，亨，其唯君子乎！”意谓君子面临艰险困难，依然能保持乐观喜悦，虽处困境却不失其志，所以能“亨”。这是告诉我们面临困难的应对之道。君子要秉持刚毅中和的美德，不失操守，穷中求通，行事中正，才能够脱离困境。

子曰：“饭疏食、饮水，曲肱而枕之，乐亦在其中矣！不义而富且贵，于我如浮云。”孔子说，吃粗粮，喝冷水，弯着胳膊当枕头，快乐也就在这里面了。用不正当的手段得来的富贵，对我来说，就像天际的浮云！这是《论语》的名篇之一，它讲述了君子陷于穷困的应对之道，它表现了儒家“安贫乐道”的思想，也表现了孔子刚健乐观的人格精神。这种精神渗透在中国文化传统的血脉之中，极大地、积极地影响了中华民族的民族性格的塑造。

东晋诗人陶渊明为了养家糊口，来到离家乡不远的彭泽当县令。有一天，郡里派出一名督邮来到彭泽县。督邮是个粗俗而又傲慢的人，他差人叫县令来见。陶渊明正要动身，不料县吏拦住陶渊明说：“大人，参见督邮要穿官服，并且束上大带，不然有失体统。”陶渊明再也忍受不下去了。他长叹一声，道：“我不能为五斗米向乡里小人折腰！”说罢，索性取出官印，把它封好辞职，离开了只当了八十多天县令的彭泽。

陶渊明虽陷于穷困，但不失操守，安贫乐道。他自号“五柳先生”，并写下一篇《五柳先生传》，描述了一个不慕荣利、安贫乐道的知识分子的形象。文章中说：“先生不知何许人也，亦不详其姓字，宅边有五柳树，因以为号焉。闲静少言，不慕荣利。好读书，不求甚解；每有会意，便欣然忘食。”

这个五柳先生生性喜爱喝酒，家里穷经常没有酒喝。亲戚朋友知道他这种境况，有时摆了酒席叫他去喝。他去喝酒就喝个尽兴，希望一定喝醉；喝醉了就回家，竟然说走就走。简陋的居室里空空荡荡，遮挡不住严寒和烈日，粗布短衣上打满了补丁，盛饭的篮子和饮水的水瓢里经常是空的，可是他还是安然自得。常常写文章来自娱自乐，也稍微透露出他的志趣。他从不把得失放在心上，从此过完自己的一生。

这个“五柳先生”，其实就是陶渊明自己。他“不戚戚于贫贱，不汲汲于富贵”，就像上古社会一位风尚淳朴的隐士。说他“困”，其实也不“困”，“困”中之“木”就像门前的五株柳树闲静自由！

解困的关键在于坚韧不拔、冲破牢笼。“困”字外部有“口”，“口”是环绕、包围之义，这正是“困”产生的原因。由此可见，思维僵化，有了“大框框”，思想、行动等便容易受到束缚，找不到出路，从而陷入困局。找到受困的原因，则有利于我们解决困难。因此，解困的关键便在于突破这个“口”，通过创新带来转机。

大英图书馆老馆年久失修，便在新的地方建立了一个新的图书馆。新馆建成后，要把老馆的书搬到新馆去。这本来是一个搬家公司的事，没什么好策划的，把书装上车、拉走、摆放到新馆即可。问题是预算需要350万英镑，但图书馆里却没有那么多钱。眼看雨季就要到了，不马上搬家，这损失就大了，怎么办呢？

正当馆长苦恼的时候，一个馆员找到了馆长，告诉馆长：“我有一个解决方案，不过仍然需要150万英镑。”

馆长十分高兴：“图书馆有能力支付这些费用，快说出来吧！”

馆员说：“好主意也是商品，我有一个条件。”

“什么条件？”馆长更着急了。

“如果把150万都花尽了，那权当我给图书馆作贡献了；如果有剩余，图书馆要把剩余的钱给我。”

“那有什么问题？350万我都认可了，更何况150万以内。这件事我马上就能做主！”馆长坚定地说。

于是图书馆与这位馆员签订了合同，不久就实施了馆员的搬家方案。

第二天，图书馆在报纸上发出了一条惊人的消息：从即日起，大英图书馆免费、无限量向市民借阅图书，条件是从旧馆借出，到新馆归还。结果，别说花费150万了，连零头都没有用完，就把图书馆给搬完了。

这位馆员突破了“把书装上车、拉到新馆”的行动桎梏，打破了思维定势的大框框，采取了创新的方式，借助了众多读者的力量，既保障了图书馆的借阅业务，又成功地解决了“搬家”的问题，可谓一举两得。由此可见创新思维的重要性。

彖辞解读

《彖》曰：困，刚揜也。险以说，困而不失其所，亨，其唯君子乎！“贞大人吉”，以刚中也。“有言不信”，尚口乃穷也。

译文 《彖传》说：“困”卦是阳刚被阴柔所掩蔽。君子面临艰险却仍保持乐观喜悦，虽处困境却不失其志，所以能“亨”。这大概只有君子才能做到啊！守持正固，大人可获吉祥，这是因为他具有刚毅中和的美德。不要听信流言蜚语，只崇尚空谈必导致穷厄。

解读 脱困之道，关键靠自己。君子虽然身处困境，但仍能不失操守，穷中求通，行事中正，当然能够脱离困境，吉祥无碍。受困时一定不能急躁，要从容不迫，徐图出困之计。解困还要果断行动，如果自会一味空谈，不务实际，那就无人信任，永远无法摆脱穷困的境地了。

井

以德润民，大公无私

杨贵妃是唐代的大美女，她不仅天生丽质，雍容华贵，而且能歌善舞，通晓音律，深受唐玄宗的宠幸。于是安禄山请求给贵妃当干儿子。杨贵妃当了安禄山的干娘，二人便常常你来我往。

安禄山因与杨贵妃有暧昧关系，被杨国忠察觉而奏明玄宗，安禄山被逐出宫外，改封渔阳节度使，去镇守边关。安禄山在范阳发动叛乱，15 万大军长驱直入，下潼关逼长安。唐玄宗携杨贵妃及朝中大员出逃蜀中，行至马嵬驿，禁军将士哗变，诛杀杨国忠，逼迫玄宗赐死杨贵妃。之后，唐朝用了七年多时间才平定这场历史上著名的“安史之乱”。据说，当年杨贵妃与安禄山暧昧之时，曾卜得一卦，是“水风井”卦，井卦有“尽”的含义：尽者，终、空、止也。果然，杨贵妃反受其害，丧命于马嵬坡。

卦名井，象形字。金文中的“井”字，外像井口，中间一点表示井里有水。《说文·井部》：“井，八家一井。象构韩（交木构成口）形”。“井”字的本义即指水井，后来大凡形似水井的坑穴，也称为“井”。古代井田制，八家共一井，因此“井”字也引申为人口聚居地。成语“背井离乡”常指被迫远离家乡到外地谋生。“井”字也常用以比喻法度、条理。《风俗通》：“井，法也。节也。”如“井井有方”“井井有序”等，皆形容有条理、有秩序。

“井”卦的卦画是䷯，上卦为坎，下卦为巽，坎为水，巽为木，木上有水，即以木桶汲水。故井象征水井。村落可以变迁，但水井不会迁移，人们来来往往汲水，井水仍然洁净不变。当人们在井边汲水时，要防止破裂的凶险。以此比喻处事应修德无私，为人者应善始善终，不可功败垂成。

卦辞曰：“井。改邑不改井，无丧无得，往来井井；汔至，亦未繘井，羸其瓶，凶。”意思是说，村邑改动而井不能迁走，井水既不会枯竭，也不会满溢，汲水者往来井井有序；井快要干涸，不能用绳子汲取井水了，打破吊水罐，有凶险。

《象》曰：“木上有水，井；君子以劳民劝相。”木上有水便是井卦的卦象。君子从中得到启示，要鼓励人民勤劳而互相帮助。

“井”字的写法纵横交错，井然有序。井是古代常见的生活资料，是饮用水源的重要供给场所。古人凿井，往往穿地而入、取水而出，一进一出，满足了一村之人的饮水需求。这也是一种通达的表现。《序卦传》说：“困乎上者必反下，故受之以《井》。”也就是说上升遇到困境必然会返回到下边来，古人认为世间之物以井为最处下，所以“井”卦的上卦是“困”，意思是穷厄困顿，接演此卦，意义相反，比喻走出困境，走向通达。这一卦颂扬“井德”，鼓励人们效法“井德”，告诫君子要像井水浇灌田地一样，源源不断地以美德教育民众，让民众懂得团结和互动。“井”卦讲的是通达之道。

井，是留恋故土。“井”卦的卦辞有“改邑不改井”的说法。古代的村落都是围绕井来展开，因为水是生活必需品，是农耕社会赖以发展的工具。有水井的地方就形成了村落、集市和城市。可以说，井是生活的中心、文明的中心。

在贵州，许多村寨至今还保留着这样婚嫁习俗：新娘进寨后要做的第一件事就是前往挑水。其目的不在于挑水，而是认井，让新娘从此认井为家、为根；家里的井，也认识了新娘，承认了这位新成员。这体现了对家的一种契约和责任，是一种爱和忠贞。

古人常常用它来代表自己的家乡、故土。成语“背井离乡”，表示离开家乡到外地。元代马致远《汉宫秋》：“背井离乡，卧雪眠霜。”宋梅尧臣《上马和公仪》：“井闾已是经时隔，亲旧全如远别来。”这里的“井闾”，就是故里之意。李贺《恼公》：“井栏淋清漆，门铺缀白铜。”韦应物《园林晏起寄昭应韩明府卢主簿》：“田家已耕作，井屋起晨烟。”井的意象，始终牵动着人们的乡情。井，是家乡的象征，是游子思乡之情的流露。

李白有一首脍炙人口的诗：“床前明月光，疑是地上霜。举头望明月，低头思故乡。”有学者认为，诗中的“床”是井床，是古代的一种井栏。诗人立于月照井床、泻地如霜的环境里，萌发久违故乡而倍感思念的深情。由井的家的意象，加之明月烘托渲染，思乡之情就更为浓郁了。

在中国古代诗歌里井作为家的意象不断地被使用。或由见井而想家，或由思乡而念井，其所挑拨的乡情之弦从不曾停音，反而愈弹愈缠绵。普通的一口老井如家乡人一样朴实无华。老井以有限的体积容纳了无限的故事。

井，是无私奉献。“井”卦的卦辞有“无丧无得”的说法。意思是说，井水既不会枯竭，也不会满溢，不计得失，不论谁来了都提供水。井看似平淡无奇，其实却为人民提供了极大的便利，施惠百姓，这是一种无私的奉献精神，是一种“井德”。

唐元和十年（815），柳宗元被贬出京，任柳州刺史。他一上任，便亲自主持凿井事宜。不到一个月，便凿成了一口井。井水清甜，水量亦大。百姓纷纷奔走相告，盛称柳刺史为柳州百姓办了一件大好事。柳宗元的善举不仅在于挖出了一口水井，更重要的是以实际行动革除了柳州凿井无功的旧观念，开了凿井的先河。

在今天广西合浦县廉州镇的一所校园内，有一个“东坡亭”，旁边有一口古井，相传为当年苏东坡出资所凿，故名“东坡井”。这口井讲述了苏东坡为当地人民无私奉献、为民造福的故事。

相传苏东坡到廉州后，发现廉州城内百姓吃水困难，百姓饮水都要从西门外的廉江挑回来的。他感到很奇怪：“人们为什么不打井呢？”人们告诉苏轼，当地的风水观念很重，认为城内挖井取水会破坏风水，所以城内只有前辈挖的三口水井。

苏东坡听后大不以为然，他说：“现在城内不但已有三口水井，还有许多池塘，这些井、塘对廉州没有什么不好的影响，再挖井取水当然也不会有什么问题。”苏东坡主动出资，在自己的住处清乐轩附近开挖了一口水井，井成以后，他又请当地士人前来品尝。大家都认为这井水味甘质好。于是百姓纷纷奔走相告，都来这里担水。

名人苏东坡带头挖井，廉州城内各处也纷纷效法，自愿捐出自己的家财，在城里挖了许多井，为市民的饮水提供了方便。苏东坡离开廉州后，人们把他无私出资而挖的那口井取名“东坡井”，并刻字纪念。

井，是去平去正。古文字的“井”字，由两横两竖的笔画组成，非常整齐有规则。“井井”一词，即形容说话办事有条有理。《荀子·儒效》：“井井兮其有理也。”成语“井井有条”，形容整齐不乱、条理分明的样子。“井”卦的卦辞中有“往来井井”的说法，意思是说，汲水者往来井井有序。秩序井然是和谐社会的一种体现。

孟子见梁惠王时，说了这样一段话：“五亩之宅，树之以桑，

井卦故事

五十者可以衣帛矣。鸡豚狗彘之畜，无失其时，七十者可以食肉矣。谨庠序之教，申之以孝悌之义，颁白者不负戴于道路矣。”孟子这段话，讲的是自有人类社会以来，历代执政者必须重视的问题：社会保障。即，要做到老有所养，幼有所教，老百姓的温饱问题得到解决。这样才能一起构建一个秩序井然的社会。

“民有所居”指让居民住得起房子，出自《孟子》。《孟子·梁惠王上》曰：“无恒产而有恒心者，惟士为能。若民，则无恒产，因无恒心。苟无恒心，放辟邪侈，无不为已。及陷于罪，然后从而刑之，是罔民也。焉有仁人在位罔民而可为也？是故明君制民之产，必使仰足以事父母，俯足以畜妻子，乐岁终身饱，凶年免于死亡。然后驱而之善，故民之从之也轻。”这里的“恒产”对于城市居民来说就是房子，也就是说，开明的政府要让居民买得起、住得起房子，才能达到其统治的目的。

和谐社会，追求井井有条的秩序。保障民生，让所有百姓的温饱问题、住房问题得以解决，安居乐业，是构建大同社会的理想目标。

彖辞解读

《彖》曰：巽乎水而上水，井。井养而不穷也。“改邑不改井”，乃以刚中也。“汔至亦未繘井”，未有功也。“羸其瓶”，是以凶也。

译文 《彖传》说：进入水中再提水上来，这是“井”卦的卦象。井以水养人，经久不竭，这是井卦的品德。村邑可以迁移而井不能迁走，这是因为此卦的阳爻居中位。汲水时，快到而尚未拉出井口，是没有功劳的。井壁碰碎了陶罐，所以说有凶险。

解读 “井”卦的彖辞对其卦辞作了细致的解读，既强调了以水养人、经久不竭的“井德”，又指出井水枯竭失去功用的凶险之象；既强调以人为本的发展理念，又提倡可持续发展的观点，与现代文明发展精神非常契合。“井”虽然给人们提供源源不断的生活用水，但也不能“竭泽而渔”。人们在汲水的时候，要求心慎重，防止碰到井壁，否则，就会徒劳无功。

革

除旧务新，变革图强

彭越是西汉开国功臣，他在秦末聚兵起义，初在魏地起兵，后率兵归刘邦。刘邦率兵和项羽的军队对战之时，彭越率领军队一直周游于梁地和楚地之间，并经常率兵攻打楚国的后方基地。

有一次，彭越的军队缺乏粮草，军心涣散，眼看就要吃败仗。彭越卜了一卦，得“泽火革”卦。于是，他决定力行改革，采用新的作战方法。彭越将兵力分为多路，让这些兵力从不同方向对敌人进行假装进攻，如同骚扰一般。史称“彭越挠楚”。

彭越使用的军事谋略，阻断了楚国后方对前方的粮草补给，给了刘邦进攻的机会。加上韩信的包围战，彭越巧用后方进攻技巧，让刘邦在作战中一举歼灭了项羽疲乏的军队，最终获得了胜利。后人认为，“彭越挠楚”开启了游击战的先河，这一策略深受后来军事家的认可和推崇。

革，象形字。金文字形的“革”，像被剖剥下来的兽皮。中间的圆形物，是被剥下的兽身皮，余下的部分是兽的头、身和尾。《说文解字》中说：“革，兽皮治去其毛。”“革”字的本义即去毛的兽皮。从“革”的字多与皮革有关，如“鞋”“靴”“鞭”等。“革”字引申为表示变革、更改、革新等，《玉篇》说：“革，改也。”除去旧的章法、遵从新的制度称为“革旧从新”。孔颖达《周易正义》云：“革者，改变之名也。”“革之为义，变动者也。”

“革”卦的卦画是䷰，上卦为兑，下卦为离，兑为泽，离为火。泽中有火，火盛水蒸、水盛火灭，水火不容，象征两性相克，变革在其中。革卦寓意：二性相违必困，困与革故鼎新。变革既要顺从天道的规律，又要顺应民众的意愿，否则会造成动荡。革新之道要深谋远虑，取信于民，把握时机，稳健推进。

卦辞曰：“革。己日乃孚，元亨，利贞。悔亡。”“己”为地支的第六位，古代用于计时。有学者认为己日是祭祀的时候。此句意谓，“己日”推行变革并能取得信任，很顺利，利于坚持下去，悔恨消失。

《象》曰：“泽中有火，革。君子以治历明时。”内蒸外熖，水涸草枯，如同水泽之中，大火燃烧，这是“革”卦的卦象。君子观此卦象，了解到泽水涨落、草木枯荣的周期变化，从而力行改革，修治历法，明确时令。

“革”卦讲的是变革之道。“革”，兽皮去掉毛，便成为革了，古人取其义，用以表示变革、改革、革命。上一卦为“井”卦，水井一旦淤积闭塞，便需清理，只有不断清理，才能保持水源的洁净，这种清理就是一种变革之举。为人为政，只有不断自我变革、自我清洗，才能保证充沛的生命与动力！

革是除旧布新，兴利除弊。革本指去掉毛的兽皮。而经过制作处理，皮的性质也发生了改变。“革”卦强调改革、变革的重大价值。九五爻辞中便有："大人虎变，未占有孚。"意思是说，作为改革的圣贤明君，要改革，就当如猛虎一样雷厉风行地进行改革，这样改革，用不着进行什么占卜，也会有孚于众望。——这是一种"虎变"，而不应是"豹变"（如豹子斑纹一样的有一处无一处，改革不彻底），更不应是"革面"（仅仅做了一些表面文章）。它强调改革者需有阳刚之才、中正之德，更要有除旧布新、兴利除弊的勇气！

《孟子·滕文公下》中记载，战国时期有个宋国大夫叫戴盈之。有一天，他向孟子请教，问道："百姓们对我们现在的税收政策很不满意，我打算改正一下，免去关卡和市场上对商品的征税，实行十分抽一的税率。你看怎么样？"孟子表示赞同。戴盈之又说："不过，根据目前的情况，今年是不能实行了，就先减轻一些，等到明年再废止现行的税制。你看怎么样？"

孟子并没有直接回答戴盈之的话，而是向他讲了一个有关"偷鸡贼"故事。"现在有这么一个人，每天都要偷邻居家的一只鸡。有人劝告他说：'这不是正派人的做法。'他回答说：'那我就逐渐改吧，以后每个月偷一只鸡，等到明年，我再也不偷了。'"戴盈之听了，哈哈大笑。

孟子严肃地说："如果知道这样的行为是不对的，就应该马上改正，为什么还要等到明年呢？"戴盈之听了，非常惭愧。

明明知道现行的制度是错误的，却不愿意彻底改革，只是通过微调来遮掩错误、缓解问题。这则寓言生动幽默，看似荒唐可笑，实际上是人心的写照。在改革过程中，改革者考虑到各种因素的利害，往往采用制衡、调配的方式，不敢一步到位，放慢改革步伐，这不是多少都有一点这个"偷鸡贼"的心态和逻辑吗？改革如果缺乏除旧布新、一改到底的勇气，那必定是失败的！

革须顺乎天而应乎人。"革"卦的彖辞中说："天地革而四时成，汤武革命，顺乎天而应乎人。” 天地变革时令而成四季之气候。汤武取代桀纣，这是顺天应命的义举，依时变革，就能使天地常新。因此，改革要成功，必须顺应民心。

汉初始元年（8）王莽受禅称帝，改国号为“新”。王莽改制，是为缓和西汉末年日益加剧的社会矛盾而采取的一系列改革，包括土地改革、币制改革、商业改革和官名、县名改革等。

王莽希望通过改革抑制豪强，为中央政府聚敛财富，于是仿照古礼，屡次改变币制。王莽在流通的五铢钱外，增发大面值新币。这些新币的面值很大，是传统五铢钱的十倍、百倍甚至千倍，可重量并不与之相匹。因此，有人熔化掉五铢钱，改铸成新币，获利千倍百倍，由此扰乱了市场的正常秩序。

后来，王莽进行第二次币制改革，只流通“大钱五十”，另增加发行一铢的小钱，于是，市面上流通的货币的价值一下子减少了许多，出现通货紧缩的混乱。市场的钱不够用，王莽又改钱币名为“宝货”，分为“五物、六名、二十八品”。各种名品的货币，价值不一，最高者黄金一品，值万钱，布钱大的值千钱，泉货小的值一钱。如此复杂的货币，更加引起了市场的混乱。

由于王莽的改革过于简单粗暴，缺乏操作性，不顺应民心，终究不能成功。政策中就许多迂通不合实情处，普通老百姓并没有从中得到真正的实惠，先受其害。朝令夕改，使百姓官吏不知所从，不断引起天下豪强和平民的不满。这样的改革不仅未能挽救西汉末年的社会危机，反而使各种矛盾进一步激化。到了天凤四年（17），全国发生蝗灾、旱灾，饥荒四起，各地农民纷起，形成赤眉、绿林大规模的反抗，最终导致了新朝的灭亡。

革以信为先，革而信之。“革”卦的爻辞中，屡屡谈到了“有孚”，如九三爻“革言三就，有孚”；九四爻“有孚改命，吉”等。孚者，信也，表示诚信、讲信用，也表示信服、公信力。改革必须以信为先，才能令人信服，变革之事才能顺利进行。改革成功，民众享受到了改革带来的成果后，才能进一步认同改革，增强对改革者的信心，从而推动改革的继续进行。一个“信”字，令改革事业形成一种良性的循环。

公元前361年，秦国的新国君秦孝公即位。他下决心要使秦国强大起来，于是下了一道命令，说谁能使秦国强大，就封谁做官。于是，商鞅就来到秦国。他和秦孝公谈论国家大事，一连谈了几天几夜。秦孝公非常赞同商鞅的主张。公元前356年，秦孝公任用商鞅，开始改革旧制度。

商鞅起草了一个改革的法令，但又怕老百姓不信他，于是叫人在都城的南门竖起了一根很高的木头，并说谁能把木头搬到北门，就赏谁十金。很多人都以为这是开玩笑。后来，商鞅又把赏金提高到五十金。人们在木头旁边议论纷纷，终于有一个人把木头扛起来，一直扛到了北门。结果商鞅真的赏给那人五十金。商鞅立木取信，在秦国引起了轰动。商鞅说到做到，在老百姓中有了威信，于是商鞅就把新法令公布了出去。

商鞅变法的内容有废除井田制、提倡军功等，很多打击到了秦国旧贵族的特权。因此，新法令刚刚开始推行，就遭到了旧贵族的强烈反对。太子的两个老师鼓动太子反对变法，商鞅说：“法之不行自上犯之。”于是就处罚了那两位老师，一个割掉了鼻子，一个在脸上刺了字。此后，大家不敢再议论法令的是非。

商鞅变法，立木取信，以信为先，首先在心理上征服了老百姓。他推行改革，政令如山，不为权势所左右，更是给予了改革者的信心，推动改革的前进步伐。经过商鞅变法，秦国的经济得到发展，军队战斗力加强，成为战国后期最强大的国家。

彖辞解读

《彖》曰：革，水火相息，二女同居，其志不相得，曰革。已日乃孚，革而信之。文明以说，大亨以正。革而当，其悔乃亡。天地革而四时成，汤武革命，顺乎天而应乎人。革之时大矣哉！

译文 《彖传》说："革"卦上兑下离，水火相聚，互相克制。而且，兑为长女，离为中女，二女同居，心愿与志向不同，彼此矛盾，这就需要"革"。已日得到信任，是因为君子力行变革。既能施行文明政教，民众自然喜悦拥戴。伟大、完美的事物必然是刚正的。除旧布新，改革得当，隐伏的灾祸就会消除。天地变革时令而成四季之气候。汤武取代桀纣，这是顺天应命的义举。顺应天时与人心，就能使天地常新。"革"卦的现实意义太大了！

解读 当矛盾双方愈演愈烈时，变革之事便势在必行。变革要获得成功，一是要有"孚"，即获得大家的信任。二是要"当"，改革得当，既改变现有弊端，又不带来伤害和混乱。三是进行变革，要选择恰当的时机，时机选择恰当，便能成功；选择不当，则功败垂成。四是变革要顺乎时世和民众的意愿。变革必须以民众是否满意，是否得到实惠作为评价的标准。这要求变革者有极大的魄力和智慧。

鼎

革故鼎新，正位凝命

秦始皇统一六国以前，曾为自己的霸业卜过一卦，得“火风鼎”卦，后来他果然一统天下，还造了九个大鼎，以象征拥有天下九州。鼎在中国传统文化中有着巨大的影响。“九鼎”被认为是统一的标志、盛世的象征。

卦名鼎，象形字。甲骨文为，是有足、有提耳的青铜容器，上部象鼎的左右耳及鼎腹，下面象鼎足。鼎也是煮具，盛行于商周时期，最早用于皇宫祭祀时熬制美食。《说文·鼎部》：“鼎，三足两耳，和五味之宝器也。象析木以炊。”意谓木生火炊鼎煮熟食物，本义为古食器。鼎是用于煮盛物品，或置于庙宇作为铭功记绩的礼器。鼎作为中华文化的重要标志之一，历史悠久。鼎本身是实用器具。随着社会经济的发展，鼎被赋予诸多社会文化功能。鼎从器物层次发展到文化、思想层次，成为一种独特的历史文化现象。

鼎卦的卦画为䷱，上卦为离，下卦为巽，离为火，巽为木，木上有火，即木上燃烧着火焰，呈烹饪的状态。卦画形象地揭示了鼎的功能。鼎是烹饪的器皿。鼎首先象征鼎器，可烹物，鼎又是权力、权威、法治的象征。君王持鼎意味着手握大权，贤士被君子赏识，必大吉而后亨通。

卦辞曰："鼎。元吉，亨。"意为鼎卦，非常吉祥，亨通。

《象》曰："木上有火，鼎。君子以正位凝命。"意思是说，木上生火便是鼎卦的卦象。君子从中得到启示，端正自己的位置，重视上天赋予的使命。

鼎古代用于煮盛物品，或置于宗庙作铭记功绩的礼器，也被统治者用作烹人的刑具。孔颖达《周易正义》云："鼎者，器之名也。自火化之后，铸金而为器，以供烹饪之用，谓之为鼎。"

《序卦传》："革物者莫若鼎，故受之以《鼎》。"意思是说，没有比鼎更能变革事物的了，所以在革卦之后便是鼎卦。这一卦讲的是革故鼎新之道。

鼎是"器以藏礼"的礼器。"鼎"卦的卦辞说："鼎，元吉，亨。"意谓这一卦非常吉祥，亦很亨通。这与鼎作为礼器的象征有关。《礼记·礼运》载："夫礼之初，始诸饮食。"在饮食文化发展过程中，产生了诸多礼仪规范。鼎作为一种重要的礼器，被用来"明贵贱，辨等列"，即所谓"器以藏礼"。正因如此，鼎才更显庄重而吉祥。

鼎原来的形状比较单一，原始社会的鼎均为圆形。到早商的二里岗时期，出现了青铜方鼎。到商代中晚期，方鼎数量大增，与圆鼎一起成为主要的祭祀礼器。这反映了鼎由实用的食器向象征性的礼器的一个重大转变。因为方鼎在烧火、取食方面远远及不上圆鼎，但是作为礼器，它却由于"天圆地方"特别的象征意义而备受青睐。

西周时出现了列鼎制度。列鼎是王公贵族在祭祀、宴飨、丧葬等礼仪活动中使用的形制、纹饰相同，而尺寸大小依次递减或相同的成组的奇数的鼎。比如祭祀，天子用九鼎，诸侯用七鼎，大夫用五鼎，士用三鼎或一鼎。各鼎所盛的肉食也有规定，据《仪礼·聘礼》等所记，九鼎的第一鼎盛牛，称为太牢，以下各鼎依次为羊、豕、鱼、腊、肠胃、肤、鲜鱼和鲜腊。这种列鼎制度一直沿用至战国时期，是中国古代奴隶社会礼制的突出代表。

鼎是"诚信"的象征。中华传统文化把诚信作为立身之本、处世之道、居家之要、治国之宝。《论语》："人而无信，不知其可也。"《礼记·儒行》："儒有不宝金玉，而忠信以为宝。"儒家主张"言必行，行必果"。

战国时期平原君曾称赞自己的门人毛遂："毛先生一至楚，而使赵重于九鼎大吕。"后来，人们便用"一言九鼎"，形容说的话分量大，起决定作用。久而久之，人们便习惯地把一言九鼎理解为表达重诺、极信守诺言的意义，鼎代表诚信的内涵便开始形成。时至今日，一说起鼎，大家更多想到的便是诚信，鼎俨然已成为诚信的代名词。

诚信，是一个国家，一个社会，一个民族生存的必备条件。一个国家政权的真正强大，并不完全取决于财政收入，也不完全取决于军队的力量，而是取决于社会的品质。诚信的社会品质，是一个民族强大的动力源泉。高尚的品格是一个国家和民族的魅力所在，是一个国家和社会走向强大的支撑。

2014年，国务院印发了《社会信用体系建设规划纲要（2014—2020年）》，其作为我国首部国家级社会信用体系建设专项规划，阐明了推进诚信建设的目标任务、重点领域和实现路径。在经济社会双重转型的时代，这个行动指南具有里程碑式的重要意义。由此可见，诚信建设需要制度化、规范化和长效化。唯有如此，才能真正形成不能失信、不愿失信、不敢失信的机制，让守信走遍天下，失信寸步难行。

国以诚立心，人以诚立身。诚信是道德之基，要立足培育和践行社会主义核心价值观这个根本，以建立健全社会信用体系为重点，坚持教育引导与依法监管相结合，坚持集中整治与建立长效机制相结合，提高全社会的诚信意识和信用水平，为经济社会持续健康发展提供有力道德支撑。

鼎是“革故鼎新”的标志。“鼎”卦记录了一个革故鼎新的过程——“鼎颠趾”，大鼎翻倒鼎趾朝上，有利于清除渣滓无用之物；“鼎有实”，鼎中盛满食物；“鼎耳革，其行塞，雉膏不食”，鼎耳丢失，其移动受阻塞很困难，没有鸡肉和油脂可以食用；“鼎折足，覆公谏，其形渥”，鼎折断鼎足，把王公的美食弄翻了，鼎身沾满污物很难看；“鼎黄耳金铉”，鼎配上了黄色鼎耳的金钩；“鼎玉铉，大吉”，鼎配备了玉制的吊环，很吉利。一个鼎，由破旧变得崭新，由不堪使用到庄重华贵，这是一个改革创新的成就！

春秋时期，上层贵族社会认为刑律越秘密越好，决不能让国人知道，郑国正卿（相当于宰相）子产却决心通过改革，打破这种蒙昧。他认为应该让老百姓明白法与非法的界限，知道犯了法会得到什么样的处罚。这是进步的法制理念，但同时也给贵族特权造成损害，所以遭到很多贵族反对。子产顶住压力，对已有的刑法加以修改，主持编订了三种刑法，并将之铸在鼎上，放在王宫门口。全国百姓都能够看到这个鼎和鼎上的铭文。这是中国历史上第一次公布成文法，开创了古代公布法律的先例，否定了“刑不可知，则威不可测”的秘密法。子产的改革给人们带来了巨大的实惠，也推动了公布法律的潮流。

子产在鼎上所铸的刑书，生动地诠释了“革故鼎新”的价值。它被公认为是古代中国从奴隶制走向封建化的法制、法制文化与文明的标志。它顺应了历史变革的潮流，对后世也产生了深远的影响。改革事业离不开法治精神，鼎在法制及法治文化与文明史上留下了极为重要的一页。

彖辞解读

《彖》曰：鼎，象也。以木巽火，亨饪也。圣人亨以享上帝，而大亨以养圣贤。巽而耳目聪明，柔进而上行，得中而应乎刚，是以元亨。

译文 《彖传》说："鼎"卦是一种象形，就像以木烧火，用来烹饪。古代圣王贤人用鼎来烹饪食物，以祭祀上帝，而庄重的祭祀物也护佑着那些圣王贤人。巽火有耳聪目明之象征，以柔顺的姿态向上发展，因为它得乎中庸之德，应乎刚健之气，所以能顺利畅通。

解读 "鼎"卦从形象的鼎出发，引申其文化内涵，赞美革故鼎新之美。鼎不仅作为烹调肉类的炊器，而且更成为修身养德的礼器，成为历代圣王贤人自律、自强的典范。鼎为人们提供了丰厚的生活物质，而人们也从礼器之鼎的背后体悟到许多中国传统美德。革是去故，鼎是取新。鼎的新是建立在去故的基础的。鼎的取新，首先要以柔进的方式，采取摸着石头过河的方式，循序渐进；其次要中正，刚健。任何改革难免碰到各种阻力，只要态度坚决，中正无私，必然能取得好的效果。

震

雷雨交加，劈厉振物

卫国公李靖是唐初第一名将。李靖少年时常外出射猎，有一次迷路了，看见树林的尽头有点点灯火闪动，便去投宿。原来，这座宅院非是人宅，乃是龙宫。

时至夜半，忽闻宅外来人，说道："天符在此。令你家大公子施雨，不可拖延。"家中的太夫人顿时愁眉不展："两个儿子都出门在外。行雨符到，这该如何是好？"她忽然想起今晚借宿的公子，仪表堂堂，非寻常人物，便将李靖叫醒，请他帮忙代龙王施雨。李靖卜了一卦，得"震"卦，正是行雷雨之象，于是便答应了。

太夫人命人牵来一匹青骢马，又取来雨器，系于鞍前，嘱咐李靖说："公子乘马，不要拉紧马的衔勒，就让马自己行走。每次马在行走间嘶鸣之时，即取瓶中水一滴，滴在马鬃上。"李靖依言而行，不一会儿，雷电交加，大雨倾盆。行雨完毕，李靖便骑着马回到龙宫。李靖受龙母之托，代龙王施雨的神话故事，至今依然广为流传。

震，形声字。“震”字从“雨”，雷、雨常常并作，故从“雨”。从辰，三月雷电作，表示霹雳振醒冬眠动物。震音同振，表示天地共振。《说文·雨部》中说：“震，劈历（霹雳）振物者。”《春秋》曰：“大雨震电。”“震”字的本义即雷、疾雷，后来引申为表示震动，指物体自身动荡或使物体动荡。“震”是雷之象，《易·说卦》中说：“万物出乎震。震，东方也。”

“震”卦的卦画是䷲，震上震下，表示叠连轰响着厉雷。震以“雷历电闪，万物惶恐惊惧”象征恐惧而戒备，从而亨通致福。震卦寓意：心怀恐惧和敬畏，有所不敢，则能亨通顺利。而无所顾忌，胆大妄为必遭灭顶之灾。

卦辞曰：“震。亨，震来虩虩，笑言哑哑。震惊百里，不丧匕鬯。”虩虩（xìxì），表示恐惧的样子。此句谓，临祭之时，雷声传来，有的人吓得浑身发抖，片刻之后，谈笑如常。巨雷猝响，震惊百里，有的人却神态自若，手里拿着酒勺子，连一滴酒都没有洒出来。此卦卦辞比喻天威莫测，灾祸难料，警示人们敬天修德，省身远恶，修身反省。

《象》曰：“洊雷，震。君子以恐惧修省。”洊（jiàn），唐代孔颖达解释说：“洊者，重也。”“震”卦的卦象就像天上的巨雷重重不断。君子观此卦象，从而戒惧恐惧，修省其身。

“震”卦讲的是善始之道。天地施以雷霆之威，务求先声夺人，就像做人做事，须有一个好的开始，故“鼎”卦之后为“震”卦。巨大的雷声可消除沉闷之气，亨通畅达。雷雨并作，大自然这种巨大的力量，能够使万物为之颤抖、震动，令人骇异。君子修身，平日应当居安思危，怀恐惧心理，不敢有所怠慢；遇到突发事变，也能临危不惧，安然自若，谈笑如常，为将担当大任做好人格与心理的准备。

振新需用雷霆万钧之力。“震”字的上部是“雨”，打雷天气往往伴随着雨水，雷雨天气往往气势庞大，令人惊惧。政治、经济、文化等方面的振新举措，要像雷雨天气一样，以雷霆万钧之力，令天气为之一新。如果与此相反，“雷声大雨点小”，则是有名无实，是失败之举。

彭鹏，史称彭公，清康熙年间在三河任知县期间，彭公布衣蔬食，反对奢华，寒不坐乘，暑不张盖，经常与民众近距离接触。公私外出，从不乘轿，远道骑驴，近路步行。随扈从简，不喜迎送。饮食方面，他更为俭朴，当时三河百姓食俗是一日两餐，彭公也入乡随俗，废止朝食，改三餐为两餐，且均为粗粝。他拒绝出席乡绅商贾的宴请，上司来巡，彭公都是个人掏银子在衙署伙房备餐，而且饭菜从简，从不用公款接待来客。对于必要的宴请他认为也应适可而止，不应大吃大喝，做到“示情、尽礼”就可以了。他认为大吃大喝不仅“浪费钱财”，而且“累德”，应把钱财用到百姓身上。彭公不仅不吃请，而且从不收礼。

彭公来三河的第二年正月二十一日，是彭公五十寿诞，一些乡绅商贾及左右人等都准备大礼为其祝寿，而且“制锦幛”祝贺。彭公得知此信，立即找到几位发起之人予以制止，并正色说道：“我性不喜誉，亦不喜祝，必相强，俟持幛至，即焚诸堂。”见彭公“焚幛拒祝”，态度如此坚决，前来祝寿的谄媚之徒只好作罢。

彭公为官不仅严于律己，而且做事雷厉风行。他敢于采用焚烧锦幛的方式，将腐败拒之门外，震慑了一群谄媚之徒，既有“雷声”也有“雨点”，真正做到廉洁清正、公私分明。彭公一生为人民办了不少实事、好事，他的种种事迹亦被后人改编成小说《彭公案》，且被译成外文传到国外，传为佳话。

振新须振奋精神。“震”字的声部是“辰”，与“振”字相通。“震”“振”在字义上亦有相通之处，表示振新、振作、振奋。这是一种积极向上的精神状态。我们在图振新、谋改革的时候，一定要有勇敢振奋的精神，勇于破除故旧的魄力和勇气，积极发挥主观能动性，像雷雨一样，巨雷猝响，“震惊百里”！

辛亥革命后，袁世凯在进行帝制复辟活动之时，还大力提倡尊孔读经。掀起了一股尊孔复古逆流。而以陈独秀、李大钊、鲁迅为代表的激进民主主义者却发动了一次反封建的新文化运动，大张旗鼓地宣传资产阶级民主思想，同封建尊孔复古思想展开了激烈的斗争。

彭公焚幛拒祝

震卦故事

陈独秀是一名激进民主主义者，他痛感于当时的军阀统治，要求实现真正的民主。他批判了封建社会制度和伦理思想，认为要实现民主制度，必须消灭封建宗法制度和道德规范。李大钊则反对复古尊孔，要求思想自由，号召青年不要留恋将死的社会，要努力创造青春的中国。进步知识分子团结在《新青年》周围，高举民主和科学两面大旗，从政治观点、学术思想、伦理道德、文学艺术等方面向封建复古势力进行猛烈的冲击。

在陈独秀、李大钊等人的领导下，提倡科学，反对迷信，提倡民主，反对独裁，提倡白话文，反对文言文的新文化运动，宣传了西方的进步文化。以后，又传播了社会主义思想，反映了新型的革命阶级的要求，在社会上产生了巨大的反响。

在时代最需要图振新、谋改革的时候，新文化运动为中国带来了一次空前的思想解放运动，如巨雷猝响，振奋精神！它对封建专制制度和封建思想文化进行了一次猛烈的扫荡，促进了中国人民特别是知识青年的觉醒，为马克思主义在中国的传播创造了条件，也为中国共产党的诞生做了思想准备。

振新须以恐惧修省。“震”卦的彖辞中说：“‘震来虩虩’，恐致福也。‘笑言哑哑’，后有则也。”雷声传来吓得人浑身发抖，这是因为人们相信，敬畏重大的天象可以免罪而得福。后来，人们对这类事情有了心理准备，便能谈笑如常。雷声滚滚，往往令人惊惧，但是在惊惧之余，人们的心理素质也能逐渐提升。在振新改革过程中也是如此，我们难免会遇到重重困难与阻力，给我们带来恐惧，我们更应该正视恐惧、直面恐惧，勇于自我反省，积极自我调整。

改革开放初期，在人民生活水平普遍提高的同时，收入差距、地区差距、城乡差距有拉大的趋势；在经济迅速发展的同时，教育、医疗等社会公共事业发展相对滞后，出现了上学难、看病贵的问题，一些地方就业压力增大；在社会主义民主法制建设不断加强的同时，一些消极腐败现象滋生蔓延，等等。

面对这些问题，我们党没有敷衍塞责，而是在改革过程中不断地自我反省、自我调整。我们在实践中逐渐认识到，这些问题的具体成因非常复杂，有的是认识不到位、措施不配套造成的，有的是设计不周到、操作不规范造成的，还有的是在改革和发展过程中难以避免的问题。总体上看，这些问题相当程度上是改革不到位、不完善，对外开放水平不高造成的，说到底是发展中的问题、成长中的烦恼。

我们党在坚持社会主义市场经济改革方向不动摇的同时，鲜明提出要提高改革决策的科学性，努力使改革决策兼顾到各方面利益；反复强调增强改革措施的协调性，统筹好经济体制改革和其他方面改革，统筹好改革涉及的各项工作。

如今，从免除农业税到全面实施义务教育“两免一补”，从推进新农村合作医疗保险制度到落实城乡居民最低生活保障，从频出重拳严惩腐败到推进惩治和预防腐败体系建设……改革实践中出现的问题，正在通过深化改革逐步解决。

彖辞解读

《彖》曰：震，亨。“震来虩虩”，恐致福也。“笑言哑哑”，后有则也。“震惊百里”，惊远而惧迩也。出可以守宗庙社稷，以为祭主也。

译文 《彖传》说：震卦表示亨通。震动起来吓得人浑身发抖，这是因为人们相信，敬畏重大的天象可以免罪而得福。震后仍能谈笑如常，这是因为后来对这类事情有了心理准备。震动惊传百里之远，是要警醒远方的人并且使近处的人有所戒惧。这样的人，可以担当重任，保宗庙，守社稷，成为主持祭祀的人。

解读 这里描述了震雷来临的情状。震卦告诉我们面对灾难，要作自我反省，因为天灾乃是对人祸的惩罚。当震之始，要恐惧修省。当震之中，要有处变不惊和临危不惧的定力，展现圣贤君子安然自若、谈笑风生、泰然处之的境界。雷声能够震惊百里，但君子却能在宗庙里祭祀时不会因震而惊失祭器，这是一颗“大心脏”，需要极高的道德修养和心理素质。震卦揭示了一个道理，必须“每临大事有静气”。只有忧患的心理才能应对突发事件。只有良好的心境才能有好的处境。一句话，好心态决定了好事态。

艮

遇山则上，时行则行

楚汉相争中，刘邦因为势力较弱，经常吃败仗。汉四年，刘邦兵败，被项羽围困在荥阳。刘邦穷困交加，卜了一卦，是“艮”卦。刘邦知道只能防守，不能进攻和撤退。

此后的刘邦为了突围，他就让随军的两千多妇女披上盔甲，趁夜色从东门冲出。在楚军被吸引过去以后，他自己带几十人从西门逃出包围。刘邦出逃时遇见了同样逃命的儿子和女儿，即后来的汉惠帝和鲁元公主。在逃命的过程中刘邦嫌车跑得慢，竟把儿子、女儿给推下车去。车夫夏侯婴连忙把车停下，把孩子抱上车，刘邦没说什么。后来又两次把孩子推下车，车夫又忙把孩子抱上车。第三次刘邦勃然大怒，竟要杀了夏侯婴。夏侯婴就劝说刘邦说：“车跑得慢可以赶快一点，但是您不能不要您的亲生骨肉啊！”

刘邦逃出荥阳后，命张良为使节到齐地，为韩信举办封王大典，之后借势调用韩信的军队。由此，楚汉形势很快发生重大转折，汉军由劣势向优势转变。后来，刘邦与项羽讲和，划鸿沟为界，中分天下。后来，他突袭楚军，最终反败为胜。

艮，指事字。甲骨文为，形状为“人眼回望”，是“限”的初文，表示人行路受到限止转身行走而又回望，本意为限止。“艮”通梗声，表示耿直。“艮”有回望、还视之义，也有限止之义。

《广雅》：“艮，坚也。”“艮”字形容事物坚固、坚硬，引申指人朴素坦率、言语率直无曲折等。在八卦中，“艮”代表山。如宋徽宗在汴京东北隅堆土为山，广集天下奇花异石、珍禽怪兽、佳果文竹于此，即名“艮岳”。

“艮”卦的卦画是䷳，上下卦均为艮，艮为山，特性止，一山已能镇止，两山重叠，止意更大。“山上山，山叠山”象征山障路塞，前行止步。艮卦寓意：天下事当行则行，当止则止，动静不失时机，前途必然光明。君子思考、行动不应超越自己的地位，适可而止。知进不知止，上下叛离，非明智睿达。

卦辞曰：“艮。艮其背，不获其身；行其庭，不见其人，无咎。”此句谓，停在他的背部，看不到他的前身；走进在他的庭院里，见不到他本人，无所灾难。这就是动静自如，知止识止，无悔不咎。

《象》曰：“兼山，艮。君子以思不出其位。”“艮”卦的卦是两座山叠加在一起，象征山阻路塞，前行止步。此卦给人的启示是，君子的所思所想不超过自己的位置，超出自身在社会的角色定位。这就是“不在其位，不谋其政”，所作所为，与自己的身份相匹配。

“艮”卦讲的是知止之道。《序卦传》曰：“物不可以终动，止之，故受之以《艮》。”“艮”卦为“震”卦之倒卦，上一卦写雷声滚滚不断震动，这一卦则说大山静止岿然不动，一动一静，对比鲜明。有行动就有停止，在前进中，如何自我节制，适可而止，这需要有高深的修养。

知止可以免除耻辱。“艮”为山，表示停止。“艮”卦告诉我们，要善于停下脚步、停止行动。“艮”卦的爻辞中有“艮其趾”“艮其腓”“艮其限”“艮其身”“艮其辅”等，意思是脚趾停止运动，抑制小腿前行，止住腰部和上身，止住牙床，就没有悔恨。在人与人的相处中，“知止”更有利于人际关系的和谐，让自己受到朋友的尊重。“知止”之道，是非常重要的交友之道。

孔子的弟子子贡曾向孔子提问：“什么是交友之道？”孔子说：“忠告而善道之，不可则止，毋自辱焉。”意思是说，如果朋友做错事，一定要告诉他是非对错，及时加以劝导，若不听从，就停止劝说，不要自找侮辱。

什么是真正的朋友呢？如果朋友做错了事，一定要告诉他是非对错，及时加以劝导——这是出于对朋友的忠诚。如果纵容朋友犯错而不加劝阻，甚至把包庇朋友的过错当成是“兄弟义气”，那便大错了，便是损友。

但是，在忠告善道之下，朋友依然不能悔悟，依然我行我素，那也只好作罢了。“不可而止”，是一种交朋友的智慧！对朋友的忠诚，应尽的责任已经尽到了，也就够了，朋友不听从你的劝告，亦是无法改变之事，便不要去强求。不要硬逼着对方接受自己的意见，这也是尊重朋友的表现。过分的劝说反而会影响到彼此之间的感情，有时候反而会自取其辱。

动静不失其时。停止应当于行动未开始之前，才不会失当。如果不知节制，当止不止，则必然导致身不由己，带来忧虑痛苦，内心不安。“艮”卦的《彖传》说：“时止则止，时行则行，动静不失其时，其道光明。”这里所说的“止”，意谓君子行事，要在应当停止的时候停止，应当行动的时候行动，动静不失时机，前途才会光明。

动与静，要相宜，使“动静不失其时”。汉朝的李寻在给汉哀帝上书时引用了“艮”卦此语，不仅阐述了动静要适时的道理，而且强调人的举止要得当。由此可见，“动静有常”，是行动合乎常规、合乎时机的表现。

据《左传》记载，鲁国和齐国在长勺交战，鲁庄公和曹刿同坐一辆战车指挥作战。鲁庄公一上战场，就要下令击鼓进军。曹刿说：“现在不行。”鲁庄公感到奇怪，但听从了曹刿的建议。等到齐军三次击鼓之后。曹刿这才说：“可以击鼓进军了！”

经过一番交战，齐军大败。鲁庄公便要下令军队去追逐溃败的齐军。曹刿说："还不行。"说完就下了战车，察看齐军车轮碾出的痕迹，又登上战车，扶着车前横木远望齐军的队形，这才说："可以追击了。"于是鲁军追击齐军，最终取得胜利。这就是历史上著名的以少胜多的战例——长勺之战。

战后，鲁庄公向曹刿提出疑惑，曹刿说："夫战，勇气也。一鼓作气，再而衰，三而竭。"原来，曹刿深谙作战规律，所以不急着下令击鼓进军，选择"彼竭我盈、彼消我长"的时机，这才一鼓作气，发起进攻。另外，在追击之际，担心大国用兵，有所埋伏，所以等下车查看到齐军车轮的痕迹混乱，望见他们的旗帜倒下，这才下令追击。曹刿善于把握好合适的战机，做到"动静不失其时"，因此可以在作战中取得胜利，以弱胜强，扭转乾坤。

止得其所，方无过失。"艮"卦的《彖传》曰："艮其止，止其所也。" 停止在该停止的时候，这个停止就停对了地方。这里强调 "止得其所"，分寸是很难把握的，以此可以看出一个人的操守和道行。君子要坚持正道，坚守自己的信念，才能不为外物所动，不为贪欲所蔽，在言语行为上自我节制，不会犯错。

屈原是楚国的大夫，他抱着救国救民的志向，在朝廷却处处受到排挤。靳尚、公子兰等奸臣把屈原看作眼中钉，他们在楚顷襄王跟前说屈原的坏话。后来，楚顷襄王把屈原革了职，放逐到江南一带去。

屈原憋着一肚子忧愤，在江上一边走，一边唱着伤心的歌。他面容憔悴，披头散发，骨瘦如柴。有个渔父劝他："楚国人哪一个不知道你是忠臣！你为什么不跟世人一样呢？"屈原说："众人皆醉我独醒！"

十几年过去了，屈原怀念楚国的国都郢都。有人对他说："你何必留在楚国受这份罪呢！"屈原说："鸟飞倦了，想回到自己的老枝上去歇息啊；狐狸死了，头还向着土山啊！"

公元前 278 年，秦国打下了楚国的国都。屈原放声大哭，他要和楚国同存亡，便抱着一块大石头，跳到汨罗江里，以身殉国了。

孔子说："以道事君，不可则止。"意思是说，君子既要敢于规谏君主的错误，也要善于明哲保身，在适当的时候停止行动，保护自己。后人在对屈原的同情之外，亦有所不理解。汉代贾谊在《吊屈原赋》中就感叹道："所贵圣人之神德兮，远浊世而自藏。"他认为以屈子的才华，诸侯列国中怎会没有容身之处呢，何必明知不可而不止。一代词赋家扬雄作《反离骚》，对屈原不得志时不能抽身远离的深深惋惜。班固赞赏屈原的忠诚的同时，也批评屈原过于扬才露己，而不懂得"止得其所"之道。

彖辞解读

《彖》曰：艮，止也。时止则止，时行则行，动静不失其时，其道光明。艮其止，止其所也。上下敌应，不相与也。是以“不获其身，行其庭不见其人，无咎”也。

译文 《彖传》说：“艮”卦表示适可而止。需要停止时就停止，需要行动时就行动，动也好、静也好，都不失时机，这样人生道路的前景就是光明的。停止在该停止的时候，这个停止就停对了地方。艮卦讲的是知止的道理。艮卦上下卦对应爻相互敌对。互不亲近呼应。所以说不能获得其身，在他的庭院行走却看不到他本人，不致产生灾难。

解读 “时止则止，时行则行”，是一种智慧，它要求君子拥有极高的洞察力和行动力，既不盲目行动、贪多贪得，也不优柔寡断、停滞不前。知进不知止，上下叛离，左右决裂，绝非明智之举。“艮”卦讲的是知“止”之道，其实也是一种知“行”之道。善于停止的人，往往能够更好地行动，走得更远。

渐

循序渐进，动静自然

晏婴是一位重要的政治家，他继任齐卿，历仕灵公、庄公、景公三世，爱国忧民，敢于直谏，在诸侯和百姓中享有极高的声誉。

齐景公即位之初并未重用晏婴，只是让他去治理东阿。晏婴卜得“风山渐”卦。

晏婴到任三年间，齐景公陆续听到了许多关于晏婴的坏话，很不高兴，便要罢他的官。晏婴赶忙谢罪：“请再给臣一次机会，让我重新治理东阿。”三年后，齐景公果然听到有许多人在说晏婴的好话。齐景公大悦，决定召见，准备重重赏赐晏婴。

晏婴推辞不受，说：“臣三年前治理东阿，尽心竭力，秉公办事，得罪了许多人。这些反对臣的人一齐散布我的谣言，大王听后自然对臣不满意。而后三年，臣反其道而行之，那些原来说臣坏话的人，自然开始夸奖臣了。前三年治理东阿，大王本应奖励臣，反而要惩罚臣；后三年大王应惩罚臣，结果却要奖励臣，所以，臣实在不敢接受。”齐景公听了，知道晏婴是个贤才，于是便将国政委以晏婴，让他辅佐自己治理齐国。

渐，形声字。“渐”从“水”，从堑，堑为水沟，表示水缓慢流动。《说文解字》中解释是古水名：“渐水出丹阳黟南蛮中，东入海。”《水经注》：“渐江，《山海经》谓之浙江也。”“渐”作为动词，表示流淌的样子，也指水的淹没、浸泡，《广雅》曰：“渐，渍也。”后来，“渐”引申为逐渐、缓慢变化。渐，为徐而不速，有次序地缓进。

“渐”卦的卦画是䷴，上卦为巽，下卦为艮，巽为木，艮为山，以“山上有木，顺势而长”表征事物非突长，而是渐生，徐而不速为渐。渐卦寓意：君子治学、为事，应循序渐进，不急不躁，不断累积，实现由量变到质变的升华。如同女子出嫁，循礼渐进可获吉祥。并且渐进需遵循正道，才会有利。

卦辞曰：“渐。女归吉。利贞。”意思是说，女子出嫁，这是好事。这是吉祥的贞卜。程颐说：“天下之事，进必以渐者，莫如女归。臣之进于朝，人之进于事，固当有序。不以其序，则陵节犯义，凶咎随之。然以义之轻重，廉耻之道，女之从人，最为大也，故以女归为义。”《杂卦》说：“《渐》，女归待男行也。”古代女子若要出嫁，必须等待男方行聘，然后依序进展。

《象》曰：“山上有木，渐。君子以居贤德善俗。”树木植于山上，从小到大，不断生长，从青葱树苗渐渐长成茂盛的大树。君子从“渐”卦的卦象中得到启示，取法于山之育林，要以贤德自居，担负起改善风俗的社会责任。

这一卦讲的是渐进之道。上卦为“艮”，表示停止。《序卦传》说：“物不可以终止，故受之以《渐》。渐者，进也。”事物不会总是停留在静止的状态中，所以，艮止之后是渐进，是成长，是希望！当然，渐进之功也讲究规则与方法。

渐为徐而不速。“渐”字表示逐渐、缓慢变化。正所谓“欲速则不达”。做学问欲速，未必无一家之言，只是不能把学问了解全面，不能把问题分析得透彻。建筑欲速，未必无高楼大厦，只是不能扎扎实实打好地基，保证质量。治理国家一味求速，纵使能达到发展目标，终究不能长治久安。渐而不速，是一种适宜的做事节奏，有利于更好地完成目标。

“渐”字的字形，正反映了古代造车的过程。“渐”字的中部为“车”，古代造车之工艺，经历了由小到大、由零散到完整的过程，遵循了循序渐进的原则。

“渐”字的左部是“氵”，是水。右部是“斤”，就像用斫制木头的刀斧工具。造车所用的木头需要先用水浸润，然后再按照确定的尺寸比例进行截取。车的运转部分主要包括轮和轴。轮的中心是一个有孔的圆木，叫毂，用以贯轴。车轮的边框，叫辋。连接辋和毂的是辐。造车的过程是缓慢而精细的，只有严格按照尺寸比例裁截木头，才能制作出合格的车轮。

《孟子》记载了“揠苗助长”的故事，即讲述了欲速则不达的道理。有个担忧自己的禾苗长不高而把禾苗往上拔的宋国人，一天十分疲惫地回到家，对他的家人说：“今天我累坏了，我帮助禾苗长高了！”他儿子小步奔去看那些禾苗的情况，禾苗却都枯萎了。

孟子评价道：“天下之不助苗长者寡矣……助之长者，揠苗者也。非徒无益，而又害之。”天下犯“揠苗助长”之错误的人不少，这非但没有好处，反而危害了它。客观事物的发展自有它的规律，纯靠良好的愿望和热情是不够的，很可能效果还会与主观愿望相反。

渐要循礼而进。“渐”卦的彖辞中说：“进以正，可以正邦也。”意思是说，“渐”卦循序渐进的道理，是一种正道，能够用以治理邦国。这将“渐”卦提高到了很高的地位。这是因为，缓慢前进，要有合乎大道的目标，要有正确的方向。只有以“礼”为准绳，才能走得更加扎实、更加稳健。

礼，是人类文明的标志。《礼记》中说：“鹦鹉能言，不离飞鸟。猩猩能言，不离禽兽。今人而无礼，虽能言，不亦禽兽之心乎？”鹦鹉会学人说话，但始终是飞鸟；猩猩会学人说话，也始终是禽兽。现在作为人却不受礼的规范，即使能说话，与禽兽又有什么区别？所以，孔子说：“不知礼，无以立也。”

《论语》中有《乡党》一章，专门记录孔子在朝廷、宗庙之间的各种言行。从宗庙朝廷，到入朝进见国君、接待外宾、聘问邻国，孔子是怎么做的呢？

孔子受君命聘问邻国，他执君之圭以为信，表现出恭恭敬敬的样子。圭是轻便之物，孔子拿起来却好像不胜圭之重的样子。这是因为孔子的态度非常谨敬。

孔子执圭走路时，他保持平衡的样子，把手抬高像在作揖，把手放低像在授物。他的脸色战战兢兢，两脚迈不开步子，好像脚下有物，举步维艰。这是因为他对尊者很是敬畏。聘问邻国之后，要献上礼物，孔子不再一脸严肃，而变得满脸和气。

完成公事之后，孔子以私人身份面见国君。个人和政职人员之身份不同，孔子的精神面貌又与上朝聘问时不同，变得和颜满容。

孔子的一举一动，都循礼而行，礼教在他生命之中体现得淋漓尽致。在孔子看来，“循礼”并不是外在的、形式化的事情，而是真正发自内心的声音。“礼”可以滋养个体生命，成为了孔子内心真正快乐的源泉，正如《世说新语》中所说的“名教之中自有乐地”也！

渐应顺应时变。“渐”卦的爻辞非常有趣，以大雁为譬喻，描述了大雁的诸多行迹，“鸿渐于干”，大雁落在河边；“鸿渐于磐”，大雁落于山石上；“鸿渐于陆”，大雁落在大陆上；“鸿渐于木”，大雁落在树上；“鸿渐于陵”，大雁落于山陵。飞禽会随着时节变换、周围环境的变化而调整自己的飞翔动态，这是一种顺应时变的智慧。我们应该向大雁学习，善于顺应时代的变化，慢慢改变自己。

从佐治亚州农场走出的美国第39任总统吉米·卡特，在读中学的时候，朱莉娅·科尔曼小姐是他的班主任。她鼓励卡特学习音乐、美术，特别是文学，并为他开列了阅读书目。

朱莉娅小姐关爱她班上的每一个学生。她告诉他们："我们应该随着时代的变迁而调整自我，但是我们信守的原则是不变的。"长大以后，卡特对朱莉娅小姐的话有了更深的理解。朱莉娅小姐当年所要告诉学生们的是，我们应该时时分析新情况，然而无论是在选择相守终生的伴侣还是在艰难时刻、考验时刻或是遇到诱惑须做出困难的决定时，我们都不仅要适应这些新的挑战，还应该坚守我们所学到的某些原则，例如公平、正直、忠诚等。

卡特永远也忘不了朱莉娅小姐的这番话，并始终坚守从朱莉娅小姐和父母那里所学到的基本原则。在总统就职演说中，他引用了朱莉娅小姐的话"随着时代的变迁而调整自我，但信守不变的原则。无论我们面临着多么大的困难，我都决心让我自己和美国人民信守真正的正义与真理的信仰"。

随着岁月的流逝，卡特给美国和世界带来的"渐进之功"让世人越来越回味。特别是他在卸任后，在重大国际事件中充当的别人无法替代的调停者角色，为他赢得2002年诺贝尔和平奖。离任后的他以行动赢得美国乃至世界人民的尊重，成为美国"最佳卸任总统"。

彖辞解读

《彖》曰：渐之进也，女归吉也。进得位，往有功也。进以正，可以正邦也。其位，刚得中也。止而巽，动不穷也。

译文 《彖传》说：渐，就是渐进的意思。女子出嫁吉祥。推进而取得恰当的位置，获德有功劳。君王能正其位，以正道治理邦国。这是因为“渐”卦有刚爻居正中之位。“渐”卦的下卦为艮，艮为止；上卦为巽，巽为逊。“渐”卦的卦象，就像君子沉着而谦逊，这样处世，行动就不会陷入困境。

解读 渐进之功，虽然进程较慢，但是稳扎稳打，步步为营，终能有所成就。这是因为“得位”“止而巽”——内心有刚正之气，便能坚持正道，不至于走上老路、邪路。而在久久为功的行程中，君子沉着而谦逊的品格，更是取得成功的重要品质。“渐”卦告诉我们，渐进需“进得位”，从合适的位置出发，到达合适的地方；渐进需“进以正”，必须走正道，合正理，选择正当的方式和渠道；渐进需“进得稳”，遵循由量变到质变的规律，不冒进、急进、跃进，脚踏实地。一步一个脚印，做到行稳行远。

归妹

少女出嫁，信守妇德

中国古代神话传说中帝尧有两个女儿，长曰娥皇，次曰女英。尧认为舜有仁德，便将两个女儿嫁给了他。舜卜得“雷泽归妹”卦。

二女嫁舜，究竟谁为正宫，谁为妃子，夫人们争论不休。最后决定了一个办法，据说当时舜王要迁往蒲坂，二女便同时由平阳向蒲板出发，哪个先到，哪个为正宫；哪个后到，哪个为偏妃。娥皇、女英便各自准备，向蒲坂进发。

娥皇是个朴实的姑娘，便跨了一头大马飞奔前进。女英讲排场，乘车前往，并选由骡子驾车，甚觉气派。不料在行进中，女英驾车的母骡突然要临盆生驹，因此车停了。这时娥皇的乘马已奔驰在遥远的征途，而女英却因骡子生驹，落了个望尘莫及。娥皇因此做了正宫娘娘。女英气愤之余，斥责骡子今后不准生驹。因此传说骡子不受孕，不生驹，都是女英封下的。

归，会意字。“归”字从“止”，从“妇”省。《说文解字》中说：“归，女嫁也。”它的本义即女子出嫁。《诗·桃夭》中描写女子出嫁，便有“之子于归，宜其室家”的诗句。女子出嫁称为“归适”“归女”，出嫁的女子回娘家省视父母称为“归安”。后引申为表示返回、回来，《广雅》曰：“归，返也。”

妹，形声字。《说文·女部》中说：“妹，女弟也。”称同父母或同父异母或同母异父比自己年纪小的女子曰“妹”。《易经》“归妹”中的“妹”则解释为：“妹者，少女之称也。”

归妹，说的是妹妹出嫁。女子出嫁来到了男方的家里，这是女子的最终归宿。

“归妹”卦的卦画是䷵，上卦为震，下卦为兑，震为雷，为阳，性动。兑为泽，为阴，性悦。雷震于上，泽随而动，为女从男之象。归妹卦象征少女出嫁，顺其自然，不可强求。婚嫁是天地间最正当的事，天地和气，万物繁殖。但必须遵循正道，才能吉祥。

卦辞曰：“归妹。征凶，无攸利。”此卦表示出征凶险，无所利。

《象》曰：“泽上有雷，归妹。君子以永终知敝。”“归妹”卦泽上雷鸣，雷鸣水动，用以喻男女心动相爱而成眷属。以少女从长男，产生爱慕之情，有婚姻之动，有嫁女之象，故称“归妹”。君子观此卦象，从中体悟到婚嫁之道，在长期的婚姻生活中，既要有始有终，更要知晓所以有不终的弊害，以达永终。

这一卦讲的是婚嫁之道。上卦为“渐”卦，表示渐进。进必有所归，故接着是“归妹”。《序卦传》说：“进必有所归，故受之以《归妹》。”渐卦讲进展，进展到一定时候，就要有归宿，所以后接归妹卦。“归妹”，表示女子出嫁。在传统婚姻关系中，女子嫁到了男方家里，是女人的归宿。在现代文明社会中，我们可以将它理解为一种社会角色的升华，一种男女交合、阴阳结合的境界。

归妹是阴阳协调、男女交合，是天地间最正当的事。“归妹”卦的彖辞中说：“归妹，天地之大义也。天地不交，而万物不兴。”男娶女嫁之事，自古有之，男性是阳、女性是阴，阴阳交合协调，是大自然的普遍规律。如果天地间的阴阳之气不能相交合，则万物不能兴起。这是人类繁衍生息、文明生生不息的基础。

“男”与“女”相对，前者为阳，后者为阴；前者为乾，后者为坤。正如《易·系辞》中所说的：“乾道成男，坤道成女。”《周易》中的“坎”“离”两卦代表男、女。“男”与“女”代表了自然之间两种最基本的属性。因此，男女婚嫁之道，合于宇宙自然的运行法则，是人类文明生生不息的基础。

中国传统社会对成年男性提出了“男效才良”的要求。才，就是有能力有智慧，能够明辨事理。良，就是品德高行为正。这是评判一个男性是否优秀的标准。这在今天对我们依然有很大的借鉴意义，仁义礼智信、温良恭俭让等中国传统美德在当代社会依然光彩熠熠。

中国传统社会对女性提出了“女慕贞洁”的要求。“贞”是意志不动摇、操守坚定不移之意思。《易经》中称“元亨利贞”，为乾之四德。“洁”本义是用水除去丝线上的污垢，是干净、没有污染的意思。保持自己内心方正，洁身自好，是女性的一种美德。

中国人以天（乾道）、地（坤道）对应男、女，这是因为人们意识到，男、女之社会属性与自然秉质是不一样的。如《笠翁对韵》以“静女”对“奇男”，意谓女性以安静、沉稳为美，而男性则偏向于奇卓伟岸之美。这说明两种性别具有不一样的美学特质。男女婚嫁，留下了许多传统的婚嫁文化，如问名、纳吉、大聘、迎亲等，婚嫁便成了传递香火、延续人类文明的一种礼节。这体现了中国人对天地宇宙规律的敬畏与遵循。

归妹必须遵循正道。“归妹”卦阐发了“天地阴阳”的恒常不易之理，强调阴以阳为归宿，则天地和合，万物繁殖。它更注重对人之“德”的要求。中国传统社会以柔顺、中庸、坚贞为妇德，是端正家庭的基石。例如 “归妹”卦的爻辞“归妹以娣”，以卑贱的妾的身份出嫁，若女子能坚守妇德，仍然“征吉”。又如“归妹愆期，迟归有时”，贤淑的女子宁可迟婚也要选择品德高尚的君子作为婚嫁对象。正如彖辞所说：“归妹，人之终始也。”婚嫁之道必须遵循正道，体现人类崇高之道德精神。

明代官宦之后方卿，因其祖为奸臣陷害而死，家道中落，县官追缴田赋，并以革去功名相胁。为赴京应试，方卿奉母命去襄阳姑丈陈培德处借贷。姑母陈氏认为方卿落魄，非但不借，反而加以奚落，方卿最终负气离去。表姐陈翠娥得知方卿身陷困境，遭受打击，不禁心生怜惜，好心挽留，却遭到方卿拒绝。陈翠娥送与银两，也被方卿拒绝，于是暗将传世之宝珍珠塔一座外裹包袱，伪托干点心相赠。方卿的姑父陈培德赶至九松亭挽留，以陈翠娥许婚。

方卿返家途中，被强人邱六桥抢去包袱，冻卧雪地，恰巧遇到军门提督毕云显路过相救，携至南昌毕府攻读。邱六桥抢去包袱，得到了珍珠塔，便到陈家当铺典银，陈培德见塔，追查而知方卿遇难，遍访无下落。陈翠娥听到了这个消息，也忧念成病。

方卿之母因为孩子久出不归，也来到了襄阳。得知方卿遇难的遭遇后，她悲痛交加，便要投河自尽，幸好被白云庵的尼姑救起，留居在庵中。陈翠娥恰巧到白云庵烧香，婆媳相会，激动不已，便尽心孝顺方母。

三年后，方卿以毕姓赴考，高中状元，封八府巡按，奉旨出巡。路过陈府，姑母陈氏，为自己的狭隘悔愧不已。陈翠娥的慷慨无私则感动了方卿。她与其母品德截然不同，又痴情孝顺，赢得了方卿的尊重与信任，最终，方卿与翠娥如约完婚，留下一段佳话。陈翠娥方卿遵循正道，以“德”相守，最终修成正果，可谓有情人终成眷属。

归妹须防有始无终。“归妹”卦的象辞中说：“君子以永终知敝。”君子此卦象中体悟到，婚姻之事，应该有始有终。无论男方还是女方，如果不能谨守婚嫁之道，有始无终，就会造成“女承筐，无实；士刲羊，无血”的不利局面，女士托着筐子，没有果实；男士刺羊，没有血。这会对家庭成员带来弊害，不利于家庭关系的和谐。

《白头吟》云：“愿得一心人，白头不相离。”“愿得一心人”指的是说嫁女不须啼哭，只要嫁得一个一心一意的人，白头到老，别和我一样，那就好了。这是一首汉乐府民歌，它巧妙地通过主人公的言行，塑造了一个个性爽朗、感情强烈的女性形象；既真实地刻画了女主人公心乱意烦、思虑万千的神情状态，同时也显示了她思想的冷静和周密。

相传这首诗是汉代的才女卓文君所作。据传说，司马相如发迹后，渐渐耽于逸乐，日日周旋在脂粉堆里，直至欲纳茂陵女子为妾。卓文君忍无可忍，因之作了这首《白头吟》，呈递相如，表示恩情断绝之意。随诗并附书曰：“春华竞芳，五色凌素，琴尚在御，而新声代故！锦水有鸳，汉宫有木，彼物而新，嗟世之人兮，瞀于淫而不悟！朱弦断，明镜缺，朝露晞，芳时歇，白头吟，伤离别，努力加餐勿念妾，锦水汤汤，与君长诀！”司马相如因此打消了娶妾的念头。

婚姻之事，应该有始有终。“愿得一心人，白头不相离”道出了多少人对美好爱情的最纯朴的向往。一辈子只得一个一心一意的良人，无论贫富甘苦，始终能携手共进，相伴相依，相濡以沫。从一开始的两情相悦，到老了不离不弃，“执子之手，与子偕老”，便成就了两人一世的美好。

彖辞解读

《彖》曰：归妹，天地之大义也。天地不交，而万物不兴。归妹，人之终始也。说以动，所归妹也。“征凶”，位不当也。“无攸利”，柔乘刚也。

译文 《彖传》说：“归妹”卦体现了天地的宏大意义。天地间阴阳不能相交合，则万物不能兴起。嫁出少女，人类就能终而复始地繁衍生息。喜悦而行动，正可以嫁出少女。前进有凶险，这是因为“归妹”卦的中四爻不当位。无所利益，这是因为柔顺者凌驾在刚强之上。

解读 这里从天地交合而万物生说起，再说到人事，长少结合从而让人类也继嗣不绝。“归妹”是少女生活之终，也是女性生命的新旅程，是人类生命孕育的开端。少女内心喜悦，行为主动，是一种自然而然的行为，是大自然赋予人类的天性。当然，“归妹”必须循规蹈矩，成家以后，注意摆正自己的位置，充当好主内的角色，这样家庭才能和谐。

丰

丰盈硕大，持盈保泰

春秋时期，赵文王喜好剑术，击剑的人蜂拥而至，日夜相互比试剑术，多有死伤。这样过了三年，国力日益衰退。太子十分担忧，说：“谁能够说服赵王停止比试剑术，赠予他千金。”于是，庄子便准备了剑士的服装，前往拜见赵王。临行前，他卜得“雷火丰”卦。“丰”卦是丰收的意思，预示庄子说剑成功，有收获。

庄子不急不忙地进入殿内，见到赵王也不行跪拜之礼，说：“我的剑术，十步之内可杀一人，行走千里也不会受人阻留。”赵王听了大喜。庄子侃侃而谈各种击剑的要领，又说：“我有三种剑，任凭大王选用。有天子之剑，有诸侯之剑，有百姓之剑。”庄子以天子剑、诸侯剑、庶人剑喻治政的方法，说天子可以统治诸侯，诸侯可以称霸，但都不是长久的统治方法，而庶人剑也只是一种世俗斗鸡之儿戏，不能达到统治的目的。赵文王听了，绕着坐席惭愧地转了三圈。于是赵文王三月不出宫门，剑士们都在自己的住处自刎而死。

卦名丰，象形字。《说文・生部》中说：“丰。草盛丰丰也。从生，上下达也。”本义为草木茂盛。《广韵》：“丰，茂也，盛也。”“丰”也引申表示丰满、高大，乃至指农作物收成好。

“丰”卦的卦画是䷶，上卦为震，下卦为离。震为雷，离为火。雷电俱至，威明备足，为丰。丰象征着丰盈硕大。丰盛之时，自然亨通。但致丰之道，必须有德者才能获得。故有德君王能使天下丰盛，并让盛德之光普照天下。

卦辞曰：“丰。亨，王假之；勿忧，宜日中。”意思是说，丰卦，亨通。举行祭祀，君王将亲临宗庙。不要忧虑，最佳时刻当在正午时分。

《象》曰：“雷电皆至，丰；君子以折狱致刑。”意思是：雷鸣闪电声势浩大，这是丰卦的卦象，象征着盛大丰满。君子观此卦象，有感于电光雷鸣的精明和威严，从而裁断讼狱，施行刑罚，像雷电那样正大光明。

古文字的“丰（豐）”，象一盛有玉器的贵重礼器，是古代祭祀的重要用品，寄托着人们对于丰收的美好愿望。“丰”卦位于“归妹”卦之后，《序卦》这样解释道：“得其所归者必大，故受之以《丰》。丰者，大也。”“归妹”卦描述女子出嫁来归，进一步讲，就如众人归属于君子，民聚而国富。因此，“归妹”之后接演“丰”卦。古代易学家认为，家有妻妾则丰，国有贤士则丰。爻辞用日食描述了现象，用阴阳消长的变化规律，告诫君子治乱必须用严法。“丰”卦讲的是致丰之道。

丰为富贵有德之爱。“丰（豐）”从“玉”，其繁体字的上部表示盛满玉器。玉是中国传统文化的重要内容。玉是丰足富贵的象征。在古代，玉是祭祀活动中的重要器物，贵族也以玉器作为装饰。《诗经》曰：“言念君子，温其如玉。”玉是君子人格的象征。

古人认为玉有“五德”：“润泽以温，仁之方也；鳃理自外，可以知中， 义之方也；其声舒扬，专以远闻，智之方也；不挠而折，勇之方也；锐廉而不忮，洁之方也。”也就是说，美玉有温润剔透、内外一致、声音清脆、不容易损坏、平滑不伤人的优良质感。所以，古人往往将君子比喻成美玉，认为君子也像玉一样，能散发出让人身心愉悦的精神润度。

《象》曰：“‘有孚发若’，信以发志也。”意为发自内心的诚信，是由于诚信可以启发心志。具有中正之德以诚取信的人，即使处于不利的条件，也能吉祥。

战国晚期，秦国兵力最强，秦王嬴政想攻打齐国，苦于找不到借口。于是，他便遣使送一个玉连环给齐国，并对齐国说：“这连环上的两个环，没有人能分开，齐国人足智多谋，能不能把它解开呢？”齐王非常苦恼，玉连环并无缺口，根本无法解开，秦国只不过想借机发兵罢了。

齐国的王后听罢来使之言，拿来铁锤，“当”的一声，便把玉环打破了，并对来使说，我们已遵命打开了连环。秦王嬴政知道此事后，感叹道：“齐国有宁为玉碎的民族精神，我不敢再存伐齐之心了。”

中国玉文化体现着中国人的感情寄托，是中国人民对生活与生命意义的一种体悟，一种理解，一种智慧。它体现伟大的民族精神——有“宁为玉碎”的爱国民族气节、“化为玉帛”的团结友爱风尚、“润泽以温”的无私奉献品德、“瑕不掩瑜”的清正廉洁气魄、“锐廉不挠”的开拓进取精神……由此可见，“丰（豐）”代表富足，不仅仅指财富丰足，更指君子道德品质上的完美。

丰如盛器溢满如山。“丰（豐）”字上部的“山”字形，表示盛满玉器的器物，我们也可理解为贵重礼器溢满如山的样子。“丰”卦的爻辞中有“丰其蔀（“蔀”假借为“沛”）”“来章有庆誉”等说法，描述了盛满玉器之繁多华

丰卦故事

丽。这体现了中国人对丰满厚实、高大稳定的山文化的崇拜。

溢满如山，体现了一种“厚生”的情怀。在中国传统观念中，人们相当注重山河土地之厚薄，这直接关系农作物产量的多少，进而关乎百姓的生死、国家的贫富以及王朝政权的兴衰。对于以农耕为本的传统中国而言，山土厚积，意味着繁荣昌盛。商周时代，人们已将山川作为祭祀的对象，器皿中盛着味道浓美而丰盛的祭品。“后土”是古人对大地的称呼，土地固有广袤博大、神秘而富有生命力的特性，它能够给人厚重、崇高的感官冲击力，体现了一种宗教性崇拜。

《尚书》中记载了“马放南山”的故事。周武王以礼治国，实施了很多利国利民的仁政之策，使百姓安居乐业，国力蒸蒸日上，友邻小国服服帖帖，大国也佩服至极，与他和睦相处。总之，内内外外到处都是一片和平盛世的景象。周武王因此高枕无忧，下令将兵器统统收缴入库，在西周镐京附近的华山脚下放马晒太阳。“马放南山，刀枪入库”源自这里。

君子如山，就像君子为善为德的施政理念。薄徭役，轻赋税，不夺农时，令人民生计温厚、衣食丰足。《尚书·大禹谟》曰：“正德，利用，厚生，惟和。”人们希望为政者宽厚爱民，构建“万物资生”（《周易·坤》）“民德归厚”（《论语》）的和谐、稳定、富足的社会。

丰是由少到多的集聚。仔细观察“丰”字，可以发现，它由“三”“丨”组成。繁体字“豐”的上部，由两个“丰”组成，也是从“三”从“丨”的字形。在古文字中，“三”表示许多，“丨”表示绳索，“丰”字就像用线穿起许多玉器。

在中国传统数字文化中，“三”有特殊的含义。作为虚数，“三”表示数量之多。《说文解字》中说：“三，天地人之道也。从三数。”“三”首先体现的是宇宙天地和人生社会的意义，上为天，下为地，中间挺立的是人，这充分体现了中国哲学中的天人合一、顺应自然的和谐文化理念。《道德经》中说：“道生一，一生二，二生三，三生万物。”由此可见，

“丰”表示由少到多的集聚。丰足富足的生活，也需要由少到多的积累。

华人巨富王永庆生于1917年，他小学毕业后家贫失学，15岁时跟着叔叔到嘉义县城闯荡，在一家日本人开的米店打工。王永庆边干活边留心，白天看老板如何做生意，晚上关门后看老板如何记账算账，晚上依然在学习。过了短短半年，他就熟悉米店生意了。

1932年春节过后，王永庆带着家里凑的200元钱和两个弟弟到嘉义开米店。由于本钱少，只能在最偏僻的地段租一间最小的房子。结果开业后根本没人来买米。王永庆不断琢磨，想出三招。一是提高质量。当时碾米技术落后，米里面都有很多糠、沙砾和小石头等杂物，米店不管，只能买回家后自己拣。王永庆却是先拣得干干净净再卖。二是送米上门。当时别的米店都不送米，王永庆看到有些年纪大的阿姨背不动，就主动送上门。一路上聊天，问问一家几口人，一次买三斗米大概能吃几天。倒米前他先把米缸擦干净，把新米放在下面，陈米放在上面。估计过多少天能吃完，记在小本子上，到了日子就主动送米上门。三是可以赊账。当时很多人家都很穷，米店都不赊账，往往发了工资才能去买米。王永庆的米店可以赊账，先吃米，记下来发工资的日子，等发了工资一两天后再去要米钱。

经过不断努力和积累，王永庆米店的口碑越来越好，最多一天可卖出一百多斗大米，从此开始成就富足之路。王永庆的致富之道告诉我们，丰足富足的生活并非一蹴而就的，它靠夜以继日的努力和由少到多的积累。只有付出越多，才能收获越大！

彖辞解读

《彖》曰：丰，大也。明以动，故丰。“王假之”，尚大也。“勿忧，宜日中”，宜照天下也。日中则昃，月盈则食，天地盈虚，与时消息，而况于人乎？况于鬼神乎？

译文 《彖传》说：“丰”，是丰盛壮大的意思。人能洞察事物之理，明照一切，则行动成就必大，所以此卦名叫“丰”。君王亲临宗庙祭奠，这说明君王将发扬宏大的美德。不必忧虑，最佳时刻当在正午时分。这是由于正午太阳当头，普照天地，正如君王居天下之首，如日中天。不过，太阳当顶，然后开始偏斜，月亮圆满，然后开始亏缺。天地间万物万事不可能久盈不虚，一切都是随着时序而消长的。更何况，是人和鬼神呢？

解读 《彖传》告诉我们，光明与行动配合，天下必然大治，民富国强而丰盛可观。但同时，也要懂得“日中则昃，月盈则食”的变化规律，从中体悟到了事物发展到一定程度，就会向相反的方向转化的天道循环的道理。因此，必须居安思危，处丰思歉，懂得“时势”的意义，在把握原则的同时，配合时势而知所进退。

旅

失其本居，而寄他方

张丽华是南北朝时期陈后主的宠妃。她是歌伎出身，做龚贵嫔的侍儿时，陈后主对她一见钟情，封为贵妃，视为至宝。陈后主得张丽华之时，卜得“火山旅”卦，这也暗示着二人先喜后悲的命运。

陈后主自居临春阁，张丽华住结绮阁，或临窗靓装，或倚栏小立，风吹袂起，飘飘焉若神仙。此外陈后主更把中书令江总，以及陈暄、孔范、王瑗等一班文学大臣一齐召进宫来，饮酒赋诗，征歌逐色，自夕达旦。著名的亡国之音《玉树后庭花》就是这时由陈后主写的。

隋文帝开皇八年（588）三月，文帝发兵五十一万八千人，由晋王杨广节度，分进合击，直指陈朝都城建康。大军很快攻破建康，陈后主惊慌失措，与张丽华躲在后花园的枯井中。陈后主被俘，后在洛阳病死，张丽华则被处斩。二人享尽人间繁华富贵，最终却以悲剧收场。

旅，会意字。甲骨文字形的“旅”为，金文为，像众人站在旗下，表示众人从军聚在军旗下。“旅”是军队编制单位。《说文·㫃部》中说：“旅，军之五百人为旅。”先秦一般以五百人为旅，齐制二千人为旅。这一编制单位保留至今，现代指师以下的单位，基本上由司令部和两个或者两个以上的团或大队组成的战术和行政单位。“旅”泛指军队。由于士兵在战争中走到哪里便在哪里安营扎寨，没有固定的住所，故旅引申为抛家舍业，羁旅于外，表示人的旅行、旅途，寄居外地。

“旅”卦的卦画是，上卦为离，下卦为艮，离为火，艮为山，以“山上有火，山火四处蔓延，到处流动”象征势不欠留，失其本居，游走四方。旅卦寓意：出门在外以持中柔顺为本，刚强高傲则凶，心志穷困狭隘者为灾。旅是空间的转换，生命的迁移。旅途之中充满多种磨难——漂泊、乡愁、孤独等，但君子要坚韧不拔，读万卷书行万里路，在旅行中丰富阅历，提升境界，改变人生命运。

卦辞曰：“旅。小亨。旅贞吉。”意谓此卦稍见亨通。旅行守正则吉祥。

《象》曰：“山上有火，旅。君子以明慎用刑，而不留狱。”山上烧火，火势蔓延，不停地往前燃烧，就像旅行的人，急着赶路居无定所，所以称作“旅”卦。观此卦象，山上有火，洞照幽隐，君子从中体悟到，要明智而谨慎地施用刑罚，并且不滞留诉讼案件。

“旅”字源演变

这一卦是讲寄旅之道。“旅”卦为“丰”之倒卦，《杂卦》：“丰，多故也，亲寡，施也。”《序卦传》说：“穷大者必失其居，故受之以《旅》”。丰盛到极点而不知收敛，一定会丧失居所。在家业盛大的家庭环境中生活，人际关系复杂，难免多生是非，缺乏亲人的支持和帮助，则只好离家出走，浪迹在外，成为放浪之人。“旅”卦所讲的，便是人们在漂泊中寻求安居的方法。

游必有方。旅指离家外出，滞留他乡，如经商、逃难、周游列国等。古人安土重迁，把长期离家看成是万难的事。过去“父母在，不远游”，离乡背井被认为是不幸之事，今天，寄旅而居常常被看作平常的事。“旅”字左部是“方”，表示方向。“游必有方”的传统观念，体现了儒家的孝道。

《论语》：“父母在，不远游，游必有方。”孔子说，父母在世的时候，应该顾念父母的孝养，而不应远走他乡，置父母于不顾；如果不得已出远门，也必须有一定的去处。“游必有方”的“方”，传统的训解为方向、去处。假如不得不出门远游，也必须让父母双亲知道自己的具体去处，而不至因不知去处而忧愁牵挂。也有学者认为，“游必有方”的“方”，意思是方式、方法。父母年老无人照顾是不行的，若子女不得不远游，就应该有一个安顿的方法，把父母的生活安排好。

记得有这样一则公益广告：年三十夜，一家人本该其乐融融围坐一桌，乐呵呵吃着年夜饭。老人准备了满满一大桌饭菜，正静坐待子女回家欢度新年之时，电话响了：“妈，今年我回不来了，不回来吃饭了，同事聚会难得，就这样啊，挂了啊。”“妈，今年公司有事耽误了，回不来了，您先和爸吃吧。”嘟嘟……老人无奈地挂上电话，喃喃道：“忙，忙，你们都忙！”老人花白的双鬓在明亮的灯下刺得人心生疼，疮痍的岁月痕迹布满了她的脸庞……

古代交通不便，又没有现代发达的电讯，子女如果离乡远游，若父母突发疾病，便不能及时告知，有时难免酿成终生的

游子吟

遗憾。现代人则没有这样的烦恼，即使子女与父母远离，依然可以通过手机、网络等方式进行交流，让彼此保持亲近、互相思念。所以，当我们读到“游必有方”的句子时，应该当体谅古人的心情，并比较今昔社会之不同，从中体悟孝道之美，而不应居今笑古。

旅必有向。“旅”字左部的“方”，古文字中就像一面旗帜。“旅”的本义是军队，由于士兵在战争中走到哪里就在哪里安营扎寨，没有固定的住所。“方”就像军队中的旗帜，这是军队的标志，也是引领军队前进的方向。由此可见，君子行道，重在有方向、有操守，心中要有一面鲜明的旗帜，指引自己前进的方向，时时提醒自己固守正道。这样才能如彖辞中所说的“止而丽乎明”，让自己处在阳光的普照之中！

杨震，字伯起，东汉时弘农郡华阴县人。杨震从少年起就聪明好学，他通晓经传，博览群书，对各种学问都深入钻研，来自四方的求学者络绎不绝。当时人们都称赞杨震为“关西孔子杨伯起”。当时的大将军邓骘很敬重杨震的学识、贤能，就征召杨震到自己府内任职。上任不久，杨震又被推举为茂才，后升迁为东莱太守。

杨震在赴任东莱太守途中，路经昌邑。当时的昌邑县令王密，是杨震任职荆州刺史时举茂才提拔的官员。王密听说杨震路过本地，为报答当年杨震的提携之情，于是白天去谒见杨震，晚上则准备了白银十斤想赠送给杨震。

杨震当场拒绝了这份礼物，说："我们是老朋友，我很了解你的为人，你却不了解我，为什么呢？"王密以为杨震假装客气，便说："现在是深夜没有人知道。"杨震非常愤怒，大声说："天知、神知、我知、你知，怎么能说没有人知道呢？" 王密听了，十分羞愧，只得带着礼物，狼狈而回。

杨震一生生活简朴。他坚守自己的方向，固守正道，不取不义之财。他说："让以后的世人称他们是清官的子孙，我用这个留给他们，不是也很丰厚吗？" 杨震恪尽职守、公正廉能的品德因此为世人所称赞。"天知、神知、我知、子知"这"四知"的千古名句，也成为清廉自持，不接受非义馈赠的典源。

旅应为道。"旅"表示漂泊羁旅。"旅"字的右上部是"人"，它告诉我们一个做人的道理，即行路之道。这里的"道"，一是指道路，是人行走的方向、路径，二是指道理、原则。做人需要遵循大道，就像旅行之人应该沿着大路行走，才能到达成功的终点。

《彖》辞说："旅，小亨，柔得中乎外而顺乎刚，止而丽乎明。"这就是懂得适可而止追求光明。即使漂泊在外，处境艰难，也要守于正道。

成龙出生在香港一个贫困家庭，很小就被家人送到戏班。戏班里的管教异常严厉，本该在父母膝下承欢的年纪，他却在师傅的鞭子与辱骂下练功，吃尽苦头。他刻苦练功，这一练就是十几年。

成龙学有所成时，戏曲行业一落千丈，他空有一身本事，却毫无用武之地。当时香港电影业正在迅速发展，经人介绍，他进了香港邵氏片场，开始跑龙套。因为刻苦勤奋，为人厚道，成龙还学得一身好功夫，渐渐小有名气。

本事过人的成龙受到了业内何先生的青睐，何先生请他出演一个新剧本的男主角，并表示愿为他支付违约金，还给了他100万的支票作为片酬。这笔巨款无疑可以大大改善他的生活条件。可他转念一想，如果自己毁约，手头正拍到一半的电影就要流产，公司必将遭受重大损失。于是他拒绝了何先生，送还了支票："我也非常爱钱，但是不能因为100万就失信于人。"

做人要遵循大道，就像旅行之人应该沿着大路行走，才能到达成功的终点。成龙便是这样的榜样！成名后，他回忆起这些往事，感慨万千，深情地说道："坦率地讲，我现在得到了很多东西。但是，如果当初我背信弃义，从戏班逃走，没有这身过硬的武功，或者为了得到那100万一走了之，我的人生肯定要改写。我只想以亲身经历告诉现在的年轻人，金钱能买到的东西总有不值钱的时候，做人就应当诚实守信，一诺千金！"做人做事有自己坚持的操守，成功的机会才会青睐你。

彖辞解读

《彖》曰："旅，小亨"，柔得中乎外，而顺乎刚，止而丽乎明，是以"小亨，旅贞吉"也。旅之时义大矣哉！

译文 《彖传》说：旅卦，是稍见亨通之义。阴柔之爻居外卦的中位，而处于阳刚之爻的下部。旅人行中正之道，就像大山静止，处在阳光的普照之中，所以"小亨，旅贞吉"，稍见亨通，旅行守正道，必逢吉祥。"旅"卦的现实意义真大啊！

解读 "止而丽乎明"的说法，结合了"旅"卦上离下艮的卦象，大山静止，处于阳光的普照之下——这是一个宏大高远的境界。羁旅之人，浪迹四海，萍踪漂泊，本是艰难丛杂，所以我们要依义顺时而行，如高山一般正直自然，如太阳一样光明磊落。

巽

谦卑柔顺，顺畅无阻

范蠡是春秋末期著名的政治家，他曾献策扶助越王勾践打败吴王夫差，光复越国。在帮助越王勾践成功之后，他卜了一卦，得“巽”卦，他由此知道越国终将被灭，于是立刻离开了越国，隐居于江湖之间。

范蠡到了齐国，写信给越国的朋友文种说：“飞鸟尽，良弓藏；狡兔死，走狗烹。越王为人长颈鸟喙，可与共患难，不可与共乐。子何不去？”大意是说：飞鸟射杀完了，好的弓箭就会被收起来。狡猾的兔子捕完了，猎狗就会被煮掉。越王为人阴险，工于心计，可以与他共患难却不能同享乐。你为什么还不快离开呢？文种在收到信后便称病不上朝，但最终仍未逃脱赐死的命运。

越国日益强大，疆域曾一度北达齐鲁，东濒东海。后来，随着战略失误，越国分崩离析，公族子弟们竞争权位，便逐渐灭亡了。

巽，会意字。“巽”字的小篆从“丌”，《说文·丌部》中说：“巽，具也。”认为“巽”的本义为陈设或准备食物，是“馔”的本字，引申为具备。隶变后“巽”从二“巳”，从“共”。两巳并列，表示两人齐齐排列着跽跪在一起，像多人跪拜之象。“巳”以顺为象，顿性要顺，二“巳”并列，极言附顺；“共”是“恭”的本字，意为恭敬、谦恭。故“巽”的本义为顺从，引申指谦恭、卑顺、顺从之义，委婉的言词称为“巽词”；顺从、附和称为“巽与”。作为八卦之一，“巽”代表风，在东南方。

“巽”卦的卦画是䷸，上下卦均为巽，巽为风，性入。风之入物，无所不至，无所不顺。凡物沿“顺”则能“入”。故巽为顺。上下卦皆为巽，更为顺从。所以，巽象征顺从。巽卦寓意：行事谦顺，又致亨通。阴顺从阳，合乎自然的道理，前进有利，但顺从也要选择正确的对象，不可盲从，顺从伟大的人物会有利。

卦辞曰：“巽。小亨，利有攸往，利见大人。”意思是说，“巽”卦表示有少许顺利，利于有所前进，利于见大人。

《象》曰：“随风，巽。君子以申命行事。”巽象征风，长风相随，吹拂不断，是“巽”卦的卦象。君子观此卦象，取法于长吹不断的风，从而不断地申明教义，颁行政令，灌输纲常大义。

“巽”卦讲的是谦逊之道。“巽”字的上部写作二“巳”，古文字的“巳”，就像一条蛇，蛇的形状柔长滑顺，二“巳”并列，极言柔顺之美。“巽”字下部为“共”，古文字的“共”有双手作揖之意，为“恭”的本字，表示恭敬、谦恭。另外，“巽”古同“逊”，有谦让恭顺之意。长吹不断的风其特性也是顺从而柔长。《序卦传》说：“旅而无所容，故受之以《巽》，巽者，入也。”旅居在外的人，要如鱼得水，就必须是有风的品德。故旅卦之后是巽卦。《易经》此卦亦向我们昭示了谦让恭顺之美。能进则进、能退则退是一种人生智慧。

巽是一种如风的柔顺品格。“巽”卦的象辞说“随风”，风行起来无所不入，具有贤良公正美德的君主应当仿效风行而物无不顺的样子。唐代诗人杜甫在享受春夜的微风时，写下了这样的诗句：“好雨知时节，当春乃发生。随风潜入夜，润物细无声。”春天的风是轻柔而温暖的，好风夹带着小雨下在夜里，诗人只能靠耳朵去听，在听觉上感受这种默默无声之美。虽然它的质量很轻，力量很弱小，甚至是细而无声，但是却能够滋润万物。风虽细微，却展示了崇高的道德品质。

柔顺之风是值得我们学习的。在现实生活中，如何用一种平和柔顺的心态来看待得失，是人人都必须面对，又不一定能处理得当的问题。有的时候，有的人有了点成绩就沾沾自喜，忘乎所以；碰到一点困难就垂头丧气，心灰意冷；听到一点批评就火冒三丈、大发脾气。这就是缺乏一种平和的心态。人应有进取心，但也要用平和柔顺的心态去对待。只有平和柔顺的心态才能像风儿一样飞得高、走得远。

润物细无声，还被引申为对人潜移默化的教育。有这样一个故事：古代有位禅师，一天晚上在禅院里散步时，发现墙角有一把椅子，心想一定是有人不守寺规，越墙出去游玩了。老禅师便搬来椅子，蹲在原处等候。没多久，果然有一个小和尚翻墙而入，在黑暗中踩住老禅师的脊背跳进了院子。落地时，他才发觉刚才踏的不是椅子，而是自己的师傅，小和尚顿时惊慌失措。但出乎意料的是，老禅师并没有厉声责备他，只是用平静的语气说：“夜深了，快去加件衣服。”小和尚感激涕零，回去后将此事转告其他师兄弟，此后，再也没人翻墙出去闲逛了。这位聪明的禅师没有厉声的训斥，没有唠叨的说教，却让人的心灵受到了很深的触动。他用闪耀的智慧教育了小和尚和他的师兄弟，其实就是通过潜移默化的教育，来使人学会成长。

巽是一种如风的谦逊品格。“巽”古同“逊”，有谦让恭顺之意。“巽”卦有几处提到了“频巽”，即频繁地顺从。“巽在床下”，即谦让恭顺得就像隐藏在床下。这是一种生活态度，就像风儿是无孔不入的，谦逊的态度和行为可无往不利。

西汉末年，群雄争霸。马援原来是西州大将军隗嚣的人，隗嚣当时占据着河西走廊一带，与东方的刘秀、西南方的公孙述形成鼎足之势。隗嚣听说公孙述准备在蜀地称王，于是派马援前去见刘秀和公孙述，以决定自己的去从。

马援与公孙述原先是同乡，小时候就非常要好。这次去见公孙述时，公孙述大摆姿态，处处以帝王身份自居，前呼后拥。在布置好了场面和卫士后，才接见马援。马援去洛阳见刘秀时，刘秀并没有升堂坐殿，独自一人坐在洛阳宫宣德殿中会见了马援，笑着对马援说：“贵客敢往来于两个皇帝之间，见多识广。今天有幸见到贵客，真是深感荣幸。”

马援见刘秀说话如此谦虚，说道：“当今之世，不但皇帝选择贤臣，而且臣下也会选择贤君。”并疑惑地问刘秀难道不怕自己是刺客吗？刘秀告诉他，只把他当成使者，对使者应当以礼相待。马援回去后，对隗嚣谈起公孙述，认为公孙述只是井底之蛙，处处妄自尊大。而对于刘秀，马援认为他才是真正的帝王之才，赞叹道：“我和光武帝见了数十次面，我们谈得非常投机。光武帝才智过人，勇略无敌；而且推诚相见，无所隐伏，心胸阔达，待人谦逊，就像当年汉高祖一样。”

刘秀用风儿一样的谦逊品格感染了隗嚣、马援。隗嚣由此打消了心中的疑虑，表示效忠光武帝。马援也随后带领家属前往洛阳，成了光武帝身边的一员名将。

巽是如风一般的中正而志行。彖辞说，“巽”卦是“刚巽乎中正而志行”，意思是说，其刚爻处在中正的尊位，并且有志于向前发展。另外，“柔皆顺乎刚”，阴柔之气都顺从于阳刚之气。君子为人，也应该志向坚定、一往无前，柔顺而不盲从，谦逊而不卑膝。

巽卦故事

唐代白居易在考中进士后，被派往陕西周至当县令。他刚上任，城西的赵乡绅和李财主就为争夺一块地跑到县衙打官司。乡绅财主们认为白居易是一个柔弱小人，于是决定去贿赂他。

赵乡绅差人买了一条大鲤鱼，在鱼肚中塞满银子送到县衙。李财主命长工从田里挑了个大西瓜，掏出瓜瓤，也塞满银子送了来。收到两份“重礼”后，白居易吩咐手下贴出告示，明天公开审案。

第二天，白居易升堂后问道：“你们哪个先讲？”赵乡绅抢着说：“大人，我的理（鲤）长，我先讲。”李财主也不甘示弱说：“我的理（瓜）大，该我先讲。”白居易沉下脸说：“什么理长理大？成何体统！”

赵乡绅以为县太爷忘了自己送的礼，连忙说：“大人息怒，小人是个愚（鱼）民啊！”白居易微笑说：“本官耳聪目明，用不着你们旁敲侧击、暗通关节。”于是，他命人把贿赂之物取来示众。

衙役取来鲤鱼和西瓜，当众抖出银子，听审者一片哗然。白居易按大唐律法，将赵乡绅和李财主治罪，将这些行贿的银子用来救济贫苦百姓了。

白居易虽然为人谦逊柔顺，但是却不糊涂，面对不义之事，却不盲从于势力， 不为金钱卑膝，敢于揭发对抗。在封建时代，法律监管不严，白居易能够秉承“中正”之道，公开执法、阳光执政，让社会吹起了一股清正之气、刚正之风！

彖辞解读

《彖》曰：重巽以申命。刚巽乎中正而志行，柔皆顺乎刚，是以“小亨。利有攸往，利见大人”。

译文 《彖传》说：用两个“巽”卦相叠来表示发布政令。刚健之爻居中而外表柔顺，可以心志大行。阴柔之气都顺从于阳刚之气，所以少许顺利，利于有所前进，利于见大人物。

解读 风被人们赋予了柔顺、谦逊、自由、中正等品德，是君子之道的象征。因此，《易经》以“巽”卦讲述“风德”，讲述谦逊之道。由此可见，古人非常善于向大自然学习，从自然宇宙中领悟崇高的精神智慧。要像风那样“无孔不入”，申命行事，发布深入人心的政令；要像风那样风吹阴云，扫散积阴，淳正风俗；要像风那样，行中正之位，和风细雨，润物无声。

兑

刚中柔外，言谈愉悦

唐代著名高僧玄奘，是法相宗创始人，法名“玄奘”，被尊称为“三藏法师”，后世俗称“唐僧”。我国古代著名神魔小说《西游记》，就是以他为原型创作的神话故事。

玄奘发愿西行求法，直探原典，重新翻译，以求发展中国佛学思想。贞观元年（627），25岁的玄奘冒越宪章，私往天竺，西行求法。临行前，玄奘卜了一卦，得“兑”卦，知道自己一定能够取得真经，回归唐朝。

玄奘一人西行5万里，历经艰辛到达印度佛教中心那烂陀寺取真经。前后17年学遍了当时的大小乘各种学说，终于带着佛舍利、佛像、经论等，回到唐朝。回国之后，他受到了皇帝的礼遇，并长期从事翻译佛经的工作。玄奘的足迹遍布印度，影响远至日本、韩国以至全世界。玄奘的思想与精神如今已是中国、亚洲乃至世界人民的共同财富。

卦名兑，会意字。“兑”字从“人”，从“口”“八”。《说文·儿部》中说：“兑，说（悦）也。”它象征气之舒散。“兑”字是“悦”的初字，它的本义是喜悦。段玉裁在《说文解字注》中说：“说释者，开解之意，故为喜悦。”“兑”也有说服、弘扬的意思。

“兑”卦的卦画是䷹，上卦为兑，下卦也是兑，上下皆悦为兑，故兑象征欣悦。刚正不失外悦，柔悦不失内刚，内外刚柔相济，不谄媚，不暴戾，亨通畅达。

卦辞曰：“兑。亨，利贞。”意思是说，此卦顺利，利于守正道。

《象》曰：“丽泽，兑。君子以朋友讲习。”“兑”卦由上下二泽相叠。泽为水。两泽相连，两水交流，上下相和，团结一致，朋友相助，欢欣喜悦。

兑是《易经》中唯一谈论喜悦的卦。“兑”同“悦”，表示愉悦。“兑”卦是“巽”卦的倒卦，卦义也正相反，“巽”表示逊顺、卑退；“兑”则表示欢乐、显扬。兑为泽，有互相润泽的形象；兑又为喜悦，意为互相给予喜悦；兑又为口，为互相开口讲话进行语言交流、交往，双方愉快。这一卦是讲欣悦之道。

兑是一种谈说之悦。“兑”字从“口”，代表口舌，此字与讲话言谈有关。“口”字四周的笔画，就像口气之舒散。一方面，要善于言谈。俗话说：好话出在嘴上，好马出在腿上。人与人之间的思想交流是运用语言这个媒介来实现的。但善于言谈的人，也必须坚守正道，才能吉祥。假如造谣惑众，无中生有，花言巧语，是不会有好下场的。另一方面，要善于倾听别人的言说。言谈的愉悦气氛就是在这种人与人之间的互动交流中产生的。

爻辞，“初九，和兑，吉。”意为和气喜悦、吉祥。“九二，孚兑、吉。”意为诚信而喜悦、吉祥。说明谈说之悦必须和气和诚信。

历史上的唐宪宗，可以说是唐代的中兴之主。据《资治通鉴》记载：“上常与宰相论道于延英殿，日旰，暑甚，汗透御服，宰相恐上体倦，求退。上留之曰‘朕入禁中，所与处者独宫人、宦官耳，故乐与卿等且共谈为理之要，殊不知倦也’。”唐宪宗可以说是与下属推心置腹。

唐宪宗总是喜欢和臣下讨论某种事情的成因，其实结果他未必不知道，只是让臣下说出来，君臣之间好达成共识。宪宗即位初期，面对藩镇的挑战，多次就藩镇问题与臣下讨论，虚心向臣下请教。元和元年（806），唐宪宗通过与杜黄裳讨论藩镇割据的形势，最后得出了“以法度制裁藩镇”的整体方略。宪宗还常与大臣讨论祖辈成功失败的经验教训。

唐宪宗既善于言谈，也善于倾听别人的意见。他每天自己思考的问题，有些清晰，有些迷惑，大臣都给予了令他满意的回答。唐宪宗通过和群臣交流，求同存异，加深对一些问题的共识。正是通过这样的讨论，让他们的执政意见更加统一。宪宗曾对大臣们说：“朕常居深宫，不知宫外的许多事情，以后如果有处理不当的事宜，你们必须论奏，不要缄默不语，促成朕错……” 唐宪宗的一番话使众臣深为感动，君臣关系更加融洽了。

兑要刚中而柔外，内心纯正。“兑”卦的彖辞中说：“刚中而柔外，说以利贞。”意思是说，“兑”卦表示内心刚健外表柔和，怀着喜悦的心情守于正道。正因如此，才能够“顺乎天而应乎人”。这是告诉我们，做事要内外并行、刚柔并济。

“刚柔相济”是一种智慧。《周易·说卦》曰：“立地之道，曰刚与柔。”即将“刚”“柔”二字合而言之，阐释了大地生养运行的规律，这是中国传统的哲学观。“刚”与“柔”的生养机制是什么呢？《周易·系辞上》“刚柔相推而生变化”，即刚与柔相互推动而变化成世间万物。

“刚”主要负责产生万物，“柔”则是一种制约因素，好比刹车的闸，让万物安定下来。“刚”代表坚硬倔强不妥协，

"柔"意味着圆和温顺善包容，两者看似矛盾，实则是一种对立统一的智慧之美。

刚柔相济的哲学观在中国传统文化内化为一种优秀的处世智慧。老子《道德经》曰："天下柔弱莫过于水，而攻坚强者莫之能胜""天下之至柔，驰骋天下之至坚"。可见柔可胜刚、弱可胜强，"柔"并不一定弱，这正是柔中带刚之意。又"兵强则灭，木强则折"，可知"弱"则易存。刘向《说苑·敬慎》以舌齿的存亡说明了这个道理："夫舌之存也，岂非以其柔耶？齿之亡也，岂非以其刚耶？"从这个意义上说，"柔弱者，生之徒也"。辛弃疾《卜算子·齿落》"刚者不坚牢，柔者难摧挫"说的也是同样的道理。由此可见，"以柔克刚""柔中带刚"是古人对生存之道的一种领悟。

君子以恩惠泽民，民无不悦。彖辞中说："说以先民，民忘其劳。说以犯难，民忘其死。"意思是说，上古的时候，君王治理国家，人民怀着喜悦的心情劳动而不知劳苦，怀着喜悦的心情面临险难，人民可以忘却生死。为什么能够这样呢？那是因为为政者能够以恩惠泽民，与人民共同劳动、共同面对困难，也共同收获，共同享受胜利的喜悦。若能如此，当然老百姓会心情愉悦，更加积极地工作。

子产是春秋时郑国的贤相，是历史上有名的贤相之一。他在郑简公、郑定公时执政22年。当时，晋楚二国争霸，战争不息。郑国地位重要，而周旋于这两大强国之间，子产既不低声下气，也不妄自尊大，使国家安全无事，自己也颇受世人尊敬。

孔子非常欣赏子产，对子产的为政之道深感佩服，他认为子产有"四美"——"其行己也恭，其事上也敬，其养民也惠，其使民也义"。意思是说，他自己行为极谦恭，他侍奉君王极恭敬，他养护民众有恩惠，他役使民众有法度。

子产的行为很谦恭，对于君王非常恭敬，既有内心之肃诚，又有态度上极严谨认真，决不敷衍了事。而且，子产非常善于养民、使民。他以恩惠来养护人民，就使人民能有安定的生活，从心里来拥护其执政，而不是貌合神离。以法度来役使民众，就合理、合法，有法度，而不是无时无休、无理无法，使民众乐为其用。

在子产的治理下，郑国的老百姓都感到很高兴，他们说自己心甘情愿跟随子产大人的脚步走。修身、齐家、治国、平天下，是儒家对士提出的伦理政治要求。子产就是治国平天下的优秀楷模。

彖辞解读

《彖》曰：兑，说也。刚中而柔外，说以利贞，是以顺乎天而应乎人。说以先民，民忘其劳。说以犯难，民忘其死。说之大，民劝矣哉！

译文 《彖传》说：兑，即喜悦的意思。内心刚健外表柔和，怀着喜悦的心情守于正道，所以可以顺应天道，并且应合人心。上古时的人民怀着喜悦的心情劳动而不知劳苦，怀着喜悦的心情面对险难，人民可以忘却生死。喜悦的重大意义，是可以勉励民众去做事啊！

解读 高兴喜悦不应该是短时期的事情，也不是自己一个人的事情。正所谓“独乐乐不如众乐乐”，《易经》强调了分享喜悦、扩大喜悦。举国上下大家都天天喜悦，那才是其乐无穷、大吉大利。这一卦将个人的哀乐之情上升到了为国为政的智慧高度。喜悦的作用不可小视，可以勉励和振作百姓的心态，让民众安居乐业，心情愉悦，这是治国之道。

涣

水涌而出，涣发离散

传说有一次，汉武帝举行了一场宴会，李延年为汉武帝演唱了《北方有佳人》：“北方有佳人，绝世而独立。一顾倾人城，再顾倾人国。宁不知倾城与倾国，佳人难再得。”汉武帝听得如痴如醉，问世上有这样的女子吗？武帝姐姐说李延年的妹妹长这样。于是武帝召她进宫，不久武帝爱上了李延年的妹妹李夫人。

李夫人生得云鬓花颜，尤其精通音律，擅长歌舞，但是体弱多病，后来因病而死。

李夫人死后，汉武帝果然伤心欲绝，日夜思念。他让画师画下李夫人像，画像不言不语，更让人相思难耐。他卜了一卦，得“风水涣”卦，这暗示着自己还能再次见到李夫人。

汉武帝找来方士设坛作法。方士点燃返魂香，招引李夫人的亡魂。武帝在帐帷里看到烛影摇晃，隐约见 身影翩然而至，似乎是李夫人。汉武帝想接近她，却又见她徐徐离去。汉武帝凄然道："是邪？非邪？立而望之，偏何姗姗其来迟！"

涣，形声字。"涣"字从"水"，"奂"声。"奂"，表示众多，表示水流散。《说文·水部》中说："涣，流散也。""涣"字的本义是流散、离散，后引申表示水很大的、鲜明的、盛大的。如冰之融化消散，称为"涣然冰释"，多用以指误会、疑难的消散。流汗称为"涣汗"，往往比喻帝王的圣旨、号令有如汗出于肤，无法收回。

"涣"卦的卦画是䷺，上卦为巽，下卦为坎，巽为风，坎为水，风行水上，水波流散，象征人事涣散。涣卦寓意：万事万物，有聚必有散。治涣之道，要形散而神紧，散财以结人心，节制以合其力；避涣之法则是远离是非，赴安全之地。

卦辞曰："涣。亨，王假有庙。利涉大川。利贞。"此卦亨通，由于君王亲临宗庙，禳灾祈福，有利于做事，就像能涉水渡过大江大河。有利于坚持下去。

《象》曰："风行水上，涣。先王以享于帝，立庙。"意为风行水上，推波鼓澜，四方横流，所以卦名曰"涣"。此卦比喻君王乘德教之舟，乘风破浪，公布四方。先王观此卦象，从而享祭天帝，建立宗庙，推行尊天孝祖的德政。

这一卦讲的是聚散之道。"涣，流散也。"水多则难免涣散。此卦的上一卦为"兑"，表示愉悦，长期沉溺于欢悦，则难免乐极生悲，最终导致人心涣散。《序卦传》："涣者，离也。"涣散的流水怎么清理干净呢？离散的人心怎么重新聚集起来呢？"涣"卦告诉了我们治涣之法。

涣是荡涤污垢，令事物焕发光彩。"涣"从"氵"，表示用水冲洗荡涤。在风行无阻、水流畅通的情况下，流水的冲洗是具有积极意义的，它能够变浑浊为洁净，变老旧为崭新。我们的心灵也需要"常拭常新"，通过荡涤污垢，我们可以获得更大的精神动力，从而以全新的姿态投入到生活、工作中去。

有一次，诗人屈原在沅江边上游荡，面容憔悴，模样枯瘦。一位渔父看到了他，说：“您不是三闾大夫屈原吗，为什么落到这步田地？”屈原说自己遭到放逐，因为“举世皆浊我独清，众人皆醉我独醒”，所以在朝廷得不到重用。

渔父说：“‘举世皆浊’，你干吗不去搅浑浊泥呢？‘众人皆醉’，你干吗不去喝酒呢？干吗要自命清高？”

屈原说：“我听说，刚洗过头的人，一定要弹弹帽子；刚洗过澡的人，一定要抖抖衣服。怎能让清白的身体受到污染呢！那我宁愿跳到湘江里，葬身在江鱼的腹中！”

渔父莞尔而笑，摇起船桨离开了。远远地唱起了歌：“沧浪之水清兮，可以濯吾缨；沧浪之水浊兮，可以濯吾足。”沧浪的水如果是清的，可以用来洗涤我帽缨；沧浪之水如果是浑浊的，可以用来洗涤我的双脚。

渔父是个高蹈遁世的隐者，对于如何“洗涤”世俗的污浊，他有自己独到的见解。面对污浊的世界，他选择“清”“浊”自任，无论流水是干净的还是污浊的，他都能够乐观豁达，尽情地用它来洗涤自己的心灵。渔父的歌声充满哲理，令听者回味无穷。

治水防涣，要有正确的方法。“涣”表示水的盛大。水之盛大，往往意味着生活之丰裕充实。当然，正所谓物极必反、乐极生悲，过分的水量，便会给人们的生产生活带来灾难。“涣”卦中便描绘了“涣其躬”“涣其群”“涣汗其大号，涣王居”等洪水外溢、冲淹人群建筑的危险情境。如何防水、治水，是中国传统农耕生活中的重要课题之一，“堵不如疏”的治水经验也展现了中国人极高的哲学智慧。

传说在帝尧时期，黄河流域经常发生洪水。为了制止洪水泛滥，保护农业生产，尧曾召集部落首领会议，征求治水能手来平息水害。鲧被推荐来负责这项工作。

鲧接受任务后，采用堤工障水，作三仞之城，就是用简单的“围堵障”的方法来对抗洪水。9年过去了，鲧的抗洪工作没有成功，反而消耗了大量的财力物力。后来，鲧被尧被放逐羽山而死。舜继位以后，任用鲧的儿子禹治水。

大禹总结父亲的治水经验，改鲧“围堵障”为“疏顺导滞”的方法，就是利用水自高向低流的自然趋势，顺地形把壅塞的川流疏通。他把洪水引入疏通的河道、洼地或湖泊，然后合通四海，从而平息了水患，使百姓得以从高地迁回平川居住和从事农业生产。禹在治水的过程中，留下了许多感人的事迹。他率领人们劈开龙门和伊阙，凿通积石山和青铜峡，使河水畅通无阻。他治水居外13年，三过家门而不入，不畏艰苦，身先士卒，腿上的汗毛都在劳动中被磨光了。最终，他战胜了水患，成为历史上第一位成功治理黄河水患的英雄。

禹的父亲鲧用封堵的方式治水，结果失败被放逐而死，而禹用疏导的方式治水，结果成功了。由此可见，治水防涣，要有正确的方法。堵不如疏，如果对问题一概禁止与排斥，反倒难以解决问题，我们应当通过合理引导，让问题得到合理解决。

防止涣散，形散而神聚。“涣”卦的卦辞中说：“亨，王假有庙。利涉大川。利贞。”《彖传》解释，“王假有庙”，意味君王亲临宗庙祭奠，说明君王受到拥戴，是国家的核心。“利涉大川”，有利于涉水渡河，这是比喻君王以“德教”为舟，破浪穿行，所向有功。由此可见，“涣”虽“涣”矣，但此卦依然表达出某种积极的意义。这是因为表面涣散，实则队伍集中、众人齐心协力，在行动中不至于出现错误。在执政施政过程中，如何聚集同事、下属，使大家各守其职、同心协力做事，这需要很高的领导智慧。

汉高祖刘邦在楚汉争霸的角逐中，最终战胜了项羽，平定四海，建立了汉朝。公元前202年正月，刘邦登基称帝，为汉高祖。刘邦在洛阳的南宫设宴款待群臣，与臣下饮酒，纵论天下事。他问群臣：“你们知道我是怎么得到天下的吗？”群臣的回答皆不得要领。于是，刘邦遂说：“我之所以有今天，得力于三个人！”哪三个人呢？是张良、萧何、韩信三位开国功臣，他们被称为“汉初三杰”。

张良是刘邦的谋士，他深明韬略，足智多谋。在楚汉战争中，他提出不立六国后代，联结英布、彭越，重用韩信等策略，又主张追击项羽，歼灭楚军，为刘邦完成统一大业奠定坚实基础。其后他功成身退，千古流芳。

萧何在刘邦与项羽作战时，留守关中，使关中成为汉军的巩固后方，不断地输送士卒、粮饷支援作战，对刘邦战胜项羽，建立汉朝起了重要作用。他慧眼识才，力荐韩信，帮助刘邦平定了天下。

韩信熟谙兵法，自言用兵“多多益善”。他最大的特点就是灵活用兵，其指挥的井陉之战、潍水之战都是战争史上的杰作。

刘邦总结自己的胜利经验，说：“运筹帷幄之中，决胜千里之外，吾不如张良；镇守国家，安抚百姓，不断供给军粮，吾不如萧何；率百万之众，战必胜，攻必取，吾不如韩信。三位皆人杰，吾能用之，此吾所以取天下者也！”刘邦认为自己能聚集众多属下，使大家各守其职、同心协力、各显其能，这才是最终获得成功的关键。

彖辞解读

《彖》曰："涣，亨"，刚来而不穷，柔得位乎外而上同。"王假有庙"，王乃在中也。"利涉大川"，乘木有功也。

译文 《彖传》说：涣卦，有亨通之象。由于阳刚之爻为主爻，就像君王居位，指挥通达，而且百僚各守其职，服从安排。君王亲临宗庙祭奠，说明君王受到拥戴，是君王来到居中的位置。有利于涉水渡河，这是比喻君王以"德教"为舟，破浪穿行，顺利到达彼岸。

解读 这是讲君王如何治涣济涣，如何聚集群臣百僚，使上下同心，共谋社稷。君王是行政核心，就像众星拱月，政令不二；群臣百僚各守其职，虽然分工不同，但是目标一致。只有如此，国家机器才能良好运行。这对现代的政制建设依然有借鉴意义。

节

适度节制，不逾规矩

秦始皇统一中国后，征集了数十万民夫修建长城。在范喜良与孟姜女成亲之日，门外突然闯进几个衙役，一拥而上把新郎范喜良抓去充当修长城的民夫。

转眼一年过去，范喜良杳无音信，孟姜女非常着急，决定去找丈夫，她带上干粮和给丈夫特制的御寒衣服上路了。临行之前，她卜得“水泽节”卦，这是一个不吉之兆。

一路经过千难万险、万里跋涉，孟姜女终于找到了修长城的地方。一打听才知道，她的丈夫范喜良早就累死在长城下，尸骨都找不到了。这一消息如同晴天霹雳，孟姜女顿时就伤心地恸哭起来，泪如泉，声如雷，哭得惊天动地，天昏地暗，长城也随之一段段地倒塌，足有八百里长。孟姜女走到滚滚的渤海前，纵身一跃，投海自尽。

孟姜女万里寻夫送寒衣，哭倒长城八百里的故事家喻户晓，流传至今。

卦名节，形声字。繁体为節，从“竹”表示与竹子有关，“即”为即将、即刻，意为接近、靠近，表示过渡。“節”意为竹子之间起过渡作用的部分。《说文·竹部》中解释“节”字：“节，竹约也。”本义为竹节，后泛指草木枝干间坚实结节的部分。后来，“节”引申为表示节骨眼、关键之处，如“关节”“得失之节”等。“节”表示时间，可指节令、节气，也指传统的庆祝或祭祀的日子，如节日。作为动词，则有减省、节制、管束之义，如节俭、节制。

“节”卦的卦画是䷻。上卦为坎，下卦为兑，坎为水，兑为泽，泽之容水，会有限量，过度就会溢出，应加以节制。节有止之义，象征节制。节制是美德，能自觉有所节制，处中守正必然亨通。但过分节制，会使自己吃苦，故要适中。

卦辞曰：“节。亨，苦节，不可贞。”“节”卦象征节制，节制可致亨通；但过分的节制也不可以，应当持正、适中。

《象》曰：“泽上有水，节；君子以制数度，议德行。”意思是说，沼泽上有水，一旦满了就溢出来，而堤防本身就是用来节制水的盈虚的，这就是节卦。君子应当效法“节”卦的义理，制定典章制度和必要的礼仪法度来作为行事的准则，以此来节制人们的行为。

这一卦讲的是节制之道。从初爻到六爻的渐次演变，“节”卦向我们昭示，“有节”乃亨乃吉，“不节”或“苦节”，都将导致凶。“节”的本义是竹节，竹节把一根竹子分为数节，使每一节都有一个适中的长度。节制之道也是如此，要适得其中，有节制而不过度。迁移的人们不可能永远处于漂泊的状态中，肯定会找到属于自己的乐土。于是在乐土与漂泊之间便有一个过渡的“节”，所以“涣”卦之后便是“节”卦。《序卦传》说：“物不可以终离，故受之以《节》。”

我们知道“竹节”每一个的长度是大致差不多的。每年的季节的时间也是适中的。“节”是节制、节度。我们的生活处处需要“节”：花销要合理安排，量入为出，不能铺张浪费；生活节奏要张弛有度，不能懒散，也不能绷得太紧。

节是有节度。《彖辞》中说“节”卦“刚柔分而刚得中”，意思是说“节”卦的卦象是刚柔适均而刚爻得中。观察“节”卦中的上下二卦可以发现，上下二卦的中部一爻都是表示阳刚之气的阳爻。这便是所谓的“刚得中”了。当然，中部阳爻的周围，还分布着阴爻，这便是所谓的“刚柔分”了。由此可见，节制之道，不仅要有刚毅正直之气，而且要善于委婉、适度，不可过度。阳刚之节就是节操、气节。君子“不为穷变节，不为贱易志”，要有做人的骨气和民族气节。这种刚柔相济、文质相宜的“中庸”思想是与中国传统美学理念一脉相承的。

“关关雎鸠，在河之洲。窈窕淑女，君子好逑。”这是《诗经》中的名篇《关雎》。这首诗是一首写“女子采荇于河溪，君子见而悦之”的爱情诗，它所写的爱情真挚、热烈而不入邪念；写求之不得的忧思苦闷而又不入绝境，感情率直，淳朴真挚、健康。孔子高度评价这首诗：“《关雎》乐而不淫，哀而不伤。”《关雎》这首诗，有欢乐，但不流于放荡；有悲哀，但不令人痛苦。

孔子强调“节制”之美。“乐而不淫，哀而不伤”8个字，并非只是对《关雎》一诗的评价，实际上它道出了孔子的哲学思想和美学思想。在孔子看来，真正美的，有益于人的艺术作品，情感的表现应是适度的。如果超出了应有的适当的程度，使欢乐的情感表现成了放肆的享乐，悲哀的情感表现成了无限的感伤，这样的艺术作品就是有害的。

这“乐而不淫，哀而不伤”表明孔子意识到了艺术所表现的情感应该是一种有节制的、社会性的情感，而不应是一种无节制的、动物性的情感。这个基本的思想使得中国艺术对情感的表现在绝大多数情况下都保持着一种理性的人道的控制性质，极少坠入卑下粗野的情欲发泄或神秘、狂热的情绪冲动。

鲁迅在评论十月革命后苏联的革命版画时曾经说过：“它真挚，却非固执；美丽，却非淫艳；愉快，却非狂欢；有力，却非粗暴。”这种“节制”之美至今仍然适用的美的哲学和审美心理学的普遍原则。

节是守礼仪。“节”的甲骨文字形，上部是“竹”，下部像人跪坐之形，又像躬身行礼之状。这说明，“节”有节制自己行为仪表以受礼之意。这便是爻辞中所谓的“安节”，能安然实行节制，故而亨通。

《论语》中记载了这样的故事。原壤是孔子的故人。有一次，原壤见到孔子时，却蹲踞以待——古人坐着的时候双膝着席，臀部坐于足上，与今天的跪相似。足底着地，臀后垂，耸双膝，则称“踞”。原壤却不守礼，采用夷俗的坐姿。

孔子见原壤既不出迎，又坐没坐相的，很没礼貌，便责骂他：“幼而不孙弟，长而无述焉，老而不死，是为贼！”意思是说，年幼时不懂孝顺父母、友爱兄长，长大后没有什么值得称道的成就，年老不尊还迟迟不死，这样的人就是社会的祸害！“老而不死，是为贼”，这句话常常被后人断章取义地认为是骂老年人，其实孔子在这里强调的是人的内在修养的不断提高。如若一个人不能守礼，不能不断地自我完善，不能使自己裨益于世，那么这种人已经迷失了自己的人生观与价值观，他的生命已然失去价值。

孔子狠狠地批评原壤不守礼，非常严厉。然后，孔子还用拐杖敲打原壤的小腿，要让蹲踞的原壤双膝着地，好好坐着。虽然孔子对自己的老乡只是轻轻地击打，但是在道义面前却没有给老朋友一点面子。南怀瑾《论语别裁》评价得妙：“是老朋友，没有打他的必要，只是打他人生不踏实，腿跟没有落地，做了一辈子人，只是好比无根的草，与土壤同腐而已。”

节是能节俭。“节”卦爻辞中的“甘节，吉”，意思是说，能适度节制从而让人感到美而适中，是吉祥的。但是，

“节”卦也谈到了“苦节，不可贞”“苦节，贞凶，悔亡”，意思是说，因节制过分，则会感到苦涩，而且会发生凶险；如果能对过分节制感到懊悔，则凶险有可能消失。节俭是中华民族的传统美德，是值得赞美传承和发扬的，但是，如果追求过分的节俭，则会走向另一个极端，同样是不恰当的。

林放是春秋时期的学者，有一次，他来问孔子，什么是“礼”的根本呢。孔子感叹道：“大哉问！礼，与其奢也，宁俭；丧，与其易也，宁戚。”孔子说：“你的问题意义重大呀！一切的礼，与其过于奢侈，宁可节俭朴素。就丧礼而言，与其奢侈铺张、轻率操办，宁可节约朴素、内心悲哀。”

周礼是在周初确定的一整套的典章、制度、规矩、仪节，是原始巫术礼仪基础上的规范化，有一套繁复的祭拜礼仪规则。春秋时期，礼崩乐坏，世风日下，许多诸侯在守礼方面竟务虚文，讲排场，逐豪华，而不重实质。当林放向孔子提出“礼之本”的问题时，孔子表露出了肯定与激赏。

“礼，与其奢也，宁俭；丧，与其易也，宁戚。”孔子的前一句是针对奢侈文饰、流为浮华者而言的。儒家讲求“中庸”之道，既不要求过度奢侈，也不可过度节俭。奢侈者则外有余而内不足，节俭者则内有余而外不足，二者都与礼不合。但是外不足，其本尚在；内不足，其本将失。所以相比之下，孔子更加反对奢侈而崇尚节约。

孔子的后一句是针对丧礼中的操办过度而哀情不足来说的。人有生死，人们的相交相处，在死生之际，最能见性情仁心。性情愈真，仁心愈厚，其礼亦愈重。因此孔子又特举“丧礼”而言之。在操办丧礼中，如果仪文周到，一切礼仪形式都到家了，但内心中没有悲戚之情，则这一切的礼仪、形式不过徒有虚表而已。

节需要制度规范。“节”卦的《彖》辞中说：“节以制度，不伤财，不害民。”意思是说，君主用制度规范来推行节制之道，就能不浪费资财，不伤害人民。这是强调节制之道的重要性，更说明了节制之道的现实意义。

子曰：“道千乘之国，敬事而信，节用而爱人，使民以时。”孔子说，要治理有千辆兵车的国家，就应该严肃认真对待工作，诚实守信，节省财用，以爱人为念。役使老百姓，要在农闲时间。孔子强调“节用”，指经济政策的措施，搞经济要不伪善，不铺张浪费，要能节省财用。“节用”的目的是为了“爱人”，而不是为了自己，这是一个为政者、领导者应有的担当精神。

有一次，鲁国人计划翻修长府。孔子的弟子闵子骞在鲁国围观，他提出不同意见：“依照着老样子，不可以吗？为什么一定要改建呢？”闵子骞的行为得到了孔子的赞赏。孔子说：“闵子骞平时不大说话，一开口就说到要害上。”耗费那么多人力物力去改建长府，建成之后，却无益于人民的生活和国家的发展，反而会为一些居上位的小人所用，加重人民的负担。孔子论为政，主张“以德治国”，主张节俭，而反对聚敛财物。

彖辞解读

《彖》曰：节，亨。刚柔分而刚得中。“苦节，不可贞”，其道穷也。说以行险，当位以节，中正以通。天地节而四时成。节以制度，不伤财，不害民。

译文 《彖传》说：节卦，即通达，因为刚柔适均而刚爻得中。过分的节制也不能正固，因为导致穷途末路。人逢喜悦则放逸，遇到坎险则思止，居位得当才能节制，九五既中且正故可通行天下。天地有节制，四季才会形成。君主用制度来节制，就可以达到不浪费资财，不伤害人民的目的。

解读 《彖传》中主要表达了节制之道的两个要点：一是不可“苦节”，过分的节制会给自己带来困穷潦倒，节制是重要的，但更重要的是开源，做大蛋糕比切小蛋糕更有意义。二是要居位得当，遇到困难时该怎么做，遇到顺境时该怎么做，自己要心里有数。人逢喜事时不要放纵。君子的节制比百姓的节制意义更大，因为有示范的意义。“节”卦充满了生态文明的思想，对今天建立简约的生活方式、节约的生产方式具有重大的现实意义。

中孚

心怀诚信，感化万物

西汉武帝时期，为了彻底击败西北边塞的匈奴，张骞建议用厚赂招引乌孙，同时下嫁公主，与乌孙结为兄弟，共同夹击匈奴。

汉武帝诏命刘细君远嫁乌孙国。送嫁那一天，盛装的细君在随从官员、乐队、杂工以及侍女等数百人的簇拥下，依依不舍地上了车辇，一路上锦旗蔽日，鼓乐喧天。刘细君为自己卜得“风泽中孚”卦，她深知自己身上担负着重大的政治责任。

刘细君日夜思念家乡，写下了著名的《悲愁歌》：“吾家嫁我兮天一方，远托异国兮乌孙王。穹庐为室兮旃为墙，以肉为食兮酪为浆。居常土思兮心内伤，愿为黄鹄兮归故乡！”她思乡成疾，最后因忧伤而死。

乌孙国人称刘细君为“柯木孜公主”，意思是肤色白净美丽像马奶酒一样。刘细君的一生充满了传奇色彩，历经几番浮沉，饱尝了人间的荣宠和酸楚，为了国家的利益、民族的大义，做出了巨大的贡献和牺牲。

卦名中孚，孚，会意字。“孚”是“孵”的本字，徐锴曰：“鸟之孚卵，皆如其期不失信也。”意谓鸟儿孵蛋，可以按时孵出小鸟，非常守信。因此，“孚”字表示相信、信任。《说文·爪部》中说：“孚，卵孚也。从爪，从子。一曰信也。”本义为抱子哺乳，人生子和鸟孵卵皆有定期而不失信，故孚引申指诚信。

“中”指内心，“孚”为诚信。“中孚”两字为内心诚信。《杂卦》说：“中孚，信也。”符节在古代为信物，卦象搭配合宜，若合符节，又作凭信。

“中孚”的卦画是䷼，上卦为巽，下卦为兑，巽为风，兑为泽，风行泽上，无所不至，上下交孚，有诚信之德，为中孚。中孚象征诚信。

卦辞曰：“中孚。豚鱼吉，利涉大川，利贞。”意谓用豚和鱼祭祀先祖吉利，利于涉越大河大川，利于坚持下去。

《象》曰：“泽上有风，中孚；君子以议狱缓死。”“中孚”卦的卦象是兑（泽）下巽（风）上，为泽上有风，风吹动着泽水之表象，比喻没有诚信之德施及不到的地方，说明极为诚信。君子应当效法“中孚”之象，坚守中正之道，广施信德，慎重地审议刑法讼狱，宽缓死刑。

诚信是立身处世的根本。卦辞中的“豚”“鱼”是一种比喻，表示自然界普通的动物，施政者把诚信之道施及普通的小猪、小鱼身上，当然是无所不及了。“中孚”卦的上一卦为“节”，表示君子的自我约束，而要作为有节制、有规矩，就必须心中至诚。《序卦传》说：“节而信之，故受之以《中孚》。”有所节制，才可取信于人。因此，“节”卦之后续演“中孚”卦。“中孚”卦讲的是诚信之道。

中孚为诚实不欺。诚信是中华民族的传统美德，诚信之道，“利涉大川”，意谓有利于涉越大川，是非常有利于君子修身行事的。孔子说："人而无信，不知其可也。"一个人如果没有信用，是无法在社会上立足的。一个人如果不守信用，就不知他还能做什么。孟子曰："君子不亮，恶乎执？"君子不讲诚信，如何能有操守？

沈括《梦溪笔谈》便记载了一个因失信而丧命的故事。从前，济水的南面有个商人，渡河时从船上落下了水，停留在水中的浮草上，他就在那里求救。有一个渔夫用船去救他，还没有靠近，商人就急忙号叫道："我是济水一带的大富翁，你如果能救了我，我给你一百两金子。"

渔夫把他救上岸后，商人却只给了他十两金子。渔夫说："当初你答应给我一百两金子，可现在只给十两，这岂不是不讲信用吗？"商人勃然大怒道："你一个打鱼的，一天的收入该有多少？你突然间得到十两金子还不满足吗？"渔夫失望地走了。

后来有一天，这商人乘船顺吕梁湖而下，船触礁沉没，他再一次落水。正好原先救过他的那个渔夫也在那里。有人问渔夫："你为什么不去救他呢？"渔夫说："他就是那个答应给我一百两金子而不兑现承诺的人。"渔夫撑船上岸，远远地观看那位商人在水中挣扎，商人很快就沉入水底淹死了。

像这位言而无信的商贾，在我们的生活中可以说比比皆是。如近年来发生的"周老虎"事件、曹操墓之争、三鹿"毒奶粉"事件、肯德基"秒杀门"、蒙牛"诽谤门"、唐骏"学历门"、河北大学校长"抄袭门"、张悟本及李一事件等多领域造假丑闻频出，社会公众一次次感觉通往诚信的大门越显遥远。诚实不欺的传统美德亟待得到更好的发扬！

中孚要保持童心纯真。"孚"字从"子"，表示童子、孩子。《孟子》中有句名言："大人者，不失其赤子之心者也。"意思是说，君子不偏离他原本的像孩子一样纯洁、善良的心。童心纯真不伪，本色自然、不掺假，因此受到君子的赞美。诚信之道，亦需要一颗赤子之心！

北宋词人晏殊，素以诚信著称。在他十四岁时，有人把他作为神童举荐给皇帝。皇帝召见了他，并要他与一千多名进士同时参加考试。

试卷发下来后，晏殊发现这试题是自己十天前刚练习过的，自己至今熟记在心，现在将它写出来非常轻松。晏殊没有写，如实向真宗报告，并请求改换其他题目。宋真宗听后，非常赞赏晏殊的诚实品质，便赐他“同进士出身”。

晏殊当职时，正值天下太平。于是，京城的大小官员便经常到郊外游玩或在城内的酒楼茶馆举行各种宴会。晏殊家贫，无钱出去吃喝玩乐，只好在家里和兄弟们读写文章。

有一天，真宗提升晏殊为辅佐太子读书的东宫官。大臣们惊讶异常，不明白真宗为何做出这样的决定。真宗说：“近来群臣经常游玩饮宴，只有晏殊闭门读书，如此自重谨慎，正是东宫官合适的人选。”晏殊谢恩后说：“我其实也是个喜欢游玩饮宴的人，只是家贫而已。若我有钱，也早就参与宴游了。”

少年晏殊因诚信而富贵，那是因为他不失赤子之心，秉承诚信之道。晏殊因为诚实的品格而树立起了人格卓越的良好信誉，得到宋真宗的信任，得到了群臣的尊重。他的仕途因而一路顺畅，春风得意，最后官拜宰相。由此可见，诚信是一个人成功的最为重要的人格品质之一。

中孚表现为言行相合。《正字通》：“孚，合也。”“中孚”卦有一段爻辞，那是一首诗歌：“鸣鹤在阴，其子和之；我有好爵，吾与尔靡之。”鹤在山阴处鸣叫，小鹤应声附和；我有美酒一爵，愿与你共享其乐。君子如果发出了美好的言论，那么千里之外都能得到回应。君子修身亦是如此，自己说过的话，要用行动作为回应，言必行，行必果。

孔子说：“其言之不怍，则为之也难！”意思是说，说起来不惭愧，做起来不容易。所谓大言不惭——不自量力地说大话，毫无愧色地夸海口，肯定没有完成它的把握，那么践行

中孚卦故事

起来自然也不容易了。做事情最好是经过深思熟虑后，踏踏实实去干。同时，也要求言行一致。孔子强调过言行一致的重要性。

宰予是孔子一生的得意门生之一，是孔子亲自认可的言语方面的高材生，口才很好，能言善辩。他曾经跟随着孔子一起周游列国，经常受孔子的派遣去到其他的国家游说君主大臣。但是这么一个学生却让孔子大发雷霆，这是为什么呢？原来，宰予曾在大白天睡觉，睡得很香，被孔子看到了。孔子很生气，责备他说："朽木不可雕也，粪土之墙不可圬也。" 宰予在大白天睡觉，精神不振，浪费光阴，像这样，就不堪造就了。

孔子接着说："起初我对人家，听了他的话便相信了他的行为；现在，我对人家，听了他的话，还要观察他的行为。从宰予的事件以后，我改变了观察人的态度。"宰予能说会道，很容易让人听信他的话。自从孔子看到宰予昼寝之后，他便不再一味听信别人的语言了，在"听其言"的同时，更要"观其行"。言行相合，才是诚信之道。

彖辞解读

《彖》曰：中孚，柔在内而刚得中，说而巽，孚乃化邦也。“豚鱼吉”，信及豚鱼也。“利涉大川”，乘木舟虚也，中孚以利贞，乃应乎天也。

译文 《彖传》说：“中孚”卦，柔顺居于内，刚健居于中，喜悦而柔顺，这种诚信可以感化邦国天下。豚鱼献祭，尚可吉利。这是因为献祭者内心中正诚信也。有利于涉越大川，这是因为木舟行于泽上亨通畅达也。中正诚信而利于贞正，这就顺应天道了。

解读 中正诚信是一种原则，是立身处世的根本，一切道德的根源。这种内心至诚至信的精神被称为“中孚精神”，为中外学者所看重。中正诚信也是一种方法。“中孚”卦中，刚健的九二、九五分居内外卦中位，这便是所谓“柔在内而刚得中”。君子为人，既要有刚健精诚的态度，也要善于柔顺婉转地行事。

小过

因应时机，小有过越

秦代末年，刘邦与项羽各自攻打秦朝的部队，刘邦兵力虽不及项羽，但刘邦先破咸阳，项羽非常生气。刘邦的左司马曹无伤派人在项羽面前说坏话，说刘邦打算在关中称王。项羽听后更加愤怒，打算击败刘邦的军队，一场恶战在即。

刘邦得知此事后，非常担心，他请项羽身边的项伯为自己求情。他卜了一卦，得“雷山小过”卦，这暗示对手错过了最佳的攻击时机，预示着自己能够脱难。

第二天，刘邦到鸿门向项羽谢罪。项羽摆下鸿门宴，宴席上虽不乏美酒佳肴，但却暗藏杀机，项羽的亚父范增一再示意项羽发令杀掉刘邦，但项羽却犹豫不决，默然不应。范增召项庄舞剑为酒宴助兴，趁机杀掉刘邦，项伯为保护刘邦，也拔剑起舞，掩护了刘邦。在危急关头，刘邦部下樊哙带剑拥盾闯入军门，怒目直视项羽，项羽见此人气度不凡，即命赐酒。

刘邦乘机一走了之。刘邦部下张良入门为刘邦推脱，说刘邦不胜饮酒，无法前来道别，并向项羽献上了丰厚的礼物。不知深浅的项羽收下了礼物，让刘邦顺利脱难了。项羽身旁的范增气得将玉斗撞得粉碎。

卦名“小过”，在“大过”篇已经讲过了。《说文·辵部》说：“过，度也。”指经过、度过、过度、超越的意思。“小过”是指小的超过。

“小过”的卦画是䷽，上卦为震，下卦为艮，震为雷，艮为山，山顶上响着雷声，其声过常，谓之小过。小过象征小的过失、过度。小过含有亨通的意思。小过，只适宜用于日常小事，不适宜用于天下大事，所以，小有过度时，莫好高骛远，应当务实，才能吉祥。

卦辞曰：“小过。亨，利贞；可小事，不可大事；飞鸟遗之音，不宜上，宜下，大吉。”意思是说，“小过”卦表示顺利，利于守正道；可以做小事，不可以做大事；飞鸟遗留的声音不绝，不宜往上，登高必遇险，宜下行，吉利。

《象》曰：“山上有雷，小过；君子以行过乎恭，丧过乎哀，用过乎俭。”山上有雷，过山而雷鸣，一阵阵响雷传来，大山却依然屹立不动。山挡住了一些雷声，但雷声超过了寻常的雷鸣，还是从山顶传出去了，这便是“小过”，小有越过。君子应效法“小过”之象，将自己的行止再恭敬一些，遇到丧事时悲哀一些，日常用度再节俭一些。

“过”为度过、越过，引申指过度、过分、过失等。相比于“大过”，“大过”是刚者刚得太过，柔者柔得太过，较不可取；而“小过”则表示稍有过分，还是在君子允许的范围内。《序卦传》说：“有其信者必行之，故受之以《小过》。”也就是说有其符节就可以通过关口，所以中孚之后是小过。这一卦告诉我们正确对待小过错。

小过是处世有失分寸。“过”有过分、超过之义。“过”字从“寸”，即过失源于失分寸。“小过”卦九三爻：“弗过防之”，即不要过分，防止超过界限。上六爻“弗遇过之”，即不要接近或超过某种限度。它们都强调了同样的问题。

“小过”卦的爻辞，屡次以飞鸟为喻。初六爻：“飞鸟以凶。”天就像一张大网，扑腾的飞鸟之辈岂能有所作为？六五爻“公弋取彼在穴”，有人手持带绳子的箭，蜷伏在隐蔽的低凹洞穴中，以待飞鸟来临。所以，只要飞鸟稍有过失，飞行有误，就会遭到人们的猎杀。“小过”卦即讲述了一种不失分寸的美学原则。

春秋战国时期，有位富家公子叫温如春，小时候喜好琴艺，长大了，自然也能露那么几手，甚为得意。有一次，温如春到山西游历，看到路上有一个道人，道人旁有一布袋，袋口露出古琴的一角。温如春大奇：这老道也会弹琴？他上前不客气地发问：“请问道长可会弹琴？”

“略知一二，正想拜师学艺。”道人微睁双目，语气十分谦恭。

“那就让我来弹弹吧。”温如春毫不客气地说。于是，道人把琴拿出，温如春立刻盘腿席地而弹。

温如春先是随便弹了一首，道人微微一笑，不着一语。温如春便又认真弹了一首自认为最好的曲子，道人仍默然。温如春恼火了，说：“你怎么不吭声，是我弹得不好吗？”“还可以吧，但不是我想拜的师傅。”温如春沉不住气了，说道：“你倒是挺会弹的啊，不如让我见识一下。”

道人并不回答，只拿过琴来，轻抚几下，开始弹奏，其声如流水淙淙，又如晚风轻拂，温如春听得如痴如醉，连大树都停满了鸟儿。一曲终了许久，温如春这才如梦初醒，既懊悔又羞愧，对道人十分佩服，于是向道人行大礼，决定拜他为师。

琴声反映人心。温如春骄傲自满、弹琴心浮气躁，就像飞鸟高低起伏，飞翔不定，这样当然不能提高艺术水平。道人内心充实博大而外表谦逊，这种无“过”无“不及”的状态表达在琴声中，自然恰到好处，不增一分，不减一分，达到一种高妙的境界。

小过往往出现在小事之中。“小过”卦的卦辞中说：“可小事，不可大事。”此卦所讲的道理与“大过”相似，但是一大一小，语境不同。“小过”一卦主要谈如何防止与回避“大意失荆州”，因不够重视而超越某种界线，从而带来的灾难。这种过错，往往源自我们一些琐碎的小事。正因如此，它更容易被忽视，从而酿成大问题。

东汉末年，诸葛亮进川时，把守卫荆州的重任交给了关羽，并嘱咐他一定要联孙抗曹。可关羽骄傲自满，目中无人。

早在刘备自立为汉中王的时候，曹操就派人约会孙权，共同夺取荆州。孙权不仅没有答应，反而愿和关羽结为儿女亲家。关羽听说后大怒，对使者说：“我的虎女怎么能嫁给那个犬子？”孙权听了很生气。

当时，关羽远征樊城，和曹军交战，荆州空虚。曹操一面调五万精兵去救援樊城，一面联结东吴，叫孙权暗袭荆州。

东吴守将是大将吕蒙，吕蒙很厉害，关羽留下许多精兵守荆州。东吴的陆逊献计说：“关羽自恃英勇无敌，所怕的就是你。如果将军辞职，关羽一定中计。”吕蒙依计而行，便辞去了守将的职务。关羽果然中计，说：“东吴的君臣真没用，看来我可以把荆州重兵调来攻打樊城！”有人劝关羽不可大意，但是关羽不以为然，根本不把东吴将士放在眼里。

吕蒙把战士化装成商人的模样，骗过了关羽的江边守军，顺利渡江。关羽瞧不起吴军，守备不严。吕蒙便趁关羽毫无防备，没伤一兵一卒就攻破荆州，拿下荆州三郡（南郡、武陵、零陵）。关羽被迫走麦城，被吴军设计俘虏并杀害了。

这就是“大意失荆州”的故事。这个成语比喻因疏忽大意而导致失败或造成损失。如果关羽在与吴军的长期对抗中，能够加强防备意识，而不是随意藐视对手、激怒对手，也不会破坏蜀国“联孙抗曹”的战略，造成荆州失陷的巨大损失。由此可见，粗心大意、骄傲轻敌并非小事。

防止小过，必须力戒好高骛远。“小过”卦的卦辞以“飞鸟”为譬喻，有“不宜上，宜下”的建议，这是警示我们，“枪打出头鸟”，嚣张飞腾不如脚踏实地，好高骛远、眼高手低往往会带来灾祸。《宋史·程颢传》：“病学者厌卑近而骛高远，卒无成焉。”无论是学习还是工作，脱离实际地追求目前不可能实现的过高、过远的目标，最终都难以有所收获。

春秋时期，孔子跟从师襄子学琴。师襄子教了孔子一首曲子，孔子学得之后，每日勤加弹奏，丝毫没有厌倦。

过了十天，师襄子听孔子弹琴，对他的学习成果很满意，说：“这首曲子你弹得很不错，可以学新曲子了。”孔子却摇摇头，说：“我虽学会了曲谱，可还没有掌握一些高难度的弹奏技巧。”

又过了许多天，师襄子说：“你已掌握了弹奏技巧，可以学新曲子了。”孔子依然摇头，说：“我还没有品味出这首曲子的神韵。”

又过了许多天，师襄子说：“你已领会了这首曲子的神韵，可以学新曲子了。”孔子依然摇头，说：“我还没能从这首曲子里体会出作曲者是怎样一个人，尚未从琴声中深入他的内心世界。”

又过了很多天，孔子弹琴之后，庄重地向远处眺望说：“我现在知道作曲者是什么人了。这人长得黑，身材魁梧，胸怀大志，他一定是周文王！”

师襄子听后，立即离席行礼，说：“这首曲子就叫作《文王操》啊！”

孔子在学琴的过程中，没有好高骛远，而是通过不断地学习，积累了大量的弹琴技巧和经验，博观约取，厚积薄发，融会贯通。他从中领悟到的道理，当然比常人更加深刻，更有价值！君子为学为人，应当如此。

彖辞解读

《彖》曰：小过，小者过而亨也。过以利贞，与时行也。柔得中，是以小事吉也。刚失位而不中，是以不可大事也。有飞鸟之象焉："飞鸟遗之音，不宜上，宜下，大吉"，上逆而下顺也。

译文 《彖传》说：小过之卦，指小的超过，无碍大局，仍能亨通。超过而适宜正固，是要配合时势来运行。柔顺者取得中位，所以做小事依然吉利。但是刚爻不得位而且不居中，所以图谋大事不能成功。本卦有飞鸟的卦象，飞鸟空中过，叫声耳边留，警戒人们：攀高将遇险，下行则吉利。因为向上是逆理而行，往下顺应时势。

解读 "小过"不同于"大过"，虽然行事有所偏差，但是依然没有偏离君子正道之轨迹，能存利人之心，行中正之道，所以还是占得一个"吉"字。当然，这种"吉"只是"小吉"，我们应该正视自己的任何过错，安分守己、及时纠偏，才能将这种"小吉"转化为"大吉"。

既济

征事已成，守成不易

季布，曾为西楚霸王项羽帐下五大将之一，楚汉两军交战时，曾经多次让刘邦困窘不堪。刘邦消灭项羽后，仍对此耿耿于怀，悬赏千金捉拿季布。季布潜藏到周家家里，他卜了一卦，得“水火既济”。既济是成功渡过河水的意思，意为危险已经结束，含季布得以与刘邦“和气”之意。

果然在不久以后，皇帝刘邦就赦免了季布，并召拜他为郎中，惠帝时为中郎将，后转任河东守。

卦名既济，既，会意字。甲骨文字形的“既”，左边是食器的形状，右边象一人吃罢而调转身体将要离开的样子。它的本义即吃罢、吃过。作为副词，便表示已经、完了。

济，形声字。“济”字从“水”，《说文·水部》：“济，水。出常山房子赞皇山，东入泜。”“济”表示渡过水流，如同船渡河、相为照应称为“同舟共济”；能登山涉水的健康身体称为“济胜之具”。后引申而泛指效果、成就。

“既济”，既，就是成功、完成的意思；济，是渡河的意思。二字合起来，便表示成功渡过河流。

“既济”的卦画是䷾。上卦为坎，下卦为离。离为火，坎为水，水在火上，似煮成食物，谓既济。既济象征事已成功。六十四卦中，只有此卦六爻刚柔均当位。但是过于完整，反而僵化，会故步自封，不能有大作为。因此，必须永不懈怠，奋发努力，才能始终吉祥。

卦辞曰：“既济。亨，小利贞；初吉终乱。”意思是说，“既济”卦表示顺利、成功，坚持下去小见吉利；开始时是吉祥的，但如有不慎，终久必导致混乱。

《象》曰：“水在火上，既济；君子以思患而豫防之。”“既济”的卦象为水火相交，水在火上，水势压倒火势，救火大功告成。这个卦象也可以比喻为用火煮食物，食物已熟，象征事情已经成功。总之，君子应有远大的目光，在事情成功之后，就要考虑将来可能出现的种种弊端，居安思危，防患于未然，采取预防措施。

“既济”卦讲的是成功之道。《序卦传》说：“有过物者必济，故受之以《既济》。”本卦的上一卦为“小过”，假如能及时认识并消除错误，便有望获得成功。当然，获得成功之后，也需要做足准备，防患于未然。

既济是举事获得成功，一切成为定局。卦辞中说“小利贞”，意谓坚持下去能够小有吉利。这里强调“既济”之“既”，象一人吃罢而调转身体将要离开的样子，意谓吃罢、吃过，表示已经完成的状态。“既济”卦告诉我们，走好关键一步，才能一举成功，“既”成定局。

秦朝末年，政治腐败，群雄并起，纷纷反秦。刘邦的部队首先进入关中，攻进咸阳。势力强大的项羽进入关中后，逼迫刘邦退出关中。鸿门宴上，刘邦险些丧命。刘邦此次脱险后，为了麻痹项羽，将汉中通往关中的栈道全部烧毁，表示不再返回关中。其实刘邦一天也没有忘记，一定要击败项羽，争夺天下。

公元前 206 年，已逐步强大起来的刘邦，派大将军韩信出兵东征。陈仓是刘邦进入关中的必经之地，两地之间有险山峻岭阻隔，又有雍王章邯的重兵把守。韩信的军队攻打散关，却失败了。

要取得成功，关键是要拿下陈仓。韩信为此谋得一计。他派樊哙带领一万人去修五百里栈道，并以军令限一月内修好。“明修栈道”的行动吸引了敌军注意力，这样浩大的工程，即使三年也不可能完成，章邯对于韩信的这一行动，根本没有引起重视。

可是不久，章邯便接到紧急报告。说刘邦的大军，已攻入关中，陈仓被占，守将被杀，章邯慌忙领兵抵抗，已经来不及了。原来韩信表面上派兵修复栈道，装作要从栈道出击的姿态，实际上却和刘邦统率主力部队，暗中抄小路袭击陈仓。

“明修栈道，暗度陈仓”，是韩信用自己高超的军事谋略走出的最关键一步，正是这一步，奠定了汉军的最终胜利。章邯万万没想到刘邦的精锐部队摸着无人知晓的小道，翻山越岭来到自己的营地。他被一举打败了，韩信因此平定三秦。

既济全靠人心齐。“济”字的右部是“齐”，是声部，同时也有深刻的含义。它告诉我们“人心齐，泰山移”的道理，只要众人齐心协力，就能实现“既济”，取得成功。

“既济”卦的九三爻就讲述了这样的故事：“高宗伐鬼方，三年克之；小人勿用。”殷高宗征伐鬼方国，费时三年获胜；事关重大，不要任用不称职的人。由此可见，当时的战争非常激烈，持续了三年之久，双方已经筋疲力尽了，胜利是来之不易的，全靠全军战士齐心协力，攻克难关！

有一个陌生人，把自己装扮成魔术师，来到一个村庄。他向迎面而来的妇人说：“我有一颗汤石，如果将它放入烧开的水中，会立刻变出美味的汤来，我现在就煮给大家喝。”这时，有人就找了一个大锅，也有人提了一桶水，并且架上炉子和木材，就在广场煮了起来。

这个陌生人很小心地把汤石放入滚烫的锅中，然后用汤匙尝了一口，很兴奋地说："太美味了，如果再加入一点洋葱就更好了。"立刻有人冲回家拿了一堆洋葱。陌生人又尝一口："太棒了，如果再放些肉片就更香了。"又一个妇人快速回家端了一盘肉来。"再有一些蔬菜就完美无缺了。"陌生人又建议道。

在陌生人的指挥下，有人拿了盐，有人拿了酱油，也有人捧了其他材料。当大家一人一碗蹲在那里享用时，他们发现这真是天底下最美味的汤。

这锅汤始于陌生人在路边随手捡到的一颗石头，后来，由于众人的合作，才煮出一锅美味的汤来。正所谓"众人拾柴火焰高"，众人齐心协力，才能办成事。只要贡献自己的一份力量，众志成城，就能成就大事业。

既济要同舟共济。"济"是渡河的意思。"既济"是一个譬喻，河水湍急而危险，在交通工具落后的古代，渡河是比较艰难的事情，所以，人们便用渡河比喻渡过某个难关、完成某件事情。

《孙子》曰："夫吴人与越人相恶也，当其同舟而济，遇风，其相救也如左右手。"春秋时期，有人问孙武怎样用兵才能不败，孙武回答说用兵布阵应该像蛇一样反击猎手，蛇形阵能够首尾兼顾成为一个整体。孙武说，吴国人与敌对的越国人遇到风浪都能同舟共济，何况这些无仇的士兵呢！同船而渡，要想顺利渡过河流，就需要统一方向，共同划桨，相为照应，这便是"同舟共济"的精神。

彖辞解读

《彖》曰："既济，亨"，小者亨也。"利贞"，刚柔正而位当也。"初吉"，柔得中也。"终止则乱"，其道穷也。

译文 《彖传》说："既济"卦表示"亨"，即亨通，指的是小事亨通。利于坚守正道，这是因为此卦的阳刚阴柔得中而得位。开始的时候很吉利，是因为柔弱之气运行其中。终止则会危乱，这说明前进之道已走到穷途末路。

解读 面对眼前取得的成功、成就，我们往往容易骄傲自满，行事也易于乖张，这是不妥的。我们应该摆正态度，以认真、低调的姿态来享受成功。当然，人不可能永远成功，不可能一直一帆风顺。我们在享受成功带来的喜悦的同时，更应未雨绸缪，将眼光看得更高、更远。

未济

物不可穷，循环往复

相传有一次，孔子离开卫国，要到陈国去。在半路上，他看见两个女子在采桑。孔子一时诗兴大发，吟道："南枝窈窕北枝长。"一个女子随口接道："夫子游陈必绝粮。九曲明珠穿不得，着来问我采桑娘。"

孔子到了陈国后，并未得重用。陈国和蔡国的大夫还派兵将孔子围困，他们送去一颗九曲明珠，要求孔子用线穿过去，若果穿不过，就不解围。孔子和他的弟子们无论怎么努力也不能将线穿进。他卜得一卦，是"火水未济"卦。

孔子忽然想到了那个采桑女的话，心想，说不定她们真能帮上忙呢。于是他就派了颜回和子贡返回来路，去向采桑女请教。颜回和子贡到了采桑女子家，诚心向采桑女请教。采桑女说："要穿九曲明珠，可用一个办法，把蜜糖涂在明珠一端的珠孔旁边，然后将一只蚂蚁用线拴上，把它放到明珠的另一端的珠孔处；在蜜糖甜味的吸引下，蚂蚁就会顺着明珠的通道，爬到有蜜糖的那边。如果蚂蚁不肯钻，就用烟熏它。”孔子按照采桑女所说的办法，果然将那颗九曲明珠穿上了线，得以从围困中脱身。

未，象形字。未，木上加短横表示果实生味。《说文解字》曰：“未，味也。”是“味”的本字。如今，它通常用作副词，表示没有、不。《小尔雅》：“未，无也。”“未”字与“不”字有区别，它多否定过去，而不否定将来，相当于“不曾”“尚未”。

济，该字已见“既济”卦。“未济”二字合而言之，表示尚没有渡过河流，即做事不成功，也表示未完成，还没有终止。

“未济”的卦画是䷿，上卦为离，下卦为坎，离为火，坎为水。火在水上，难以济物。未济象征事未成。全卦的爻位都是柔居刚位，刚居柔位，都不当位。虽然未完成，但刚柔相应也处于酝酿变化之中，充满希望。未济卦寓意：君子只有认清事物的性情，慎重选择所处的方位，动用得当，方能既济。

卦辞曰：“未济。亨；小狐汔济，濡其尾，无攸利。”意思是说，“未济”卦表示顺利。小狐狸将涉越过干涸的小河，尾向上舒，可刚要到河边尾巴就被沾湿了，没有过去，看来此行无所利。《易经》以此比喻事情尚未完结，还要向前发展。

《象》曰：“火在水上，未济；君子以慎辨物居方。”火向上炎，水往下润。水火不容，是我们在日常生活中所见到的正常现象，比如油脂在水面上燃烧、舟船在水面上燃烧，都跟意外灾难联系在一起。水火不相交，处境困难，在这种形势下应当做什么、怎么做，这个问题尤为重要。因此，君子通过观察“未济”卦，悟知未济之时必须审慎于辨物，使它们各居其所，这样才可促使事情成功。

这一卦是讲除旧布新之道。“既济”“未济”等，都以渡河为比喻，表示做事成功与否。上一卦“既济”，指达到了成功，但旧的终结，意味着又轮新的开始。有些人渡过了河流，又有一些人回来了，重新进入一个轮回。

这一卦是《易经》六十四卦的最后一卦。《序卦传》曰：“物不可穷也，故受之以《未济》终焉。”未济是终而不已，预示着新的起点；既济是济，济犹未济；济之再济，此即未济。“未济”卦揭示了事物发展的不可穷性，一个周期的终结意味着一个新周期开始。《易经》以“未济”终结全书展现了中国人极高的哲学智慧！宇宙万物，生生不息，永无止境地发展变化。

未济是因刚柔失当而事未成。“未济”是渡河尚未完成，处于由此岸向彼岸前行的渡涉之中。“未济”并不代表失败，其成败结果尚未明朗，更期待渡河者自身的努力。为什么渡涉之事还未能完成呢？我们应该从自身找原因，了解自己的“失当”之处。

“未济”卦的卦象与“既济”卦相反，“既济”卦是六爻皆当位、上下阴阳皆正应，非常完美；而“未济”卦是六爻皆不当位，虽然“失当”，但六爻上下阴阳皆正应，有点歪打正着的意味。彖辞中说：“虽不当位，刚柔应也。”虽然刚强之爻与柔顺之爻的位置皆不恰当，但是刚柔之间依然可以互相应合。由此可见，客观因素并不重要，自身努力的程度，才是决定成败的关键。

有一位青年整天垂头丧气，终日愁眉不展。他老是埋怨道：“老天啊！为什么我时运不济，总是发不了财？”这一天，迎面走过来一个须发皆白的老人，问：“年轻人，为什么不快乐？”“我不明白，为什么我总是这么穷。”年轻人说。

“穷？你很富有嘛！”老人由衷地说。

“这从何说起？”年轻人问。

老人反问道：“假如现在斩掉你一个手指头，给你1000元，你干不干？”“不干。”年轻人回答。“假如斩掉你一只手，给你1万元，你干不干？”“不干。”“假如使你双眼都瞎掉，给你10万元，你干不干？”“不干。”“假如让你马上变成80岁的老人，给你100万，你干不干？”“不干。”“假如让你马上死掉，给你1000万，你干不干？”“不干。”

“这就对了，你已经拥有超过1000万的财富，为什么还哀叹自己贫穷呢？”老人笑吟吟地问道。青年愕然无言，突然什么都明白了。

有时候，我们往往过于看重客观上的不足，而忽视了努力实现自我价值的重要性。青年所谓的“穷”，是客观存在的，无法改变的，一味自怨自艾，只能增加自己的痛苦。老人所谓的“富”，是内心潜在的、待挖掘的一笔大财富。我们每个人都拥有这样的财富，而这才是决定我们人生富足与否的关键！

未济虽然表示时运不济，但也包含着新希望。“未济”卦的六五爻是全卦的核心，其爻辞曰：“贞吉，无悔。君子之光，有孚，吉。”要求君子品德能力出众，德才兼备。此爻居阳位，却是阴爻，这是“不当位”，说明君子时运不济、有所欠缺。但在这样不利的条件下，君子依然要坚守正道，绽放人性光芒，保持诚信。只要秉承君子之品格，便能带来强大的凝聚力和向心力，得到别人的帮助。“君子之光”能为自己带来希望和光明，让自己渡过难关！

东汉年间，有个叫戴就的官员，时任主管仓库的佐吏。有人告发太守成公浮贪污受贿，朝廷派官员薛安查问仓库的记事簿，薛安将戴就关进监狱。

拷问的人对戴就严加逼供，各种毒刑交替使用，戴就慷慨激昂，言辞不屈，脸不变色。又烧烫锲斧，让戴就挟在胳肢窝下面，戴就对狱中的士卒说：“可将锲斧烧得滚烫，不要让他冷了。”每次被拷打前，戴就不肯吃饭，肉被烧焦了掉在地上，他就捡起来吃下去。拷问的人将戴就关进地窖里，用烧马粪来熏他。熏了两天一夜，他们都认为戴就已经死了，掀开盖子看他，他睁开眼睛，大骂说：“为什么不添火而让火熄掉？”

戴就坚守正义

未济卦故事

一连用了几天刑，戴就毫不屈服。薛安听了，便叫来戴就，说："成太守声名狼藉，我受上面的指派查问实际情况，你为什么要拿自己的性命替太守开脱？"

戴就的身体已十分虚弱，但说话掷地有声："朝廷命官理应秉公明断，成太守廉洁奉公，我怎么诬陷忠良？就是打死我，我也不会作假证！"

薛安深感震撼，立刻除去他的枷锁，将戴就的话上告朝廷。朝廷召成公浮回京师，终于查清了事实，成公浮、戴就这才洗清冤屈。

戴就坚守正道，宁可自己饱受各种酷刑，而不肯诬陷他人，这种高尚节操，令后世君子交口称赞。戴就也因自己的坚守而最终渡过难关。太守刘宠深深敬佩戴就，推举他为孝廉。

未济是一个周期的终结而新周期的开始。《杂卦传》说："未济，男之穷也。"这里是说，"未济"卦意味着人的某阶段人生或某项事业已经接近尾声，应当开启新的序幕。这一卦应该与"既济"卦合读——"既济"其实也是"未济"，成功渡过了河流，前面还有无数的坎坷；"未济"其实也是"既济"，摸着石头过河，一步一个脚印，失败是成功之母。"未济"强调一个"未"字。未，一方面表示尚未、还没有，另一方面则表示未来、希望！

《中庸》说："天命之谓性，率性之谓道，修道之谓教。"上天把天理赋予人，人们遵循本性自然发展的原则而行动，圣贤君子将道德教化推广于社会民众。老旧的逐渐消去，新生的逐渐到来，这就是历史车轮缓缓滚动的轨迹。

夏朝末年，夏桀昏庸无道，把自己比作"太阳"，每日纵情享乐，不顾老百姓生死。商汤在伊尹等人的辅佐下出征讨伐，与桀大战于鸣条，最终灭夏。经过三千诸侯大会，汤被推举为天子，由此开启了商朝。

到了商朝末年，纣王荒淫残暴使得身边忠臣散失殆尽，商王朝的末日渐渐来临。周文王在西岐地区勤于政事，发展农业，广罗人才。文王死后，武王继位。果敢英武、贤德重才的周武王顺应民心，号召天下饱受暴君压迫的百姓，一起推翻了纣王的残暴统治。众叛亲离的纣王自焚而死，商王朝的统治终结，由此开启了周王朝的盛世。

通过阅读历史，我们知道，“得道者多助，失道者寡助”。不遵循大道，不遵循自然的发展规律，必然会走向末路，由得道者取而代之。一段历史的终结，意味着新未来的开始。历史车轮缓缓向前，使人类文明之光越来越亮！

彖辞解读

《彖》曰："未济，亨"，柔得中也。"小狐汔济"，未出中也。"濡其尾，无攸利"，不续终也。虽不当位，刚柔应也。

译文　《彖传》说："未济"卦通达，是因为柔以居中，能以柔纳刚，而刚柔相济，所以得亨。小狐狸快要渡过河，是说它没有脱离险境。浸湿了尾巴，没所获利，是说它不能继续游到终点。"未济"卦的卦象，虽然刚强之爻与柔顺之爻的位置皆不恰当，但是刚柔之间依然可以互相应合。

解读　观察"未济"卦可以发现，其刚爻与柔爻的位置虽然"不当位"，但是互相应合，这说明在某个时机，"未济"是可能转为"既济"的。《易经》将"未济"安排在六十四卦的最后一卦，揭示了天地运动之道的真谛。正如《周易集解》引崔憬语："大《周易》之为道，穷则变，变则通，而以'未济'终者，亦物不可穷也。""未济"即未穷也，更有"生生之义"。它不仅没有在终点停下来，反而以终点为起点，又展开新一轮的生命……